Tânia Suely Antonelli Marcelino Brabo (Org.)

Custódia Rocha
Elena Etsuko Shirahige
Gabriela Alejandra Ramos
Helena C. Araújo
José Manuel Resende
Julia del Carmen Chávez Carapia
Laura Fonseca
Luciane Sgarbi S. Grazziotin
Lucilia Brioschi
Maria Eulina Pessoa de Carvalho
Maria Helena Bueno Trigo
Marília Matsuko Higa
Pedro Moura Ferreira

Gênero, Educação e Política: Múltiplos Olhares

Coordenação
Diamantino Fernandes Trindade
Doutor em Educação pela PUC-SP, Professor de História da
Ciência e Epistemologia da Ciência e do Ensino do Centro
Federal de Educação Tecnológica de São Paulo

Apoio

© Copyright 2009.
Ícone Editora Ltda.

Capa
Andréa Magalhães da Silva

Diagramação
Juliano Fanelli

Revisão
Rosa Maria Cury Cardoso

Dados Internacionais de Catalogação na Publicação (CIP)
(Câmara Brasileira do Livro, SP, Brasil)

Gênero educação e política : múltiplos olhares / Tânia Suely Antonelli Marcelino Brabo, (org.) ; coordenação Diamantino Fernandes Trindade. -- São Paulo : Ícone, 2009.

Vários autores.
Apoio: FAPESP
Bibliografia
ISBN 978-85-274-1019-9

1. Cidadania 2. Feminismo 3. Feminismo e educação 4. Igualdade 5. Mulheres - Condições sociais 6. Mulheres - Direitos 7. Mulheres na educação 8. Mulheres na política I. Brabo, Tânia Suely Antonelli Marcelino. II. Trindade, Diamantino Fernandes.

08-11774   CDD-305.42

Índices para catálogo sistemático:

1. Mulheres, educação e política : Relações de gênero : Sociologia   305.42

Proibida a reprodução total ou parcial desta obra, de qualquer forma ou meio eletrônico, mecânico, inclusive através de processos xerográficos, sem permissão expressa do editor
(Lei nº 9.610/98).

Todos os direitos reservados pela
ÍCONE EDITORA LTDA.
Rua Anhanguera, 56 – Barra Funda
CEP 01135-000 – São Paulo – SP
Tel./Fax.: (11) 3392-7771
www.iconeeditora.com.br
e-mail: iconevendas@iconeeditora.com.br

Índice

Introdução
Tânia Suely Antonelli Marcelino Brabo 5

Feminismo e construção da cidadania das mulheres: avanços e desafios nos campos da educação, trabalho e política no início do século XXI
Maria Eulina Pessoa de Carvalho 11

Política e gênero
Maria Helena Bueno Trigo e Lucilia Brioschi 35

Juventude e género no espaço público europeu
Pedro Moura Ferreira 49

Participação das mulheres e democracia na Universidade
Helena C. Araújo 59

Políticas e medidas legislativas de género em educação: a União Européia e Portugal
Custódia Rocha 73

¿Qué enseña la escuela sobre participacíon y ciudadanía? Análisis de un caso
Gabriela Alejandra Ramos 113

Participacíon y ciudadanía em las organizaciones populares y civiles de la Ciudad de México: uma reflexíon desde la perspectiva de género
Julia del Carmen Chávez Carapia 133

Vozes, percursos e transições educacionais de raparigas *ciganas e payas* à entrada do século XXI
Laura Fonseca 159

O silêncio das inocentes: o lugar simbólico do corpo das professoras na produção social da memória e da revalorização da profissão docente no Estado Novo
José Manuel Resende 195

As vicissitudes da mulher japonesa: da submissão à força feminina
Elena Etsuko Shirahige e Marília Matsuko Higa 221

Ciências naturais, gênero e corpo: uma abordagem pós-estruturalista
Luciane Sgarbi S. Grazziotin 247

Educação, gênero e cidadania: políticas e práticas educacionais
Tânia Suely Antonelli Marcelino Brabo 259

Nos capítulos dos autores portugueses, Pedro Moura Ferreira, Helena C. Araújo, Custódia Rocha, Laura Fonseca e José Manuel Resende, foi mantida a ortografia vigente em Portugal (exemplo: género no lugar de gênero).

Introdução

Tânia Suely Antonelli Marcelino Brabo [1]

Este livro tem como objetivo aprofundar a reflexão sobre duas questões relacionadas ao gênero, a educação e a política. Esses dois importantes âmbitos de qualquer sociedade, principalmente das democráticas, que têm como princípio *os direitos humanos de todos e todas* em qualquer circunstância, necessitam de investigações para que a realidade do cotidiano seja desvelada, notadamente no que diz respeito às mulheres e às relações sociais de gênero.

Dos anos de 1970 aos de 1980 até hoje, algumas das bandeiras de luta dos movimentos feministas ainda estão em pauta porque não se concretizaram, o que não condiz com a sociedade democrática, com igualdade de gênero que se deseja construir.

Nos anos de 1980, enquanto professora de Educação Infantil e depois de Ensino Fundamental, observara que apesar de ser a escola um local de trabalho quase que essencialmente feminino e uma instituição importante para a formação das crianças em cidadãos e cidadãs em seu sentido pleno, a questão da mulher e das rela-

---

[1] Pedagoga pela Faculdade de Filosofia e Ciências pela UNESP – Campus Marília; Mestra em Educação pela UNESP – Campus Marília; Doutora em Sociologia pela Faculdade de Filosofia, Letras e Ciências Humanas – USP; Pós-doutorado pela Universidade do Minho, Braga, Portugal; Investigadora visitante no Instituto de Ciências Sociais-Universidade de Lisboa, Portugal; Docente do Departamento de Administração e Supervisão Escolar e do Programa de Pós-graduação em Educação da Faculdade de Filosofia e Ciências da UNESP – Campus Marília; Presidenta do Núcleo de Direitos Humanos e Cidadania de Marília; Conselheira do Núcleo de Estudos da Mulher e Relações Sociais de Gênero – NEMGE – USP.

ções de gênero não se constituíam em preocupação de educadores e educadoras; pelo contrário, a escola continuava a exercer o poder de reforço dos papéis estabelecidos para ambos os sexos desde o currículo até as relações sociais que no seu cotidiano acontecem.

Ainda no mestrado pude aprofundar o estudo e constatar que uma *meia cidadania imperfeita* foi concedida à mulher por meio do processo de socialização, formal e informal. Historicamente, a identidade feminina foi construída para a dependência e a subordinação. Estes valores culturais ideológicos influenciaram o papel da mulher na sociedade, a divisão sexual do trabalho, a concepção da profissão magistério e de política. Conforme se lê em Saffioti (2004, p. 54), "as relações patriarcais, suas hierarquias, sua estrutura de poder contaminam toda a sociedade, o direito patriarcal perpassa não apenas a sociedade civil, mas impregna também o Estado"[2].

Nesse mesmo trabalho constatei que o movimento feminista contribuiu para a evolução do comportamento das idéias, e do direito da mulher brasileira, principalmente na década de 1980, quando ocorreu um amplo debate sobre o papel da mulher na sociedade e uma campanha política efetiva, imprescindíveis à sua cidadania, tanto na sociedade em geral quanto na Escola Pública Paulista[3], conforme bem nos mostra Blay (1988, 1991). Nesse momento constatei também que, além da importante atuação política em termos gerais, exemplo de exercício de cidadania, a política partidária passou a ser arena de atuação de um número maior de mulheres, o que me levou, no doutorado, a estudar a participação política da mulher. Pude constatar, então, que houve um aumento considerável naquela década, provavelmente, influenciado pelo movimento em favor da redemocratização do país e pelas ações do movimento feminista. Foi possível observar também que as mulheres sempre participaram da política, só não participaram do poder e que nesse âmbito ainda estamos sub-representadas.

---

[2] SAFFIOTI, H. I. B. *Gênero, patriarcado, violência*. São Paulo: Editora Fundação Perceu Abramo, 2004.

[3] BLAY, E. A. A participação das mulheres na redemocratização do Brasil. In: FLEISCHER, D. (Org.) *Da distenção `a abertura*: as eleições de 1982. Brasília: Ed. UnB., 1988.
BLAY, E. A. Mulheres em um mundo em mudança: desenvolvimento econômico e político no Brasil. In: ANNUAL SCIENTIFIC MEETING OF THE INTERNATIONAL SOCIETY FOR POLITICAL PSYCHOLOGY, 14, 1991, Helsinki, Finland. (mimeogr.).

Nos anos de 1990, observamos o implemento de políticas públicas voltadas à igualdade de oportunidades, à garantia de direitos, entretanto, marcadas pelo ideário neoliberal. Apesar disso, houve avanço no plano legal imprescindível para mudanças na vida em sociedade mas ainda insuficientes porque permanecem: o sexismo, a violência doméstica, os *lugares sociais* para ambos os sexos, o desnível salarial, a sub-representação na política, a participação na escola ocorrendo *pro forma*, dentre outros problemas.

Essas questões nos motivaram a voltar novamente nosso olhar para as Unidades Escolares para analisar como ela está formando meninas e meninos para a participação política e observar não só o reflexo dessa educação na vida em sociedade, expresso no entendimento da importância da política e da participação cidadã para o desenvolvimento e aprimoramento da democracia, como também se há preocupação com a questão de gênero na escola já que o tema está presente na política educacional brasileira atual. Pretendendo aprofundar esse estudo, realizamos o pós-doutorado junto ao Instituto de Educação e Psicologia na Universidade do Minho, Portugal e um estágio como investigadora visitante no Intituto de Ciências Sociais da Universidade de Lisboa.

Nesse caminhar, encontramos pesquisadoras e pesquisadores brasileiros e de outros países que comungavam das nossas inquietações, que também têm se dedicado a entender a dinâmica das relações de gênero em seu país. Durante o pós-doutorado, surgiu a idéia desse livro. É nossa expectativa compartilhar esses importantes estudos e fomentar uma fecunda reflexão acerca dessas questões e, sobretudo, das dificuldades que ainda hoje se apresentam para a concretização da igualdade de gênero.

Iniciando o percurso dos olhares sobre a questão das mulheres e de gênero, *Maria Eulina Pessoa de Carvalho,* discorre sobre os desafios para o feminismo no sentido da construção da cidadania das mulheres, apontando os avanços nos campos da educação, do trabalho e da política. A autora argumenta que há necessidade de tornar visível a história do movimento feminista, mostrando as contribuições dos estudos feministas na Universidade e nas escolas de todos os níveis no Brasil. Aponta ainda para outras questões às quais os movimentos feministas devem atentar, ou seja, estreitar o diálogo com a academia e investir na conscientização feminista das novas gerações; questões essas que também pretendemos abordar nesse livro.

Maria Helena Bueno Trigo e *Lucilia Brioschi* dedicam-se a aprofundar o papel político dos movimentos feministas brasileiros. Ao iniciar uma reflexão sobre a posição das mulheres no campo da política, trabalharam com conceitos e pressupostos de maior abrangência que contemplassem os estudos de gênero e os de família. Evocaram os discursos sobre a dominação masculina e procuraram explicitar as relações entre as noções de público e privado através dos tempos.

Pedro Moura Ferreira analisa como jovens de ambos os sexos ocupam o espaço público nas sociedades européias, tradicionalmente masculino, que pode apresentar avanços mais rapidamente que o espaço privado, na medida em que a igualdade de oportunidades de participação acaba por questionar a organização social provocando debates e ações que dizem respeito à emancipação, aos direitos e à representação política.

Helena C. Araújo discorre sobre um espaço de participação também ocupado tradicionalmente pelos homens, analisa a participação das mulheres e a democracia na Universidade em Portugal. Aponta que o processo de participação sublinha "a capacidade igual das mulheres como grupo social para viver e construir a polis" em todos os âmbitos da sociedade, já que são como os homens, responsáveis pela construção da democracia, que tem como pressuposto os direitos iguais.

Custódia Rocha analisa as políticas públicas e as medidas legislativas de gênero em educação na União Européia e em Portugal, refletindo sobre a relação sempre tensa entre os Estados e os efeitos e contra-efeitos da sua ação no âmbito das relações sociais de gênero em contextos de educação. Além do mais, propõe-se a refletir sobre "a natureza do Estado tendo em consideração as divisões de gênero" para além das relações de classe e do processo de acumulação, o que torna a análise mais complexa.

Gabriela Alejandra Ramos apresenta as constatações de um estudo de caso que realizou em uma Cooperativa Educacional na Argentina com o objetivo de conhecer como ocorria o aprendizado da participação e da cidadania numa escola que tem como princípio a participação. Mostra que essas instituições democráticas, controladas pelos/as sócios/as, proporcionam uma participação ativa na definição das políticas e na tomada de decisões constituindo-se num exemplo de escola democrática na qual o aprendizado e exercício da cidadania acontecem.

Julia del Carmen Chávez Carapia nos traz a realidade do México, analisando a importante participação das mulheres nas organizações populares e civis. Conforme constatou, a participação política delas nessas organizações possibilita a manifestação de suas demandas e a reivindicação de seus direitos, tornando-se visíveis ao poder público e à sociedade como um todo.

Laura Fonseca discorre sobre as vozes, os percursos e as transições educacionais de meninas lusas e ciganas que freqüentam uma escola básica pública do 3º Ciclo, situada na periferia urbana da cidade do Porto, em Portugal, analisando a problemática da reprodução do seu nível educacional e social. Aponta que suas vozes revelaram, nesses percursos, dominação, opressão, mas também autonomias o que atesta singularidades na vida de cada uma delas.

José Manuel Resende dedica-se a dar visibilidade a um setor social fundamental na educação e esquecido pela história da educação, as professoras. O estudo foi realizado num período marcado pelo regime político corporativo e ditatorial, o Estado Novo, em Portugal, procurando desvelar o porquê de esta história ser escrita no masculino apesar da supremacia e da importância desse trabalho das mulheres.

Elena Etsuko Shirahige e *Marília Matsuko Higa* discorrem sobre a vida da mulher japonesa mostrando que a figura tradicional ligada à subserviência ou à submissão *aparente* vive hoje um processo de transformação influenciada pelas mudanças econômicas e sociais daquele país. As autoras refletem sobre o que mudou e o que permanece da cultura tradicional na vida das mulheres japonesas.

Luciane Sgarbi S. Grazziotin, argumenta que, na maioria das escolas, os conteúdos trabalhados nas disciplinas e o currículo escolar estão fixados nos padrões positivistas e estruturalistas da modernidade. Nessa perspectiva, as Ciências Naturais, que trabalham os assuntos relacionados ao corpo, sexo, gênero e sexualidade, têm caráter eminentemente biológico nos currículos escolares.

Complementando o olhar sobre a questão das mulheres e de gênero, apresentamos um trabalho que se refere a um estudo realizado em duas escolas, uma estadual pública de Ensino Médio e a outra, uma Cooperativa Educacional, na cidade de Marília (SP-Brasil). A pesquisa procurou conhecer como ocorria a participação e as relações sociais de gênero no Grêmio Estudantil. Foi possível constatar que a participação política através do Grêmio Estudantil, constitui-se em elemento importante para o aprendizado democrático e para o exercício da cidadania para ambos os sexos na escola.

Sem finalizar, pois esperamos proporcionar questionamentos que estimulem o início de muitos outros estudos, acreditamos que os textos apresentados ajudarão a apontar caminhos para a pesquisa científica, para a elaboração de políticas públicas voltadas para a escola e para a política e também para aqueles que se interessam pela promoção, ainda não concretizada, da igualdade de gênero.

Na concretização deste trabalho queremos agradecer imensamente o apoio essencial que a FAPESP tem proporcionado em nossa caminhada profissional, para que continuemos a trilhar o árduo e, ao mesmo tempo, estimulante caminho da investigação científica.

Feminismo e construção da cidadania das mulheres: avanços e desafios nos campos da educação, trabalho e política no início do século XXI [4]

Profa. Dra. Maria Eulina Pessoa de Carvalho [5]

Corriqueiramente encontramos, entre homens e mulheres, uma postura de desconhecimento, indiferença e até mesmo antipatia perante o feminismo, como se o movimento feminista já tivesse passado. A mídia conservadora e certos homens (e até mesmo mulheres!) sustentam uma imagem negativa das feministas: mulheres que queimaram sutiãs nas ruas, que não gostam de homens, mal-amadas, lésbicas... Há quem pense que não existe mais discriminação, subordinação ou opressão das mulheres, graças à atual visibilidade das mulheres na escola e no mercado de trabalho, fato que mascara continuidades na divisão iníqua de sexo/gênero do conhecimento e do trabalho. Entre ser *feminista* ou *feminina*, muitas mulheres, independente de idade/geração, raça/etnia, nível sócio-

---

[4] Parte deste texto foi apresentado no Colóquio Internacional II Cidadania Cultural Diversidade Cultural: Linguagens & Identidades, realizado em Campina Grande, MLI / UEPB, de 24 a 26 de outubro de 2007, na Mesa redonda: "Cidadania Cultural e identidades".

[5] Doutora em Educação e professora do curso de Pedagogia e do Programa de Pós-graduação em Educação do Centro de Educação da Universidade Federal da Paraíba. Desenvolve pesquisa e extensão em gênero e educação, relações família–escola e educação ambiental. Fundou e coordenou o Núcleo Interdisciplinar de Pesquisa e Ação sobre Mulher e Relações de Sexo e Gênero-NIPAM/UFPB, e o link acadêmico com o Centre for Interdisciplinary Gender Studies da Universidade de Leeds, apoiado pelo DFID-British Council. É também Professora do Programa de Pós-graduação em Ciências das Religiões da UFPB.

econômico e escolar preferirão ser femininas, isto é, meigas, amáveis, bonitas, atraentes, desejáveis.

Há desinformação sobre a história de subordinação e luta das mulheres, pois todas nós devemos os direitos e liberdades de que gozamos hoje, isto é, a conquista da cidadania, ao movimento feminista:

> Feminino e masculino são uma polaridade desequilibrada. Direitos iguais para os homens nunca foram inspiração para uma marcha de protesto ou uma greve de fome. Em nenhum país do mundo os homens são considerados legalmente incapazes, como ocorreu com as mulheres de várias nações européias até o século XX e ainda ocorre em vários países muçulmanos, do Marrocos ao Afeganistão. Nenhum país deu o direito de voto primeiro às mulheres para só depois concedê-lo aos homens. Ninguém jamais pensou que os homens fossem o segundo sexo. (Susan Sontag, entrevista, O Estado de São Paulo, 8/1/2000, citada por KOSS, 2000)

Falta também visão crítica da própria construção cultural da feminilidade, mutável e plural no tempo e no espaço, porém situada em relações de poder de gênero: na cultura androcêntrica, centrada em valores e normas masculinos, a feminilidade (expressa em imagens, expectativas, injunções e normas) é uma construção masculina.

É importante reconhecer a persistência da dominação masculina (BOURDIEU, 1999) no presente, paralelamente às conquistas do movimento feminista no século XX, que incluem direitos civis, políticos e sociais [6] (formais e, em parte, substantivos) para as mulheres – à educação, ao voto, ao trabalho, à reprodução voluntária

---

[6] Os direitos são classificados em civis, políticos e sociais. Os direitos civis incluem liberdade pessoal, econômica, de pensamento, de religião, de reunião, e obrigam o Estado à abstenção, desde que não violem o direito dos outros. Os direitos políticos são descritos como liberdade de associação em partidos e direitos eleitorais e implicam a participação ativa na determinação dos objetivos políticos do Estado. Os direitos sociais, ou seja, ao trabalho, à educação, à saúde, à assistência, à segurança e sobrevivência digna, devem ser garantidos pelo Estado (BOBBIO, MATTEUCCI & PASQUINO, 1998).

– e liberdade nos costumes, da vestimenta ao prazer sexual. Se, por um lado, é preciso lembrar a história dessas conquistas, contra a tendência a tomá-las como *dadas* desde sempre, portanto, a des-historicizar, por outro lado, é preciso enfrentar graves problemáticas sociais atuais, produzidas historicamente pelas relações e socialização de gênero. Por exemplo, a violência masculina, violência contra as mulheres, estupros, guerras, inclusive a predominância de homens na população carcerária; e a desvalorização dos trabalhos e qualidades femininas e a atribuição exclusiva às mulheres das tarefas de cuidado, sub-remuneradas, nos âmbitos privado e público, destacando-se o não-compartilhamento do trabalho doméstico entre homens e mulheres.

Ora, a problemática de gênero afeta homens e mulheres variavelmente conforme classe, raça/etnia, sexualidade e idade, mas implica subordinação e desvantagem para as mulheres e privilégios para os homens, embora se reconheça que eles também são prisioneiros e vítimas das representações dominantes. (BOURDIEU, 1999)

No Seminário "O feminismo na transformação social", realizado em 1/6/2007 pelo Coletivo Feminista Cunhã e NIPAM/CE/UFPB, Lourdes Bandeira, conhecida socióloga e pesquisadora feminista, declarou que o sujeito do feminismo não é a mulher, ou as mulheres em sua diversidade, mas todas as pessoas, desde que o feminismo mudou a cultura e suas bandeiras interessam a todos. Bell Hooks (2000), acadêmica feminista norte-americana, negra e lésbica, também argumenta que o feminismo é para todos, mas ressalta o poder da irmandade, a necessidade de construir a solidariedade política entre mulheres para lutar contra a injustiça patriarcal, através de um esforço contínuo de educação feminista para a consciência crítica.

A partir dessas considerações, este texto discute a problemática da cidadania e das identidades femininas e feministas, considerando que as mulheres ainda sofrem desigualdades, violências físicas e simbólicas, desvantagens e exclusões.

Cidadania, identidade e feminismo

A Declaração dos Direitos do Homem e do Cidadão (direitos à liberdade, propriedade, segurança e resistência à opressão), votada pela Assembléia Nacional Francesa em 1789, é o marco da cidadania moderna. (BOBBIO, MATTEUCCI & PASQUINO, 1998) Todavia, essa declaração pode ser tomada ao pé da letra, à medida que as mulheres continuaram excluídas desses direitos.

Como ressalta Nely Stromquist (1998), o Estado liberal-democrático e a cultura política vigentes são uma construção masculina, baseada na separação entre a esfera pública e a privada. Assim, a cidadania é um conceito e uma prática masculina, sustentada por um domicílio patriarcal funcional, baseado na tradicional divisão de trabalho que libera os homens para a atuação pública e o trabalho fora do lar, graças aos serviços domésticos, cuidados materiais e afetivos das mulheres da família (mãe, esposa, filha ou outra), responsáveis por todas as atividades de reprodução das condições cotidianas de vida. Nesse contexto, tem sido lento o avanço da participação política das mulheres, como se ilustrará adiante.

Os direitos das mulheres e a justiça de gênero foram sendo conquistados ao longo do século XX, graças às lutas das mulheres que gradativamente adentraram os espaços públicos, pela educação, pelo trabalho e pela participação política, sobretudo informal, em busca de melhoria da qualidade de vida, nos movimentos sociais e organizações de base, visando influenciar as políticas públicas, mas também nos bastidores da política formal, apoiando o trabalho dos homens. Algumas dessas lutas, em diferentes momentos, assumiram a ideologia feminista.

Feminismo é tanto uma ideologia da liberação das mulheres quanto uma teoria crítica do sexismo (discriminação de sexo baseada na ideologia da inferioridade da mulher), da visão androcêntrica de mundo e da dominação masculina. Para Bell Hooks (2000), o feminismo é um movimento que visa acabar com a exploração e a opressão sexistas. Para o sociólogo Manuel Castells (1999, pp. 170-171), é o mais importante movimento social do último quartil do século XX, porque "remete às raízes da sociedade e ao âmago do nosso ser" ao desconstruir a estrutura familiar, as normas sexuais patriarcais e as identidades de gênero, trazendo "conseqüências fundamentais para toda a experiência humana, desde o poder político até a estrutura da personalidade".

O feminismo configura uma nova identidade feminina e, conseqüentemente, masculina. Identidade é um conceito relacionado à subjetividade e à experiência — as identidades e experiências tanto são *fixadas* pelas instituições, quanto são ativamente produzidas, aprendidas. Sendo sociocultural e política, a identidade possibilita a formação de grupos em torno da articulação de uma experiência compartilhada e de um posicionamento social, como o de sexo/gênero. Nesse sentido, a identidade é empoderadora: um construto mobilizado para objetivos políticos positivos por pessoas e grupos *diferentes*, subordinados, cuja experiência tem sido desvalorizada, possibilitando a superação de um senso de inferioridade internalizado ou de inadequação pessoal. (CRANNY-FRANCIS *et al.*, 2003) Segundo Manuel Castells (1999, p. 235), "reivindicar uma identidade é construir poder", daí a importância da política de identidade: reivindicação de reconhecimento da identidade (especificidade, diferença) de grupos subordinados.

A história do feminismo é registrada em sucessivas ondas. A *primeira onda* foi o Movimento Sufragista, a luta pelo voto feminino, a partir da segunda metade do século XIX até as primeiras décadas do século XX, precedida pela conquista do direito da mulher à educação. A *segunda onda* foi o Movimento de Liberação das Mulheres da década de 1960, que se desdobrou em várias vertentes: a liberal, a radical e a socialista. Nessa época, as bandeiras de luta, expressas no lema *o pessoal é político*, eram direitos iguais para as mulheres, bem como questões específicas: direitos trabalhistas (*salário igual por trabalho igual*), co-responsabilidade pelo trabalho doméstico e cuidado/educação das crianças; direitos reprodutivos, controle do próprio corpo, acesso à contracepção e legalização do aborto (*nosso corpo nos pertence*), bem como direito ao prazer. Em seguida, o foco vai se deslocando da igualdade de sexo para a eqüidade [7] de gêne-

---

[7] A efetiva garantia de igualdade de direitos, oportunidades e acesso aos bens sociais, em todos os campos, não é possível sem atenção às diferenças. Portanto, o princípio da eqüidade refere-se à construção da igualdade a partir do reconhecimento das diferenças. O Plano Nacional de Políticas para Mulheres afirma o princípio orientador da eqüidade, entendida como "tratar desigualmente os desiguais, buscando-se a justiça social ... através de ações específicas e afirmativas voltadas aos grupos historicamente discriminados". (BRASIL, 2004. p. 32)

ro, expressando a tensão entre a luta por igualdade de direitos e a reivindicação da diferença de corpos e valores, questionando-se modelos masculinos e resgatando-se valores femininos.

Nessa altura, a teoria feminista consolida o conceito de gênero (masculino/feminino) como construção social/cultural, distinto da condição biológica de sexo (macho/fêmea); explica que as relações de desigualdade de gênero são ideologicamente construídas e justificadas com base na diferença sexual, ou seja, comportamentos humanos aprendidos são atribuídos à natureza: as distinções de gênero estruturam todos os aspectos da vida social e fazem parte de um complexo sistema de dominação masculina, fortemente institucionalizado e internalizado. Portanto, gênero é uma estrutura de dominação simbólica (assim como classe e raça) e designa não apenas o conjunto de características atribuídas às mulheres ou homens, mas, por extensão, às práticas materiais e simbólicas, aos objetos, lugares, atividades e representações sociais.

Na década de 1990, as diferenças entre as mulheres são reivindicadas no seio do movimento feminista: diferenças de classe social, raça/etnia, região, orientação sexual, idade. Na *terceira onda*, o feminismo (chamado pós-moderno) fragmenta-se em várias vertentes, discursos, práticas e identidades: negra, lésbica, espiritualista, ecológica, além das tradicionais, caracterizando-se pelo multiculturalismo, polifonia e globalidade (incluindo todos os grupos étnicos, classes sociais e nacionalidades), e pela flexibilidade, continuidade e renovação. (CASTELLS, 1999)

Assim, um dos debates atuais é entre o "feminismo da diferença", que insiste na alteridade das mulheres, ligado à questão do corpo, e o feminismo mais universalista, que articula as diferenças em lutas comuns, atenuando a fragmentação.

Paralelamente, o feminismo pós-estruturalista, particularmente a Teoria Queer, denuncia o aspecto problemático da identidade (o poder da categorização/classificação negativa), propondo sua desconstrução ao afirmar que as identidades de sexo e gênero não são coerentes ou fixas, mas múltiplas, instáveis, fluidas. (CRANNY-FRANCIS *et al.*, 2003)

Conforme Manuel Castells (1999, p. 211), as diversas concepções de feminismo e tipos de movimentos feministas – liberal, radical, socialista, lesbiano, ecofeminismo, espiritualista, pragmático – convergem para uma luta comum expressa como "o esforço histórico, individual ou coletivo, formal ou informal, no sentido de redefinir o gênero feminino em oposição direta ao patriarcalismo".

> ... a essência do feminismo, como praticado e relatado, é a (re)definição da identidade da mulher: ora afirmando haver igualdade entre homens e mulheres, desligando do gênero diferenças biológicas e culturais; ora, contrariamente, afirmando a especificidade essencial da mulher, freqüentemente declarando, também, a superioridade das práticas femininas como fontes de realização humana; ou ainda, declarando a necessidade de abandonar o mundo masculino e recriar a vida, assim como a sexualidade, na comunidade feminina. *Em todos os casos, seja por meio da igualdade, da diferença, ou da separação, o que é negado é a identidade da mulher conforme definida pelos homens e venerada na família patriarcal.* (CASTELLS, 1999, p. 211, grifo do autor)

Atualmente, segundo Castells (1999, p. 221), nos países da Europa e América do Norte "o feminismo está infiltrado nas instituições sociais e em uma infinidade de grupos, organizações e iniciativas que se alimentam reciprocamente ... uma linha transversal atravessa toda a sociedade enfatizando os interesses e valores femininos"; já nos chamados países em desenvolvimento, particularmente na América Latina e no Brasil, ainda está limitado, como expressão ideológica ou política autônoma, a uma elite de mulheres intelectuais e profissionais, embora seu impacto eventualmente se amplie através da mídia (p. 223).

No Brasil, o crescimento da participação feminina no mercado de trabalho e das organizações de base popular criadas e dirigidas por mulheres, no contexto dos movimentos sociais urbanos das décadas de 1970 e 1980, "transformaram a condição, organização e conscientização das mulheres ... causando impacto nas políticas e instituições, mas também no surgimento de uma nova identidade coletiva, na forma de mulheres capacitadas" (CASTELLS, 1999, p. 223). As lutas pela sobrevivência e pela dignidade propiciaram o *empoderamento* [8] individual e coletivo das mulheres. A título de exemplo, na Paraíba, 40 organizações de mulheres surgiram entre 1979 e 1999, 30 delas a partir de 1990 e 17 a partir de 1997, segundo levantamento do Coletivo Feminista Cunhã. (CUNHÃ, 2001) Todavia, muitas das antigas e novas organizações de mulheres (clubes, associações comunitárias, cooperativas) não têm uma identidade feminista; assim, costuma-se fazer uma distinção entre movimento de mulheres e movimento feminista, distinção que Manuel Castells concilia através do conceito de *feminismo pragmático*.

Reconhecendo que, por um lado, a maior parte das lutas e organizações de mulheres não expressa a conscientização feminista em seus discursos, nem faz oposição explícita ao patriarcalismo e à dominação masculina em suas metas, mas que, por outro lado, as mulheres percebem a mudança de sua posição na família em decorrência de sua participação na esfera pública, Castells (1999, p. 236) indaga, em forma de paradoxo: "pode o feminismo existir sem conscientização feminista? Não serão, no mundo inteiro, as lutas e organizações de mulheres em defesa de suas famílias (principalmente seus filhos), suas vidas, seus empregos, seus abrigos, sua saúde, sua *dignidade*, uma forma pragmática de feminismo?" E sugere: "é possível ... que muitas mulheres sejam feministas na prática embora não reconheçam o rótulo nem tenham consciência de que se opõem ao patriarcalismo".

Por isso, para Castells (1999) faz sentido falar de um movimento feminista, embora diversificado e povoado por múltiplas identidades a ponto de incluir grupos declaradamente não-feministas:

> Se o feminismo é tão diversificado a ponto de incluir nos movimentos mulheres que não se consideram feminis-

---

[8] O *empoderamento* é entendido como um processo essencialmente educativo: o desenvolvimento da auto-suficiência e de habilidades de fazer coisas, definir as próprias agendas de mudança social, se organizar coletivamente e colocar demandas ao Estado. Implica, assim, tanto controle da própria vida – ganhar voz, mobilidade, presença pública – quanto controle sobre as estruturas de poder para mudá-las em seu favor. Requer o aprendizado crítico sobre a cultura do poder, suas relações e formas, como condição para a transformação da realidade e liberação dos indivíduos e grupos daquilo que limita sua participação social, intelectual e política; no caso das mulheres, visa alterar estratégica e radicalmente os processos e estruturas que reproduzem sua posição subordinada de gênero, através de um processo de esclarecimento, conscientização, mobilização e organização coletiva (LEÓN, 1997; MEDEL-AÑONUEVO, 1997). A Conferência Mundial de Mulheres de Beijing, realizada em 1995, apontou a necessidade de se estudarem as conexões entre educação e empoderamento.

tas, chegando até mesmo a opor-se ao termo, será que faz sentido manter esta palavra ... ou até mesmo reivindicar a existência de um movimento feminista? Apesar de tudo, acredito que sim, e por um motivo teórico primordial: em todos os tipos de feminismo ... *a tarefa fundamental do movimento, realizada por meio de lutas e discursos, é a de desconstruir a identidade feminina destituindo as instituições sociais da marca de gênero.* (CASTELLS, 1999, p. 237, grifo do autor)

O movimento feminista gerou os *estudos da mulher* e *estudos feministas* a partir da década de 1970, que influenciaram todas as disciplinas acadêmicas. A Historiografia passou a recuperar a história das mulheres e a Literatura passou a valorizar os escritos das mulheres. A Sociologia avançou estudos específicos sobre a condição e posição das mulheres em vários contextos. O patriarcado, objeto da crítica das feministas radicais, é descrito na literatura sociológica como um sistema social sustentado ideologicamente pela heterossexualidade compulsória, violência masculina, socialização de papéis de gênero e modos de organização da vida e do trabalho em que os homens dominam as mulheres, a partir do lar, econômica, sexual e culturalmente. As feministas marxistas argumentaram que o patriarcado e o capitalismo se apóiam mutuamente já que a mulher é explorada tanto como trabalhadora assalariada, quanto como dona de casa, ao sustentar o trabalhador com o trabalho doméstico gratuito. Nas sociedades industriais, de acordo com a Sociologia do Gênero, as mulheres são socializadas para assumirem uma personalidade feminina e uma identidade de gênero específica; são relegadas ao âmbito privado do lar e excluídas das atividades públicas; são alocadas a atividades produtivas restritas, inferiores, mal-pagas e degradantes; e são submetidas a ideologias estereotipadas que as definem como fracas e emocionalmente dependentes dos homens. (ABERCROMBIE, HILL & TURNER, 1994)

Nas Ciências Políticas, o feminismo desafiou conceitos estabelecidos de poder, dominação e igualdade, introduzindo uma nova sensibilidade e linguagem na prática política, expressa pelas idéias de diferença, voz e conexão. (HEYWOOD, 2000) A Filosofia da Ciência incorporou a análise crítica da sociedade patriarcal e da cultura androcêntrica, do sexismo na distribuição de poder e nos modos de pensamento, incluindo a lógica e a ética. (SANTOS, 1989; FOUREZ, 1995) A Epistemologia Feminista propõe a integração entre teoria e prática, razão e emoção, e utiliza o método da conscientização, alimentando uma Pedagogia Feminista que estimula o diálogo, a diversidade de perspectivas e a crítica à cultura do poder, articulando teoria e realidade vivida. (HUMM, 1989)

Enfim, desde a década de 1990, os estudos de gênero, que enfocam a construção cultural das noções de masculino e feminino e as assimetrias de poder (as condições e posições desiguais de acesso e usufruto de direitos, liberdades e bens materiais e simbólicos) vêm influenciando amplamente os programas de desenvolvimento econômico e as políticas públicas. Um Relatório de Política e Pesquisa do Banco Mundial intitulado *Engendering Development Through Gender Equality in Rights, Resources and Voice* — Engendrando o Desenvolvimento Através da Igualdade de Gênero em Direitos, Recursos e Voz (WORLD BANK, 2001) declara a igualdade de gênero como uma questão central do desenvolvimento, apontando três estratégias para promovê-la: legais, via reformas institucionais; econômicas, via incentivos à equalização dos recursos e da participação; e políticas, a curto e médio prazo, para atacar as persistentes disparidades no controle de recursos e voz política.

> A discriminação de gênero permanece notável em muitas dimensões da vida em todo o mundo. Isso apesar dos consideráveis avanços na igualdade de gênero em décadas recentes. A natureza e extensão da discriminação variam por país e região, mas os padrões são chocantes. Em nenhuma região do mundo em desenvolvimento as mulheres são iguais aos homens em direitos legais, sociais e econômicos. As disparidades de gênero são imensas no acesso e controle de recursos, nas oportunidades econômicas, no poder e voz política. Mulheres e meninas sofrem os maiores e mais diretos custos dessas desigualdades, mas os custos afetam toda a sociedade e, enfim, prejudicam a todos. (WORLD BANK, 2001, tradução minha)

Desde 1984, o Brasil é signatário da Convenção sobre a Eliminação de Todas as Formas de Discriminação contra as Mulheres [9], adotada pela ONU em 18/12/1979, com reservas aos artigos que tratam da igualdade entre homens e mulheres no âmbito da família, tendo aderido completamente em 1994 (www.agende.org.br, consulta em 28/8/2007). Em 2003 [10], foi criada a Secretaria Especial de Políticas para as Mulheres (SPM), ligada à Presidência da República, a partir do reconhecimento de que as políticas públicas impactam diferencialmente as vidas de homens e mulheres. Em 2004, Ano da Mulher no Brasil, realizou-se a I Conferência Nacional de Políticas para as Mulheres, promovida pela SPM e pelo Conselho Nacional de Direitos da Mulher (CNDM). Dela resultou o Plano Nacional de Políticas para as Mulheres (PNPM), lançado em dezembro de 2004, que traduz em ações as diretrizes e os princípios aprovados na Conferência [11], e a partir do qual devem ser elaborados pelas administrações públicas estaduais e municipais, com base em suas realidades, planos de políticas para as mulheres e de eqüidade de gênero.

---

[9] A Convenção obriga os Estados signatários a adotar todas as medidas necessárias para eliminar a discriminação contra as mulheres em qualquer das suas formas e manifestações, entendendo discriminação como "qualquer distinção, exclusão ou limitação imposta com base no sexo que tenha como conseqüência ou finalidade prejudicar ou invalidar o reconhecimento, gozo ou exercício por parte das mulheres, independentemente do estado civil, com base na igualdade de homens e mulheres, dos direitos humanos e liberdades fundamentais no domínio público, econômico, social, cultural e civil, ou em qualquer outro domínio" (artigo 1º). Incluem-se entre as obrigações dos Estados de assegurar a igualdade das mulheres com os homens: a concessão de igualdade de tratamento perante a lei e a revogação das disposições penais discriminatórias das mulheres; a adoção de medidas para eliminar o tráfico e exploração da prostituição das mulheres; a garantia do direito de voto e do direito de exercer cargos e funções públicas; a garantia de direitos iguais no campo da educação, do trabalho, escolha da profissão, emprego e remuneração; proibição de dispensa por gravidez e a introdução de licença remunerada por parto; a concessão, em questões civis, de capacidade legal e oportunidades idênticas de exercer essa capacidade; a garantia dos mesmos direitos e responsabilidades no casamento e relações familiares. Para avaliar o cumprimento dessas obrigações foi criado o Comitê para a Eliminação das Discriminações contra as Mulheres (CEDAW) (www.un.org/womenwatch/daw/cedaw, acesso 28/8/2007).

[10] Nesse mesmo ano foi lançado o Programa Brasil Sem Homofobia – Programa de Combate à Violência e à Discriminação contra Gays, Lésbicas, Transgêneros e Bissexuais e de Promoção da Cidadania Homossexual, visando garantir o direito à educação desses grupos e promover valores de respeito e não discriminação por orientação sexual.

[11] O Decreto nº 5.390, de 8 de março de 2005, aprovou o PNPM e instituiu seu Comitê de Articulação e Monitoramento, coordenado pela SPM e composto por representantes de onze ministérios e secretarias especiais, além da representação da sociedade civil através do CNDM.

A II Conferência Nacional de Políticas para as Mulheres, realizada de 17 a 20 de agosto de 2007, objetivou avaliar a implementação do PNPM nas seguintes áreas: autonomia, igualdade no mundo do trabalho e cidadania; educação inclusiva e não sexista; saúde das mulheres, direitos sexuais e direitos reprodutivos; enfrentamento à violência contra as mulheres. A Conferência aprovou cinco novos eixos para o PNPM: desenvolvimento sustentável; direito das mulheres a terra e moradia; cultura, comunicação e mídia não discriminatórias; enfrentamento a todas as formas de discriminação, entre as quais o racismo, o sexismo e a lesbofobia; políticas que assegurem a igualdade de tratamento entre mulheres de diferentes idades e gerações (www.unifem.org.br, acesso 28/8/2007).

Não obstante esses avanços, para ilustrar as desigualdades que ainda nos afetam no final do século XX e início do século XXI, apresento a seguir um breve quadro da inclusão/exclusão das mulheres em três campos: a educação, o trabalho e a política.

Desigualdades na educação, trabalho e participação política

A história da educação das mulheres é marcada pela exclusão, inclusão e segregação. Afora poucas privilegiadas que usufruíram de alguma forma de educação privada, familiar ou religiosa, elas só conquistaram acesso à educação pública com a instituição da escolarização compulsória em fins do século XIX no mundo ocidental. Porém, foram incluídas em escolas, classes, ramos do ensino ou áreas curriculares separadas. Somente no século XX foi se generalizando a co-educação (classes mistas) no sistema escolar público.

No Brasil, as mulheres tiveram acesso aos cursos normais a partir de 1835, e aos cursos superiores a partir de um decreto imperial de 1881. Porém, como poucas entravam no curso secundário e o curso normal era terminal, isto é, não habilitava ao ingresso em cursos superiores, durante a primeira metade do século XX a formação profissional superior de mulheres foi mínima. (BELTRÃO & TEIXEIRA, 2004) A partir da década de 1970 é que elas ingressaram massivamente nos cursos superiores, principalmente nas áreas de Ciências Humanas e Sociais. (ROSEMBERG, 1994)

No final da década de 1990, a notável expansão do sistema educacional brasileiro em todos os níveis tornou visível o enorme crescimento das taxas gerais de escolaridade feminina: as mulheres haviam ultrapassado os homens em conclusões do ensino fundamental, médio e superior. Em 1998, elas eram 54% dos estudantes e 61% dos graduados do ensino superior. (INEP, 1999) Dados de 2003 confirmam essa vantagem, observando-se inclusive um índice maior de inclusão das mulheres no ensino superior e na pós-graduação, como estudantes e docentes. (GODINHO et al., 2005)

Contudo, a distribuição das matrículas por sexo, área e curso continua reproduzindo o fenômeno da sexualização das carreiras. (CARVALHO, 2006) Como exemplo, no 1º semestre de 2000, na Universidade Federal da Paraíba-UFPB, as estudantes concentravam-se em cursos tradicionalmente femininos como Pedagogia (92,5%), Serviço Social (94,1%), Enfermagem (89,1%), Nutrição (90,9%), Psicologia (74,9%), Letras (74,9%) e demais Licenciaturas, observando-se um pequeno aumento da presença masculina nesses cursos em 2005, exceto em Psicologia. Carreiras tradicionais de prestígio como Medicina e Direito contavam, respectivamente, com 41% e 39% de alunas, em 2000, aumentando a presença feminina para 47% em Medicina e 52% em Direito, em 2005. Já em cursos "masculinos" como Engenharia Mecânica, elas compunham apenas 4% das matrículas em 2000 e 2005; em Engenharia Civil, 22% em 2000 e 21% em 2005; em Engenharia de Produção, 18% em 2000 e 19% em 2005; em Agronomia, 27% em 2000 e 34% em 2005. Nesse intervalo, a presença feminina decresceu em Física (de 16 a 10%), Matemática (de 30 a 26%), Filosofia (de 32 a 25%) e Computação (de 26% a 8%). Curiosamente, as mulheres são mais numerosas em dois cursos da área tecnológica: Arquitetura (64% em 2000 e 81% em 2005) e Engenharia de Alimentos (63% em 2000 e 55% em 2005).

A participação das mulheres na População Economicamente Ativa (PEA) também cresceu no mundo ocidental ao longo do século XX, sobretudo a partir da Segunda Guerra. No Brasil, a PEA passou de 29% em 1976 para 43% em 2002, incluindo maior número de mulheres mais velhas, casadas e mães (Banco de dados sobre o trabalho das mulheres. Fundação Carlos Chagas, http://www.fcc.org.br/mulher/index.html, acesso em 1/8/2007).

Todavia, observa-se a persistência da divisão de sexo/gênero do conhecimento e do trabalho, com a concentração de mulheres em alguns segmentos do setor de serviços, como administração pública, saúde, comunicação, ensino, serviços comunitários e pessoais (SPM Notícias, www.presidencia.gov.br/spmulheres, acesso 2/9/2004), paralelamente ao ingresso de algumas delas em carreiras masculinas. (ROSEMBERG, 1994, 2002) Helena Hirata (2002, p. 345) aponta que "se a atividade feminina continua concentrada em setores como o de serviços pessoais, de serviços de saúde ou de educação, a tendência à diversificação das funções ocupadas aponta para uma situação de bipolarização: um dos pólos é constituído de profissionais altamente qualificadas e bem remuneradas (engenheiras, arquitetas, médicas, professoras universitárias, gerentes, advogadas, juízas etc.), e outro de trabalhadoras ditas não qualificadas, ocupando empregos mal remunerados e não valorizados socialmente", como empregada doméstica.

Em todo caso, os ganhos das mulheres são sempre inferiores aos dos homens, mesmo nos novos campos profissionais ou naqueles campos tradicionalmente masculinos, como Medicina, Engenharia, Arquitetura e Direito. (BRUSCHINI & LOMBARDI, 2000, p. 67) Em geral, apesar de mais escolarizadas, elas têm salário médio inferior ao dos homens em todos os setores de atividade econômica. Quanto maior é a faixa de remuneração, menor é a participação feminina: elas são 54% dos que ganham de meio a um salário mínimo e 20% dos que ganham até 30 salários mínimos por mês. Em 2000, o rendimento nominal médio nacional mensal de homens era R$ 827,00 e o das mulheres era R$ 591,00. Em 2003, segundo dados do IBGE, elas continuavam ganhando menos do que os homens tanto na faixa de renda superior quanto inferior: entre os que tinham mais de 11 anos de escolaridade, as mulheres ganhavam R$ 695 e os homens R$ 1.362; entre os que tinham menos de um ano ou nenhuma escolaridade, as mulheres ganhavam R$ 173 e os homens R$ 265. (GODINHO *et al.*, 2005)

Para as mulheres de etnia negra, as desvantagens são ainda maiores: têm rendimentos mais baixos que as brancas, menos anos de estudo e sofrem mais altas taxas de desemprego (Estudo traça perfil da situação da mulher no mercado de trabalho. SPM Notícias, www.presidencia.gov.br/spmulheres, acesso 2/9/2004).

Esses dados demonstram que o gênero, como estrutura de dominação simbólica, ainda opera na organização social que separa trabalho reprodutivo e produtivo, no mundo do trabalho remunerado e nas nossas próprias concepções acerca do que é trabalho. (CRANNY-FRANCIS *et al*. 2003) Em geral, a presença das mulheres continua reduzida nos campos da ciência, tecnologia, política, altos negócios e nos cargos de chefia. (HIRATA, 2002) No Brasil, elas ocupam apenas 9% dos cargos de direção e chefia das maiores empresas, segundo a pesquisa Perfil Social, Racial e de Gênero das 500 Maiores Empresas do Brasil e Suas Ações Afirmativas, realizada em 2003, pelo Instituto Ethos (SPM Notícias, www.presidencia.gov.br/spmulheres, acesso 2/9/2004).

Vários fatores se combinam para manter o caráter gendrado do trabalho: "a responsabilidade das mulheres pelo cuidado das crianças e das tarefas domésticas; a segregação vertical e horizontal de gênero da força de trabalho; as definições diferenciais de habilidades femininas e masculinas; a falta de reconhecimento das habilidades adquiridas fora do local de trabalho; a falta de reconhecimento das responsabilidades assumidas fora do local de trabalho; o baixo *status* do trabalho em tempo parcial; o reconhecimento positivo da racionalidade burocrática masculina; e a desvalorização das habilidades interpessoais tradicionalmente femininas". (CRANNY-FRANCIS *et al*., 2003, pp. 224-225)

Na década de 1950, lembram Anne Cranny-Francis *et al*. (2003), o sociólogo Talcott Parsons havia previsto o crescimento da participação das mulheres na força de trabalho em empregos de baixa remuneração e *status* inferior que constituiriam uma extensão dos papéis familiares. Sugeriu ainda que o menor interesse delas pelo desenvolvimento de carreiras asseguraria a complementaridade dos papéis de gênero, a estabilidade da família e ausência de competição entre os sexos.

No final do século, outro sociólogo, Pierre Bourdieu (1999, pp. 112-113), enfatizou a permanência do modelo tradicional dicotômico de gênero em meio a mudanças: homens dominando o espaço público e a produção, mulheres restritas ao espaço privado/doméstico da reprodução, ou inseridas em extensões desse espaço – os serviços sociais, hospitalares, educativos, ou ainda em espaços de produção simbólica, como as artes e o jornalismo. Segundo ele, as antigas estruturas da divisão sexual permanecem objetivadas nas carreiras e nos cargos segundo *três princípios práticos*: (1) "as funções que convêm às mulheres se situam no prolongamento das funções domésticas: ensino, cuidados, serviços"; (2) "uma mulher não pode ter autoridade sobre homens" e, portanto, tende a ser "preterida por um homem para uma posição de autoridade ou ser relegada a funções subordinadas, de auxiliar"; (3) o homem tem "o monopólio da manutenção dos objetos técnicos e das máquinas".

Bourdieu (1999) assinala que, por um lado, a cultura acadêmica tradicional veiculada pela escola é fator decisivo de mudança, já que o aumento do acesso das mulheres à instrução correlaciona-se à independência econômica e à transformação das estruturas familiares (p. 107); por outro lado, o sistema escolar contribui para a "permanência dentro da mudança e pela mudança" da ordem de gênero na economia produtiva e reprodutiva, e no mercado de bens simbólicos. O princípio de divisão e de dominação se aplica às disciplinas *duras* versus *moles* e, dentro de cada disciplina, atribui "aos homens o mais nobre, o mais sintético, o mais teórico e às mulheres o mais analítico, o mais prático, o menos prestigioso" (pp. 109-110); enfim, estabelece os padrões legítimos das práticas e define a excelência como masculina.

Com efeito, o *habitus* feminino, *estrutura psicossomática* incorporada na socialização primária, *relação social somatizada* e expressa como *disposições duradouras*, pode "sobreviver durante muito tempo depois de desaparecidas suas condições sociais de produção ... [ou] mesmo quando as pressões externas são abolidas e as liberdades formais – direito de voto, direito à educação, acesso a todas as profissões, inclusive políticas – são adquiridas, [caso em que] a auto-exclusão e a 'vocação' ... vêm substituir a exclusão expressa". (BOURDIEU, 1999, pp. 51-53, 63-64)

A inclusão incipiente das mulheres na vida pública é mais evidente no campo político. Seu desinteresse pela política partidária tem sido explicado por fatores estruturais, já que a divisão sexual do trabalho na sociedade e na família as segrega ao âmbito privado, bem como por fatores atitudinais, ou seja, a socialização diferencial que não as instrumentaliza para competir. Lúcia Avelar (1987) chama atenção para os aspectos institucionais, referentes às singularidades do sistema político: seus canais corporativos de acesso às posições de autoridade e poder; suas formas de definição de políticas que assimilam apenas indivíduos e grupos já legitimados pelas formas corporativas de representação de interesses; e suas formas de reprodução do sexismo.

Luiza Erundina (SOUZA, 2007) atribui a omissão das mulheres no campo político à insuficiente compreensão do seu papel político e da importância do poder para a garantia de seus direitos, chamando atenção para a necessidade de capacitação política das mulheres para ingressarem na vida partidária e, inclusive, para mudarem a cultura política patriarcal vigente.

No Brasil as mulheres conquistaram o direito ao voto em 1932, porém sua participação na política partidária só toma impulso na década de 1980, com a redemocratização do país e a proclamação da Década da Mulher pela ONU em 1975. Criaram-se, então, os Conselhos da Condição Feminina, as Delegacias (Policiais) Especializadas da Mulher e diversos grupos feministas, que posteriormente se formalizaram como ONGs. Em 1986, com o lançamento da "Carta das Mulheres" – contendo reivindicações específicas nas áreas de família, trabalho, saúde, educação, cultura e violência, visando orientar as políticas públicas, as candidatas e as eleitoras, os partidos políticos passaram a incluir reivindicações feministas em seus programas. Pouco depois, nas eleições para a Assembléia Nacional Constituinte de 1989, foram eleitas 26 Deputadas, representando pouco mais de 5% do total dos 487 eleitos para a Câmara Federal, porém nenhuma Senadora. (TABAK, 1987)

A década de 1990 registrou avanços na participação político-partidária das mulheres brasileiras [12]. Nas eleições federais de 1990, 29 mulheres foram eleitas para a Câmara Federal e uma para o Senado. Em 1994, alcançou-se uma representação feminina de 33 Deputadas e seis Senadoras (com cinco novas eleitas). Ademais, desde 1996, por iniciativa da então Deputada Marta Suplicy do Partido dos Trabalhadores, passou a vigorar um sistema de cotas estipulando, para qualquer dos sexos, percentuais mínimos (atualmente 30%) do número de vagas a que cada partido ou coligação tem direito, beneficiando assim as candidaturas femininas (Lei 9.504, de 30 de setembro de 1997). Apesar disso, a representação feminina no Congresso Nacional baixou de 6% em 1994, para 5% do total nas

---

[12] Os dados a seguir integram um estudo da autora junto com Glória Rabay.

eleições de 1998, quando foram eleitas 29 mulheres para a Câmara Federal e duas para o Senado (SUPLICY, 1996; REVISTA VEJA, 14/10/98). Em 2002 atingiu-se maior inclusão: 44 Deputadas Federais e dez Senadoras (oito novas eleitas e duas remanescentes). Em 2006, foram eleitas 46 Deputadas Federais e quatro Senadoras.

Nas Assembléias Estaduais ingressaram 123 mulheres em 2006, representando 11,61% do total de cadeiras no país, o que significou redução em relação às eleições de 2002, quando foram eleitas 133 deputadas, equivalentes a 12,56% (www.cfemea.org.br acesso em 18/12/2006). A Paraíba é um dos estados brasileiros que mais elegem mulheres para a Assembléia Legislativa: quatro no mandato de 1995-1998; sete no de 1999 a 2000; e seis no de 2003-2006. Atualmente, há um total de cinco mulheres entre 40 representantes na Assembléia Legislativa Paraibana, porém a Mesa Diretora – Presidente, quatro Vice-Presidentes e quatro Secretários – é composta só por homens.

O avanço da participação política das mulheres tem sido mais significativo no âmbito municipal. Segundo dados do Tribunal Superior Eleitoral (www.tse.gov.br, consultas em 6/2/2004 e 1/5/2005), no período 1993-1996 as Prefeitas eram 171 ou 3,43% do universo de 4.972 municípios brasileiros; no período 1997-2000 elas já eram 302 ou 5,48% do universo de 5.203 municípios. Nas eleições de 2000, o número de Prefeitas eleitas no país apresentou pequeno aumento: 318 ou 5,69% de um universo de 5.527 municípios. O aumento foi mais significativo em 2004, quando foram eleitas 418 mulheres para Prefeituras em todo o país, equivalendo a 7,52%; 196 no Nordeste, ou 10,9%; e 27 na Paraíba, ou 12,11%.

Quanto à participação feminina nas Câmaras Municipais, nacionalmente, o número de Vereadoras, que não chegava a 2.000 mulheres em 1982, passou para 3.952 nas eleições de 1992, 6.536 nas eleições de 1996, 6.992 em 2000 e 6556 em 2004. No período 1993-1996 elas eram 7,44% e hoje são 12,65% das Vereadoras do país. No Nordeste os números são maiores que a média nacional: 9,5% no período 1993-1996, 12,97% no período 1997-2000, 14,38% no período 2001-2004 e 14,65% no mandato iniciado em 2005. Na Paraíba, a participação feminina nas Câmaras Municipais ultrapassa as médias brasileira e nordestina: 10,68% no período 1993-1996, 13,55% no período 1997-2000, 14,78% no período 2001-2004 e 16,48% no atual mandato.

A participação político-partidária das mulheres não implica adesão às bandeiras feministas, nem à luta por políticas públicas de eqüidade de gênero, mas tem importância simbólica e é possível que as eleitas se sensibilizem com as questões das mulheres.

Conclusão: uma agenda feminista para o empoderamento das mulheres

Bell Hooks (2000) diz que para entender o feminismo é necessário entender o *patriarcado*, ou *sexismo sistêmico institucionalizado*. Ela lembra que todas as mulheres e homens foram socializados desde o nascimento para aceitar a cultura sexista/androcêntrica, portanto para acabar com o patriarcado é preciso considerar inicialmente que todos participam da perpetuação do sexismo, inclusive as mulheres. Em seguida, é preciso conhecer a teoria e ação feminista e confrontar o sexismo internalizado. Esse é o início do empoderamento das mulheres.

Parafraseando Simone de Beauvoir, Bell Hooks (2000) diz: *Não se nasce feminista, torna-se feminista*. Tal transformação pessoal se dá através do processo de *conscientização* dos malefícios do sexismo, do aprendizado sobre o patriarcado como um sistema de dominação e como o sexismo é institucionalizado e reproduzido na vida cotidiana. Nas suas palavras, é necessária "uma conversão ao pensamento feminista e um compromisso com a política feminista" (p. 8) tal como se deu com os grupos de conscientização de mulheres na segunda onda do feminismo.

A metodologia desses grupos utiliza a comunicação e o diálogo segundo um modelo não hierárquico de discussão que dá oportunidade a cada participante de falar, e tem efeitos terapêuticos e empoderadores. Individualmente, conscientizar-se do próprio sofrimento da opressão é a pré-condição subjetiva para a ação liberadora; coletivamente, a conscientização (FREIRE, 1980) envolve compartilhar o entendimento dos problemas e o estudo da história individual e social das mulheres. Apesar da diversidade (de classe, raça, idade/geração, religião etc.), as experiências individuais configuram um padrão que reflete uma estrutura de opressão e exploração.

As mulheres aprendem que foram socializadas pela cultura patriarcal para se verem como inferiores aos homens; para competirem umas com as outras pela aprovação patriarcal; para encararem as outras mulheres com ciúme, medo e ódio; para se julgarem mutuamente sem compaixão e se punirem duramente. O pensamento feminista ajuda a desaprender o *auto-ódio* e se liberar do pensamento patriarcal impresso na própria consciência; a abrir mão do poder de dominar e explorar outras mulheres e grupos subordinados e descobrir que as mulheres podem alcançar a auto-realização e o sucesso sem dominar umas às outras. (BELL HOOKS, 2000)

Falando da experiência norte-americana, Bell Hooks (2000) reconhece que, com a relativa institucionalização acadêmica do feminismo, as aulas de estudos da mulher ou estudos feministas substituíram os grupos espontâneos de conscientização feminista como local de transmissão do pensamento feminista e de estratégias de mudança social, e que o feminismo perdeu, assim, seu potencial de movimento de massa. Admite que a legitimidade acadêmica foi crucial para o avanço do pensamento feminista, mas criou novas dificuldades ao substituir a práxis feminista por uma teoria metalingüística escrita exclusivamente para uma audiência acadêmica, cheia de jargão, desconectada do movimento. Desafia-nos a disseminar o pensamento feminista além da academia e daquelas/es que são altamente escolarizadas/os e materialmente privilegiadas/os, ressaltando que a maioria das pessoas não tem a mínima idéia das inúmeras maneiras como o feminismo mudou positivamente as suas/nossas vidas e que, enquanto não se criar um movimento educacional de base para ensinar a todo mundo sobre o feminismo, continuar-se-á a aprender, pouco e negativamente, através da mídia patriarcal.

No Brasil, a institucionalização acadêmica do feminismo é mais recente, com a criação de núcleos de pesquisa interdisciplinar em algumas universidades[13] e a introdução de disciplinas optativas sobre as questões de gênero nos currículos de alguns cursos, principalmente a partir da década de 1990 [14]. Nossa produção acadêmica sobre a problemática das relações de gênero se desenvolve, sobretudo, nos campos da sociologia, antropologia, história, literatura e

---

[13] Alguns núcleos pioneiros foram: Núcleo Acadêmico de Estudos sobre a Mulher – NEM/PUC-Rio, no final de 1980, por Fanny Tabak; o Núcleo de Estudos Interdisciplinares sobre a Mulher – NEIM/UFBA em maio de 1983; e o Núcleo de Estudos da Mulher e Relações Sociais de Gênero – NEMGE/USP em 1985, por Eva Blay, entre outras.

[14] Registre-se a criação da Revista Estudos Feministas em 1992.

saúde, sendo incipiente na educação[15]. Conseqüentemente, só em fins dessa década é que a problemática de gênero é contemplada pela política educacional/curricular nacional. Todavia, ainda não transversalizamos a perspectiva de gênero na formação superior nem na educação básica, conforme preconizam os Parâmetros Curriculares Nacionais para o Ensino Fundamental, no tema transversal Orientação Sexual (BRASIL, 1998), e o Plano Nacional de Políticas para Mulheres ao indicar a incorporação da perspectiva de gênero, raça, etnia e orientação sexual no processo educacional formal e informal, destacando o ensino superior e a formação inicial e continuada de educadoras/es (BRASIL, 2004, p. 56).

A história do movimento feminista é pouco conhecida e conceitos de igualdade de sexo (direitos das mulheres) e eqüidade de gênero (reversão das desigualdades através de ações compensatórias das diferenças entre homens e mulheres e equilíbrio de valores femininos e masculinos) ainda são mal compreendidos entre nós. Observo, nos locais em que atuo, que o conceito de gênero não foi ainda assimilado na academia nem na escola quanto ao seu potencial explicativo das desigualdades sociais.

Observo, também, que, apesar das contribuições teóricas feministas e do sucesso escolar das mulheres, nossa educação é conservadora/reprodutora das relações de gênero. Nosso sistema educacional reproduz a divisão sexual e de gênero do trabalho, como mostram as estatísticas sobre distribuição docente por sexo e nível de ensino [16] : as mulheres perfazem 98,5% dos docentes da Educação Infantil, 83,5% do Ensino Fundamental de 1ª a 4ª série, 74% do Ensino Fundamental de 5ª a 8ª série, 73,6% do Ensino Médio e 53% do Ensino Superior (Fonte: INEP/MEC, 2004). Sendo a grande maioria nos níveis inferiores do sistema, elas permanecem desvalorizadas (uma questão de gênero), carecendo de melhor formação, melhores condições de trabalho e empoderamento.

Para superar esse estado de coisas, é importante visibilizar a história do movimento feminista e as contribuições dos estudos feministas na Universidade e na escola, estreitar o diálogo entre a

---

[15] O GT 23 – Gênero, Sexualidade e Educação, da Associação Nacional de Pesquisa e Pós-graduação em Educação – ANPED, só foi criado em 2004.
[16] Considere-se também o sexo predominante (masculino) dos dirigentes educacionais nos níveis mais elevados do sistema.

academia e os movimentos de mulheres e feministas, e investir na conscientização feminista das novas gerações.

Referências Bibliográficas

ABERCROMBIE, N., HILL, S., & TURNER, B. S.. **Dictionary of Sociology**. 3ª ed. London: Penguin Books, 1994.

AVELAR, Lúcia. Participação Política da Mulher: O conservadorismo político feminino. In: Oliveira, Eleonora Menicucci de (Org.). **Mulheres: da domesticidade à cidadania**. Brasil: Conselho Nacional dos Direitos da Mulher, 1987.

BELTRÃO, Kaizô Iwakami & TEIXEIRA, Molema De Poli. **O vermelho e o negro: raça e gênero na universidade brasileira – uma análise da seletividade das carreiras a partir dos censos demográficos de 1960 a 2000**. Texto para discussão nº 1052. Rio de Janeiro: IPEA, 2004.

BOBBIO, Norberto; MATTEUCCI, Nicola; PASQUINO, Gianfranco. **Dicionário de Política**. 11ª ed. Brasília: Editora UNB, 1998.

BOURDIEU, Pierre. **A Dominação Masculina**. Rio de Janeiro: Bertrand Brasil, 1999.

BRASIL, SPM. **Plano Nacional de Políticas para as Mulheres**. Brasília: Secretaria Especial de Políticas para as Mulheres, 2004.

BRASIL, MEC/SEF. **Parâmetros Curriculares Nacionais: Terceiro e Quarto Ciclos do Ensino Fundamental: Temas Transversais**. Brasília: Ministério da Educação, Secretaria do Ensino Fundamental, 1998.

BRUSCHINI, Cristina, LOMBARDI, Maria Rosa. A bipolaridade do trabalho feminino no Brasil contemporâneo. **Cadernos de Pesquisa**, n. 110, pp. 7-37, julho/2000.

CARVALHO, Maria Eulina P. de. **Gênero e carreiras universitárias: o que mudou?** Trabalho apresentado no Seminário Internacional Fazendo Gênero 7: Gênero e Preconceitos. Universidade Federal de Santa Catarina, 28 a 30 de agosto de 2006.

CRANNY-FRANCIS, Anne, WARING, Wendy, STAVROPOULOS, Pam, KIRKBY, Joan. **Gender Studies: Terms and debates**. New York: Palgrave Macmillan, 2003.

CASTELLS, Manuel. **A Sociedade em Rede. Volume 2. O Poder da Identidade**. 2ª ed. São Paulo: Paz e Terra, 1999.

CUNHÃ, Coletivo Feminista. **Grupos de mulheres da Paraíba: Retalhos de uma história**. João Pessoa: Cunha, 2001.

FOUREZ, Gérard. **A Construção das Ciências: Introdução à filosofia e à ética das ciências**. São Paulo: Editora UNESP, 1995.

FREIRE, Paulo. **Pedagogia do Oprimido**. 8ª ed. Rio de Janeiro: Paz e Terra, 1980.

GODINHO, Tatau, RISTOFF, Dilvo, FONTES, Ângela, XAVIER, Iara de Moraes & SAMPAIO, Carlos Eduardo M. (Orgs.) **Trajetória da Mulher na Educação Brasileira 1996-2003**. Brasília: INEP, 2005.

HIRATA, Helena. Reorganização da Produção e Transformações do Trabalho: Uma Nova Divisão Sexual? In BRUSCHINI, Cristina & UNBEHAUM, Sandra G. (Orgs). **Gênero, democracia e sociedade brasileira**. São Paulo, FCC: Ed. 34, 2002.

HEYWOOD, Andrew. **Key Concepts in Politics**. Hampshire, New York: Palgrave, 2000.

HOOKS, Bell. **Feminism is for Everybody: Passionate politics**. Cambridge, MA: South End Press, 2000.

HUMM, Maggie. **The Dictionary of Feminist Theory**. New York, London, Toronto, Sydney, Tokyo: Harvester Wheatsheaf, 1989.

INEP. **Sinopse Estatística da Educação Básica: Censo Escolar 1998**. Brasília: Instituto Nacional de Estudos e Pesquisas Educacionais, http://www.inep.gov.br, 1999.

KOSS, Monika Von. **Feminino+Masculino: Uma nova coreografia para a eterna dança das polaridades**. São Paulo: Escrituras, 2000.

LEÓN, Magdalena (Compiladora). **Poder y Empoderamiento de las Mujeres**. Bogotá: TM Editores, U.N. – Facultad de Ciencias Humanas, 1997.

MEDEL-AÑONUEVO, Carolyn. Learning Gender Justice: The Challenge for Adult Education in the 21st Century. **Adult Education and Development**, 49, 1997.

ROSEMBERG, Fúlvia. Educação Formal, Mulheres e Relações de Gênero: Balanço Preliminar da Década de 90. In: BRUSCHINI, Cristina & UNBEHAUM, Sandra G. (Orgs). **Gênero, democracia e sociedade brasileira**. São Paulo, FCC: Ed. 34, 2002.

_____. A Educação de Mulheres Jovens e Adultas no Brasil. In: SAFFIOTI, Heleieth & MUÑOS-VARGAS, Mônica. **Mulher Brasileira é Assim**. Rio de Janeiro: Rosa dos Tempos: NIPAS: Brasília, DF: UNICEF, 1994.

SANTOS, Boaventura de Souza, **Introdução a uma Ciência Pós-Moderna**. Rio de Janeiro: Graal, 1989.

SOUZA, Luiza Erundina de. A Mulher na política partidária. In: BRABO, Tânia Suely Antonelli Marcelino. **Gênero e Educação: lutas do passado, conquistas do presente e perspectivas futuras**. São Paulo: Ícone, 2007.

STROMQUIST, Nely. **Reframing Citizenship: Women as Full Actors in the Nation-State**. Trabalho apresentado na Comparative International Education Society Annual Meeting, Buffalo, 18-21 março 1998.

SUPLICY, Marta. **Do altruísmo à participação nos centros decisórios**. http://www.pt.org.br, 1996.

TABAK, Fanny. Representação Política e Prática Democrática. In: Eleonora Menicucci de Oliveira (Organizadora). **Mulheres: da domesticidade à cidadania**. Brasil: Conselho Nacional dos Direitos da Mulher, 1987.

WORLD BANK. **Engendering Development through Gender Equality in Rights, Resources and Voice**. www.worldbank.org, 2001.

Política e gênero

Lucilia Reis Brioschi [17]
Maria Helena Bueno Trigo [18]

"O patriarcalismo é uma das estruturas sobre as quais se assentam todas as sociedades contemporâneas. Caracteriza-se pela autoridade, imposta institucionalmente, do homem sobre a mulher e filhos, no âmbito familiar. Para que essa autoridade seja exercida, é necessário que o patriarcalismo permeie toda a organização da sociedade, da produção e do consumo à política, à legislação e à cultura". (MANUEL CASTELLS, 1999. p. 169)

Ao iniciar uma reflexão sobre a posição das mulheres no campo da política sentimos necessidade de trabalhar com conceitos e pressupostos de maior abrangência que contemplassem os estudos de gênero e os de família, evocando os discursos sobre a dominação masculina e, talvez mais que isso os que procuraram explicitar as relações entre as noções de público e privado através dos tempos.

Assim, verificamos que, se por um lado o século XXI teve início com algumas figuras femininas ocupando posições de destaque

---

[17] Lucilia Reis Brioschi é socióloga, coordenadora do seminário Família e Sociedade no NEMGE-USP.

[18] Maria Helena Bueno Trigo é psicóloga, coordenadora do seminário Família e Sociedade no NEMGE-USP.

no cenário político mundial, por outro nos informa sobre pesquisa realizada pelo Programa de Mulheres Líderes do Fórum Econômico Mundial[19] que leva a pensar que estas figuras femininas em destaque seriam as exceções que confirmam a regra: regra de exclusão ou desvalorização feminina em relação aos espaços públicos, notadamente o campo político institucionalizado.

A referida pesquisa foi realizada em 115 países representando 90% da população mundial. Seus resultados mostram uma ordenação de países de acordo com a participação feminina em quatro áreas: economia, saúde, educação e política. A metodologia utilizada incorpora o conceito de gênero, pois, a participação do contingente feminino é medida em relação à presença masculina em cada um desses setores [20]. Nesses termos, dadas as mesmas oportunidades (sic) qual a proporção de homens e mulheres no acesso a recursos e posições oferecidos em cada sociedade?

Sem questionar o pressuposto democratizante da construção das categorias da referida pesquisa, há pelo menos uma unanimidade nos resultados – em todos os países pesquisados, o campo com menor participação feminina é o campo das práticas políticas. Em contraposição, a saúde e a educação são as áreas nas quais a proporção de mulheres mais se aproxima à dos homens na ocupação de cargos e posições oferecidas em cada sociedade. A maior presença feminina nesses dois campos é questão já bastante discutida e conhecida desde finais do século XIX e tem sido explicada pela sua homologia com o campo das relações familiares, mobilizando valores e atitudes ditos femininos, em suas práticas.

A participação econômica das mulheres é outro assunto que mereceu muita reflexão, notadamente a partir das décadas de 1960/70, com as discussões a respeito da própria categoria "trabalho" e suas diversas modalidades (trabalho doméstico, trabalho informal, mercado de trabalho etc.) ou com as inserções no mercado segundo posição social, marcando as distinções de classe (trabalho

---

[19] HAUSMANN, TYSON e ZAHIDI, The Global Gender Gap Report 2006.

[20] Notícia publicada no Le Monde confirma que o número de mulheres ocupando os postos máximos em seus países é muito reduzido: segundo o artigo de Anna Chemin apenas 8 mulheres chegaram a presidência de seus países. São elas, as presidentes da Alemanha, Chile, Finlândia, Irlanda, Letônia, Libéria e Filipinas além da governadora -geral do Canadá. Matéria publicada na Folha de São Paulo, 30/ 04/2007 por Clovis Rossi.

para sobrevivência, exploração da trabalhadora, trabalho para realização pessoal etc.). Apenas como exemplo dos debates travados nesse âmbito, sabe-se que o crescimento da participação feminina durante o século XX, deveu-se principalmente à entrada das mulheres de classes mais privilegiadas no mercado de trabalho, uma vez que o trabalho das mulheres de classes subalternas sempre foi essencial para a sua sobrevivência e da sua prole.

Verificamos, pois, que os números mundiais mostram uma fraca participação feminina no campo das práticas políticas [21], ao mesmo tempo em que a mídia dá destaque a algumas figuras femininas que têm se notabilizado no âmbito político, campo até agora quase exclusivamente masculino. Seria pelo fato de serem tão poucas em relação à população masculina que torna a atuação dessas mulheres mais visível ou estaríamos realmente vivendo um momento de mudanças com os valores femininos atingindo a esfera pública?

O público e o privado

Alguns estudiosos da contemporaneidade afirmam que o conhecimento das sociedades atuais passa, necessariamente, pela compreensão das mudanças históricas ocorridas na esfera das relações público/privado nas sociedades ocidentais [22]. Ao longo da história ocidental constata-se uma constante oscilação na importância atribuída à vida pública ou à vida privada [23].

Nos dias de hoje o que presenciamos é um esvaziamento da importância atribuída à vida pública, tendo como contrapartida uma volta para o *eu*, uma valorização do privado e uma linha divisória bastante imprecisa, entre essas duas esferas. Em contraposição ao atual balanço público/privado, podemos pensar na separação nítida, entre a *polis* e a família tal como se colocava para as cidades-estados gregas: para os gregos antigos, a economia dizia

---

[21] As variáveis utilizadas foram: proporção de mulheres com assento nos parlamentos em relação ao número de homens; mulheres em nível ministerial em relação aos homens e número de anos de permanência de mulheres chefes de Estado, em relação aos homens na mesma posição (últimos 50 anos). HAUSMANN, TYSON e ZAHIDI op.cit.

[22] NICHOLSON, 1986; SENNET, 1988; BAUMAN, 2001.

[23] SENNET, op. cit.

respeito à família enquanto a política era assunto da *polis*. Com a mesma clareza, a casa/família era considerada o local do arbítrio, da desigualdade e despotismo, enquanto a *Polis* teria sido o espaço da igualdade e da liberdade [24].

Contudo, é preciso notar que a constante oscilação na importância atribuída às esferas pública e privada ao longo da história ocidental foi acompanhada por mudanças nos próprios conteúdos daquilo que se considerava público ou privado, ou seja, da maior ou menor exposição das relações sociais tidas como da esfera privada ou domínio público.

No período pré-industrial, a família confundia-se com o grupo doméstico constituindo, sobretudo, uma unidade de produção na qual, sob a autoridade paterna trabalhavam a mulher, os filhos de ambos os sexos e eventualmente parentes, agregados e aprendizes. A visão religiosa e hierárquica do mundo permeava toda a sociedade, tanto nas aldeias como nas cortes. A maioria das práticas sociais era compartilhada pelos pares e transcorria em lugares de livre trânsito – em locais públicos ou moradias sem a especialização dos espaços, tal como conhecemos na atualidade. Nas aldeias e povoados as pessoas eram conhecidas umas das outras e tinham o seu lugar definido na estrutura social. A idéia de privacidade era desconhecida.

Assim, durante a Idade Média deu-se a transferência de todas as atividades humanas para a esfera privada e o ajustamento de todas as relações humanas segundo o molde familiar, com profundas repercussões nas relações sociais de um modo geral assim como nas organizações profissionais especificamente medievais nas próprias cidades, nas corporações de ofício e mesmo nas primeiras companhias comerciais [25].

A partir do século XVII, ou seja, desde os primórdios do capitalismo, podem ser observadas mudanças que resultaram no atual estado da relação público/privado. O avanço do capitalismo industrial sob a sua forma mercantil implicou em mudanças demográficas – quantitativas e qualitativas – acompanhadas pelo crescimento das cidades, pela diversificação das atividades com o conseqüen-

---

[24] ARENDT, 1987 pp.37 e seguintes.
[25] ARENDT op.cit p.44.

te esvaziamento das áreas rurais. Esse processo afetou as relações entre as pessoas, agora imersas em uma sociedade de estranhos necessitando adaptar-se a novas formas de sociabilidade tanto no domínio público quanto na esfera privada. Aos poucos os modos de vida foram se modificando em decorrência, em grande parte, do aparecimento de novas formas de produção, da expansão do consumo, da padronização das mercadorias e da criação de novas formas de distribuição como as lojas de departamento entre outras, atendendo ao movimento de acumulação de capital.

Verificamos, pois, que a atual configuração público/privado resulta de um processo iniciado com a separação entre casa e trabalho, no início da Idade Moderna. Se, até então a economia era assunto de família, o esvaziamento do domicílio de suas funções econômicas foi acompanhado pelo processo de individualização do trabalho nas manufaturas e fábricas. Gradativamente, outras funções que se realizavam no âmbito doméstico passaram a ser responsabilidade da coletividade, ou seja, de domínio público, tais como a educação das crianças e o cuidado com os doentes.

Pensando nesse contexto histórico, Sennet [26] propõe a definição de "coisa pública" como "aqueles vínculos de associação e de compromisso mútuo que existem entre pessoas que não estão unidas por laços de família ou de associação íntima: é o vínculo de uma multidão, de um "povo", de uma sociedade organizada, mais do que vínculo de família ou de amizade". É o espaço da relação com o "estranho" o não-familiar.

Diríamos, portanto, que a esfera pública que se constitui no início da Idade Moderna como um processo de especialização / diferenciação das atividades sociais foi associada ao esvaziamento das funções, à uma perda da importância da família. A chamada nuclearização da família, implicando na redução do seu tamanho e de suas funções, foi também acompanhada pela sua designação de espaço privilegiado da intimidade e da privacidade, ao abrigo da aspereza do espaço público, lócus das lutas pela sobrevivência, do trabalho e do contato com estranhos.

Na separação entre casa e trabalho, a família nuclear burguesa emerge como modelo, como um padrão ideal, parâmetro para

---
[26] SENNET op. cit p.16.

a qualificação, classificação e legitimação das relações familiares. Com a mulher reclusa e responsável pelas tarefas domésticas e o homem exercendo suas atividades profissionais no espaço público e ocupando sua posição de mando no domicílio, a família dita moderna, apesar de reduzida em tamanho e funções, permanece com sua estrutura patriarcal.

Uma das conseqüências da passagem da produção de mercadorias do interior da casa para o exterior foi a separação radical entre os espaços masculino e feminino, entre homens e mulheres. A segregação dos sexos nas atividades de trabalho, ao criar um espaço separado para as mulheres criou também as condições para o surgimento e disseminação de uma consciência e um movimento de reconhecimento social exclusivo das representantes do sexo feminino [27].

No plano político, os ideais democráticos propagando as noções de liberdade e igualdade entre seres humanos propiciaram o questionamento das mulheres quanto à sua inserção social diferenciada. Confinadas ao espaço doméstico, senão de fato pelo menos como crença, as mulheres começaram uma luta com reivindicações várias e diversificadas. Assim, deu-se a vitória do Movimento Operário na luta pela redução das horas de trabalho ou a conquista de direitos da trabalhadora ao mesmo tempo em que as mulheres da burguesia empenhavam-se na luta pelo direito à educação, reivindicavam o reconhecimento do valor da domesticidade e, mais tarde, o direito ao trabalho e à cidadania pelo exercício do voto: o sufragismo.

A contestação da família patriarcal em função da transformação do trabalho feminino e da conscientização da mulher parece estar na base das mudanças ocorridas durante os séculos XIX e XX[28]. Há, claramente um crescimento da participação das mulheres no espaço público, contudo o campo político, masculino por excelência desde os primórdios da história ocidental, continua resistente aos avanços femininos.

O ingresso da mulher na esfera pública, especificamente no campo político dá início a um outro momento na relação público/

---

[27] SENNETT, op.cit p.16.
[28] CASTELLS, 1999 p. 169-285.

privado: questões até então tidas como problemas inerentes à esfera privada são levados por essas mulheres para o plano político; entre essas questões estão as discussões em torno da discriminação do aborto e as denúncias da violência doméstica.

No final da década de 1960, além da participação no campo institucionalizado da política, seja como eleitoras ou como eleitas, grupos femininos e feministas reivindicam a visibilidade das relações privadas. A expressão "o pessoal é político" tornou-se palavra de ordem de movimentos feministas trazendo para a discussão aberta e, portanto para o espaço público, as relações de dominação existentes no âmbito doméstico. Ao atribuir o estatuto de "políticas" às relações que se davam na esfera doméstica as feministas buscavam escapar do arbítrio inerente ao privado e penetrar o campo da liberdade ou da publicização dos confrontos e problemas. Vieram a público não apenas a violência contra a mulher praticada por seus companheiros no domínio privado da moradia, mas também toda a repressão moral e sexual a que estava submetida.

As brasileiras e o campo político

A sociedade brasileira, fortemente dominada por uma mentalidade patriarcal, apresenta ainda hoje marcas profundas impressas por essa mentalidade na organização social. Tais características certamente devem ter influído na maneira como foram aqui absorvidos os reflexos dos movimentos feministas europeus e americano.

Durante o Império o voto era censitário, ou seja, para votar e ser votado havia restrições de renda, sexo e idade. Apesar de algumas vozes femininas isoladas, reivindicando o direito ao voto com base no patrimônio possuído, as mulheres ficaram excluídas do direito à escolha de representantes seus nas esferas decisórias até o ano de 1932.

Com o advento da República, tomam corpo movimentos que se espelhavam em princípios republicanos e democráticos, entre eles o de igualdade. É abolido o voto censitário e, em lugar do patrimônio passa a ser considerado como votante o indivíduo adulto do sexo masculino, desde que alfabetizado.

Com essa ampliação da massa de eleitores e a persistência da exclusão das mulheres, a imprensa feminina recrudesceu seus protestos e, entre algumas representantes das camadas sociais mais diferenciadas, o sufragismo assumiu o caráter de luta reivindicatória: as mulheres reclamavam o direito de voto extensivo a toda a população assim como a adoção do voto secreto. Paralelamente, na década de 1910 as lutas operárias tornaram-se mais visíveis e lograram incorporar temas especificamente femininos nos seus movimentos de cunho socialista e anarquista.

No entanto, foi apenas na década de 1920, com o aumento da pressão política trazida pelos movimentos de caráter liberal burguês que as mulheres conseguiram ser consideradas eleitoras: esse direito foi conquistado em 1932 (Decreto n.º 21.076), juntamente com a introdução do voto secreto. Mas essa conquista foi, ainda, marcada pelo tratamento desigual dado aos sexos: apoiado em uma tradição secular, ou seja, um sistema de direito privado que situava a mulher casada em situação de submissão ao homem, o decreto estipulava a obrigatoriedade do voto apenas para os homens, deixando às mulheres do voto facultativo [29].

Apesar das pressões socioculturais, a população feminina foi gradativamente aumentando sua participação na escolha de seus representantes políticos. Na sociedade brasileira, as mulheres sempre foram mantidas à margem do espaço público, e apenas nos anos 60 e 70 do século XX iniciaram sua maior inserção no mercado de trabalho, nos níveis superiores de escolaridade, e em alguns campos até então ocupados quase exclusivamente por homens. No campo político, porém, a persistência de relações de caráter patriarcal, do apadrinhamento e do favor impediu e impede ainda o estabelecimento de uma democracia plena, restringindo os mecanismos de acesso ao poder e preservando as relações familistas[30], hierárquicas e androcêntricas.

A maior penetração das mulheres no espaço público foi conseqüência de adesão aos movimentos feministas que, juntamente

---

[29] CANEDO, 1997.

[30] Para um estudo mais acurado sobre as barreiras enfrentadas pelas mulheres no ingresso e permanência no campo político, ver o citado trabalho de pesquisa e reflexão efetuado pela equipe de Clara ARAÚJO, 2005.

com outros movimentos sociais abriram espaço e trouxeram visibilidade à atuação feminina na sociedade. E, precisamente o campo político, até então fechado às mulheres, começa a modificar-se com tímidos surgimentos de candidaturas femininas. Na década de 1980 o número de mulheres eleitoras superou o total de eleitores masculinos [31].

Se, como eleitoras as mulheres brasileiras ocuparam rapidamente suas posições, o mesmo não se deu na sua qualidade de elegíveis. Entre os anos de 1946 e 1974, a Câmara Federal contou, em média, com duas a três senadoras em cada legislatura, o que representou um terço do número de candidatas. Nas Câmaras Estaduais, nesse mesmo período, houve uma média de 32 candidatas por eleição e uma média de 7,8 eleitas, para o conjunto da sociedade brasileira [32]. E, a primeira senadora brasileira foi empossada em 1979, na qualidade de suplente de senador falecido durante sua gestão. Atualmente, são nove as senadoras da República.

Em 2006 foram eleitas três governadoras de Estados e 44 deputadas federais, representando 8,57% do total de parlamentares, muito abaixo, pois, da cota de 30% estipulada para a participação feminina nos partidos. Nas Câmaras Estaduais as deputadas ficaram em torno de 10 e 11% do total de eleitos, encontrando-se nos extremos o Estado do Amazonas, com apenas uma mulher eleita e o Maranhão com a maior proporção de deputadas estaduais, ou seja, 18,4% do total de eleitos.

No nível federal, apesar de ainda numericamente em desvantagem, a bancada feminina tem registrado um aumento a cada pleito. No ano de 1990, foram eleitas 25 congressistas, em 1994 foram 33 e em 1998 esse número caiu para 29. Nas eleições de 2002 o número de mulheres eleitas voltou a crescer, atingindo a cifra de 42 parlamentares e em 2006 foram 44 no total [33].

Uma análise das filiações partidárias das deputadas eleitas aponta para uma predominância dos partidos considerados "de esquerda", com 8 deputadas do PT, 6 do PSB e 4 do PC do B. Entre os demais partidos, o PMDB, sigla que agrega uma gama variada

---

[31] COSTA, 1991.
[32] TOSCANO, 1975.
[33] Dados fornecidos pelo DIAP, 2006.

de tendências, elegeu 8 deputadas e o PFL (atual Democratas) de cunho nitidamente conservador, tem 5 representantes na Câmara Federal. Os demais ficaram entre 1 e 3 representantes.

Com essa visão de conjunto, podemos perguntar: quais seriam os obstáculos enfrentados, assim como os trunfos utilizados pelas mulheres em suas trajetórias políticas?

O primeiro obstáculo a ser apontado parece estar no tipo e no grau de organização interna dos partidos: os canais de acesso a posições de poder dentro do Estado funcionam como barreiras seletivas afetando a incorporação, o tipo de inserção e as condições de competição para as mulheres. Existe, nos partidos políticos uma tendência a privilegiar aqueles que já obtiveram sucesso no campo político e uma tendência a resistir ao novo que coloca as mulheres em desvantagem na competição com o grupo de políticos de maior experiência. A seleção dos candidatos levaria em conta os capitais políticos sendo que tem maior relevância aqueles já comprovadamente testados eleitoralmente ou com potencial para enfrentar uma disputa [34]. Portanto, a obtenção de uma vaga para concorrer deve vir acompanhada por um capital político que possibilite o sucesso no pleito.

Um estudo feito sobre a transmissão de poder [35] considera que a mídia encarrega-se de difundir um discurso político que inclui a metáfora familiar e um vocabulário (termos como afilhado ou herdeiro político ou transmissão de poder) que toma a família como princípio da avaliação da realidade social. Essa visão de mundo dilui a linha divisória entre as esferas do público e do privado, entre o indivíduo ocupante ou postulante a cargos políticos e seu grupo social e familiar.

Essa visão da sociedade dentro de uma lógica familiar além de dificultar as aspirações femininas de agir na esfera pública, incentiva um certo conservadorismo na transmissão do poder: são as origens familiares que formam o político e, nesse âmbito se transmitem os cargos e o poder. Para a autora essa posição fere os princípios democráticos de igualdade, colaborando para a manutenção da mulher sempre como agregada e submetida ao poder familiar.

---

[34] ARAÚJO, 2005 p. 202 e 203.

[35] CANEDO, 1997 op. cit.

Por outro lado, é preciso levar em conta que campo político é altamente competitivo, tenso e com regras bastante complexas o que dificulta a ação e a possibilidade de permanência para os menos preparados. Fica evidente que o tempo de preparação e de experiência prática para que o ator político alcance êxito é longo e implica na interiorização das regras e de posturas que o instrumentem para o jogo que se desenrola no campo em questão.

Nesse sentido, podemos detectar a prevalência de dois tipos de aprendizado – aquisição de habilidade específica e constituição de capital social – para o acesso ao campo da política: a origem familiar e a participação em movimentos sociais.

Um exame das origens dessas mulheres-candidatas mostra que a eclosão dos movimentos sociais nas últimas décadas do século XX favoreceu o surgimento de candidaturas de mulheres em contato direto com a população, tais como as educadoras, assistentes sociais, profissionais da saúde e outras atividades afins. Filiando-se a partidos também novos, aumentaram sua probabilidade de sucesso eleitoral. É preciso notar que os partidos ditos de esquerda são os que apresentam maior número de candidatas provenientes dos movimentos sociais. Ainda que representando uma renovação nos quadros políticos, a absorção de líderes de movimentos sociais aponta, mais uma vez, para a maior aceitação do feminino na esfera pública, desde que porte consigo as marcas a ele atribuídas pelo universo androcêntrico: as mulheres que se destacam fizeram-se notar nas suas lutas em prol da educação, moradia, saúde, creches, ou seja, temas condizentes com a sua condição feminina.

A outra via de acesso das mulheres à visibilidade política é, paradoxalmente, pelo pertencimento a famílias da oligarquia política: nascidas e criadas em ambiente onde o envolvimento com a política faz parte do cotidiano, essas mulheres utilizam-se em larga escala de seu capital social de origem familiar. É nos Estados do Norte e Nordeste que se encontra a maior parte desses casos, provavelmente pelas marcas profundas aí deixadas pelo coronelismo. Na mesma condição estão algumas mulheres que se projetam através de casamentos com homens que ocupam cargos políticos[36]. Na maioria dos casos estabelecem uma continuidade entre o poder

---
[36] BLAY, 1979.

de família e sua atuação política. Essas características propiciaram por um lado, as candidaturas de cunho tradicional, onde se reconhece a utilização em larga escala de capital social de origem familiar. As relações de parentesco conduzem o processo político. Há uma superposição entre as propriedades requeridas para participação no campo político e atributos individuais colocados a serviço do grupo.

Novos ou tradicionais, os caminhos para a elegibilidade das mulheres são dificultados pela mentalidade androcêntrica, que permeia tanto o universo de pensamento masculino quanto o feminino.

Pensando na afirmação de Castells : *"... as fortes exigências dos movimentos sociais, seus ataques às instituições de dominação em suas próprias raízes, ocorrem exatamente no momento em que o próprio Estado se encontra envolvido em uma crise estrutural desencadeada pela contradição entre a globalização do seu futuro e a identificação do seu passado."* [37] *Algumas interrogações surgem: condições que levem a um enfraquecimento do patriarcalismo poderiam dar lugar à novas formas de poder inclusive propiciando a ascensão de mulheres aos altos postos de comando? Por outro lado, o fim da era do estado-nação, o esvaziamento do político* [38]*, sua perda de importância frente à lógica do econômico, trazendo a perda de seu estatuto de campo hegemônico, poderá torná-lo mais acessível às mulheres a ponto delas poderem introduzir novas maneiras de pensar e agir no campo político?*

De qualquer maneira o que se percebe é que a abertura do espaço político para as mulheres depende de uma superação da lógica patriarcal, ainda muito presente como ideologia na sociedade brasileira ou de uma "feminização" do campo, em outras palavras: uma mudança de mentalidade por parte da sociedade que leve a mulher a ser percebida como indivíduo capaz de atuar em espaços públicos sem que por isso haja uma desvalorização desses espaços.

O exame das discussões em torno da extensão do voto às mulheres, na sociedade brasileira, deixa bem clara a divisão entre as esferas do público e do privado (como colocada acima). As dicotomias público/privado, político/familiar, homem/mulher com todas

---

[37] CASTTELS, 1999 p.278.
[38] GUIDDENS, 2005 p.19.

a valorações, conceitos e pré-conceitos atribuídos a cada um dos termos são expressos, a cada momento, como argumentos em defesa da manutenção das mulheres na esfera doméstica, seja em nome de sua posição de esposa e mãe ou de sua natureza frágil. Manter a mulher longe do contato com a esfera pública era proteger sua pureza e integridade para preservação da família e, conseqüentemente, da própria sociedade.

Referências Bibliográficas

ALVES, Branca Moreira. *Ideologia e feminismo: a luta da mulher pelo voto no Brasil*. Petrópolis: Vozes, 1980.

ARAÚJO, Clara. *Partidos Políticos e Gênero: mediações nas rotas de ingresso das mulheres na representação política*. In Revista de Sociologia e Política, n. 24, pp. 193-215. Curitiba, jun. 2005.

ARENDT, HANNAH. *A condição humana*. Rio de Janeiro: Forense-Universitária, 1987.

BAUMAN, Zygmunt. *Modernidade Líquida*. Rio de Janeiro: Zahar, 2001.

BLAY, Eva. BLAY, Eva. *As Prefeitas*. São Paulo: Avenir Mulher, 1979.

BOURDIEU, Pierre. *O poder simbólico*. Lisboa: DIFEL; Rio de Janeiro: Bertrand Brasil, 1989.

BOURDIEU, Pierre. *A dominação masculina*. Rio de Janeiro: Bertrand Brasil, 2002.

CANÊDO, Letícia Bicalho. *As metáforas da família na transmissão do poder político: questões de método*. In Cadernos Cedes, vol. 18, n° 42, Campinas, 1997.

CASTELLS, Manuel. *A era da informação: economia, sociedade e cultura*. Vol II. O Poder da Identidade. São Paulo: Paz e Terra, 1999.

COSTA, Albertina de Oliveira. *O Acesso das mulheres à cidadania: questão em aberto*. In CADERNOS DE PESQUISA maio, 1991, N° 77. São Paulo: Fundação Carlos Chagas. pp. 47-52.

GIDDENS, Anthony. *O mundo em descontrole. O que a globalização está fazendo de nós*. Rio de Janeiro: Record, 2005.

Hausmann, TYSON e ZAHIDI, *The Global Gender Gap Report 2006*. (http://weforum.org/pdf/gendergap/report2006.pdf) 23/03/2007.

NICHOLSON, Linda J. *Gender and History. The Limits of Social theory in the Age of the Family*. New York: Columbia Univ. Press, 1986.

SENNET, Richard. *O declínio do homem público. As tiranias da intimidade*. São Paulo: Cia. Das Letras, 1988.

TOSCANO, Moema. *Mulher, Trabalho e Política*. Rio de Janeiro: Americana, 1975.

Luiza Erundina – Fundação Joaquim Nabuco / Ministério da Educação.

http://www.fundaj.gov.br/notitia/servlet/newstorm.ns.presentation.NavigationServlet?

SENADO FEDERAL

http://www.senado.gov.br/anodamulher/parlamentares/parlamentares.asp

http://www.senado.gov.br/web/senador/NOME/dados/perfil.htm

CÂMARA FEDERAL

http://www.camara.gov.br/Internet/deputado/Depnovos_Detalhe.asp?nome=JANETE

DEPARTAMENTO INTERSINDICAL DE ASSESSORIA PARLAMENTAR

http://www.diap.org.br/eleicoes/2006.asp?codigo1=8912

http://pt.wikipedia.org/wiki/Marta_Suplicy

Juventude e género no espaço público europeu

Pedro Moura Ferreira [39]

Que diferenças de género existirão nas manifestações e presenças públicas dos jovens na Europa? Terão as novas gerações superado as divisões entre espaço público e privado? A tendência de igualização, que se faz sentir desde há algumas décadas, terá barrido da cena pública afirmações diferenciadas de género, ou será que elas persistem mesmo que não revistam as formas do passado? Estas questões lançam o mote da incursão que nos propomos realizar, ou seja, ver como os jovens de hoje ocupam o espaço público nas sociedades europeias.

Espaço tradicional de afirmação masculina, o espaço público tem vindo a reconfigurar-se do ponto de vista dessas relações, possivelmente até mais rapidamente que o espaço privado, na medida em que a igualização da participação coloca em jogo as questões da emancipação, dos direitos e da representação política. A hipótese de que partimos sustenta que a participação no espaço público tem vindo progressivamente a igualizar-se, ainda que o ritmo dessa mudança seja condicionado pela experiência social e política das sociedades, antevendo-se que as diferenças na participação pública das novas gerações serão tanto mais pequenas quanto maiores os avanços realizados pelas sociedades em matéria de relações de género. A análise das relações de género no espaço público é in-

---
[39] Sociólogo, investigador do Instituto de Ciências Sociais da Universidade de Lisboa- Portugal.

separável da acção política que se desenvolve no interior de cada sociedade no sentido de atenuar ou mesmo de diluir as assimetrias que as caracterizam.

A configuração das relações de género está também fortemente condicionada pela influência da cultura nacional. A «ideologia» que molda as relações de género faz parte das diferenças que caracterizam os múltiplos espaços culturais em que a Europa se compõe. Essas diferenças expressam-se também no enquadramento legislativo, no funcionamento do mercado de trabalho ou nas políticas sociais e ainda na maior ou menor centralidade que as relações de género assumem na agenda política das sociedades. Por isso admitimos também como hipótese a explorar que a tendência para uma participação igualitária não é incompatível com a persistência de estereótipos acerca das relações de género ou com a resistência que as ideologias de dominação dão prova. Possivelmente, estereótipos e ideologias tendem a dissipar-se mais lentamente do que as desigualdades na ocupação da esfera pública. Se assim for, a participação igualitária no espaço público não significa necessariamente a extinção das «ideologias» de género, ainda que a resistência que possam opor esteja uma vez mais dependente da sociedade em que se manifestam.

Assim, o principal *focus* de análise será colocado nas tendências de igualização e na comparação dessas tendência no quadro das sociedades europeias.

Alguns esclarecimentos metodológicos

As relações entre a participação no espaço público e as «ideologias» de género no espaço europeu são analisadas a partir de indicadores retirados do *European Social Survey* [40]. No que respeita à participação no espaço público seleccionaram-se dois conjuntos distintos de indicadores: o primeiro incidindo sobre as práticas de participação e o segundo avaliando o grau de mobilização cognitiva, ou seja, o interesse em relação aos assuntos de domínio público. Este interesse é captado, por um lado, através do tempo médio

---
[40] http://ess.nsd.uib.no/index.jsp

semanal dedicado a «consumir» notícias ou programas acerca de política e assuntos de actualidade, e, por outro indagando a importância da política na vida dos jovens [41]. Quanto à caracterização das práticas de participação é sobretudo feita a partir do envolvimento em acções políticas e cívicas, como a participação eleitoral, a adesão partidária ou a militância em movimentos políticos, cívicos ou associativos [42].

A segunda variável sob escrutínio contempla as «ideologias» sobre as relações de género representadas por duas dimensões que resultaram da análise de cinco questões [43]. A primeira destaca sobretudo a questão do reconhecimento da igualdade de género; e a segunda dimensão foca a ideologia do *familismo*, ou seja, a importância da vida familiar.

Por razões de economia de exposição, não se referem pormenorizadamente os desenvolvimentos quantitativos em que assenta para poder dar mais visibilidade à parte substantiva da análise realizada.

Espaço público, participação e mobilização «cognitiva»

Apesar de o primado da igualdade ser um dos valores principais da ideologia democrática, as desigualdades de género persistem em termos de participação na vida pública. Factores como a organização do mercado de trabalho e a da vida privada e familiar,

---

[41] Ao todo, estão envolvidas quatro perguntas: «De um modo geral, qual o seu interesse pela política?»; «Ainda num dia de semana normal, do tempo que passa a ver televisão/ouvir rádio/ler jornais, quanto é dedicado a notícias ou programas acerca de política e assuntos de actualidade?».

[42] A pergunta verifica se o inquirido realizou algumas das seguintes actividades: Contactou um político, um representante do governo central ou um representante do poder local; Trabalhou para um partido político ou movimento cívico; Trabalhou numa organização ou associação de outro tipo; Usou um emblema autocolante de campanha/movimento; Assinou uma petição; Participou numa manifestação; Boicotou determinados produtos.

[43] As cinco questões inquiridas são as seguintes: «Uma mulher devia estar preparada para reduzir o seu trabalho remunerado para o bem da sua família»; «Os homens deviam ter tantas responsabilidades como as mulheres em relação à casa e aos filhos»; «Quando os empregos são poucos, os homens deviam ter prioridade em ocupá-los em relação às mulheres»; «Quando há crianças em casa, os pais deviam manter-se juntos, mesmo quando não se entendem bem; A família mais próxima devia ser a principal prioridade na vida de cada um».

a que se juntam aspectos da socialização de género, têm sido responsabilizados pela persistência das barreiras entre as actividades dos homens e das mulheres. A juventude é um período em que os constrangimentos do trabalho e da organização familiar não estão presentes ou se fazem sentir com pouca intensidade na medida em que a condição de estudante é omnipresente até determinada idade e a de trabalhador está relativamente pouco difundida e limitada na sua extensão. Estas razões levam a pensar que os obstáculos à participação estão removidos nos jovens, tanto mais quando o discurso da igualização se encontra amplamente difundido e acompanha o aprofundamento da democracia. É também verdade que os processos de socialização sustentam menos discriminações com base no género. Não existindo os mesmos constrangimentos que se observam nos adultos, a participação dos jovens no espaço público deve apresentar-se muito mais convergente. Mas essa convergência anulará todo o sentido de diferença ou manterá ainda distâncias que, apesar de atenuadas, mostram que as barreiras de género tendem a persistir mesmo quando os constrangimentos mais pesados não se encontram presentes?

A participação no espaço público, como se referiu, é vista a partir do envolvimento político e cívico e do interesse que os jovens manifestam em relação aos assuntos políticos, designadamente pelo consumo de informação noticiosa. Analisando as formas de envolvimento constatou-se que as distâncias observadas nos diferentes indicadores eram demasiado pequenas para que se pudesse falar em modalidades de participação quantitativamente distintas, permitindo sustentar que a convergência entre os géneros estaria próxima de ser consumada. No entanto, essas diferenças ainda que não sejam dilatadas revelaram um posicionamento algo distinto. Por exemplo, a participação masculina evidenciou-se mais nos indicadores mais directamente relacionados com a actividade política, como o trabalho voluntário em organizações políticas, a simpatia e pertença partidárias ou a participação. Em contrapartida, a presença feminina destacou-se mais noutros indicadores como na exibição de material de campanha ou nas petições. Estes resultados sugerem que as diferenças de género não têm apenas a ver com um suposto défice da participação feminina, mas reflectem também um posicionamento não totalmente coincidente, ainda que sem a intensidade necessária para produzir uma diferenciação consistente no espaço público.

O segundo conjunto de indicadores a que se recorreu para caracterizar a apropriação do espaço público convocava essencialmente uma dimensão cognitiva revelada pela atenção que os jovens dedicam aos assuntos públicos, captada através do consumo de informação noticiosa e do interesse que manifestam em relação à política. Também em relação a estes indicadores se pôde constatar algumas diferenças de género sem, no entanto, assumirem uma expressão quantitativamente muito significativa. Mas mais importante do que a expressão quantitativa é o facto de as diferenças serem todas elas enviesadas a favor do género masculino quer no que respeita ao interesse pela política quer no que se refere ao consumo da informação noticiosa qualquer que fosse o meio de comunicação. Deste modo, a atenção dispensada aos assuntos políticos, e em sentido mais geral à política, revelou-se um terreno ainda propício à manifestação de diferenças de género.

A informação proporcionada pelos indicadores analisados mostra que a persistência de algumas diferenças de género não anula a convergência que parece caracterizar a participação pública dos jovens europeus. Ainda que esta participação não revele clivagens significativas, a focalização na política parece ainda exercer um efeito algo diferenciador, que se traduz numa certa ascendência masculina na esfera política, mais visível nos indicadores «passivos» da mobilização cognitiva do que nos indicadores «activos» que referem o envolvimento político e cívico.

Ideologia *sexista* e participação pública

O segundo tópico de análise procurou apreender a prevalência da «ideologia» de género nos jovens europeus e o impacto que poderia exercer nas diferenças assinaladas em relação à participação pública. Por ideologia entendemos aqui as justificações ou as «racionalizações» que sustentam direitos desiguais em circunstâncias semelhantes. Como se disse, essas justificações ou racionalizações foram captadas a partir de cinco indicadores em que se testava o reconhecimento da igualdade de direitos na esfera laboral e na esfera da vida privada e familiar. A informação analisada apontou para a existência de posições assimétricas segundo o género, especialmente mais vincadas no domínio do trabalho. Com efeito, as mulheres revelaram-se significativamente menos dispostas a aceitarem que lhes compete sacrificarem o emprego em prol da família ou a concordarem que os homens devam ter preferência no mercado de trabalho em épocas de carência de emprego.

O mesmo sentido das diferenças, ainda que com uma amplitude mais pequena, está também presente nas representações sobre a vida privada e familiar. Também aqui as mulheres surgiram a defender mais insistentemente uma partilha igualitária das responsabilidades familiares e menos dispostas a aceitarem que a unidade familiar deve prevalecer sobre os desentendimentos conjugais e afectivos. O único ponto em que ambos os sexos estão de acordo respeita à primazia que concedem à família enquanto prioridade principal na vida. Estas diferenças sugerem que a ideologia *sexista* continua a manifestar-se mais intensamente nos jovens (masculinos) e a implicar bastante mais a esfera pública, representada pelo trabalho, do que a organização da vida familiar e conjugal. É importante, no entanto, não acentuar em demasia essas diferenças na medida em que não se revelaram quantitativamente muito significativas, sugerindo que, apesar das tendências divergentes assinaladas, existe um amplo espaço de convergência.

Em que medida a existência destas ideologias *sexistas* se relaciona com a participação na esfera pública? A uma participação mais igualitária corresponderá uma anulação das diferenças *sexistas*? A resposta a estas questões passa por articular a participação no espaço público e as manifestações ideológicas *sexistas*.

As correlações entre as variáveis que contemplam as duas dimensões [44] mostraram um padrão que está de acordo com a hipótese que explorámos: a participação na esfera pública não é independente da manifestação ideológica *sexista*. Com efeito, ainda que

---

[44] A dimensão do espaço público contempla três variáveis: o interesse pela política, o consumo de informação noticiosa (que resulta da agregação das variáveis relativas às notícias televisivas, da rádio e dos jornais) e a participação pública (agregação de todas as variáveis relativas ao envolvimento político e cívico). Do lado dos efeitos «ideológicos» contemplaram-se apenas quatro das cinco variáveis, afastando-se a variável «a família é a principal prioridade na vida» pelo facto de ser pouco diferenciada em termos de género.

os valores sejam bastante modestos, a direcção das correlações vai no sentido previsto e quase todas elas são significativas, indicando que as diferenças ideológicas se reduzem quando a igualização é mais manifesta. Ou seja, sociedades mais participativas seriam ideologicamente menos segregadas (logo, menos *sexistas*), reflectindo o facto de que a participação no espaço público e a representação ideológica são consequências do confronto que as relações de género conhecem nas diferentes sociedades do espaço europeu.

Sociedade, esfera pública e estereótipos sobre género

A posição que defendemos sustenta assim que as relações de género que se observam na esfera pública e nas ideologias *sexistas* têm de ser referenciadas às sociedades que compõem o espaço europeu. Não é possível pensar que essas relações possam equacionar-se sem se ter em conta a diferenciação cultural e a multiplicidade das estruturas económicas, familiares e institucionais que as caracterizam. O nosso propósito é agora o de estabelecer uma diferenciação interna do espaço europeu a partir das diferenças que se observam em cada sociedade, agregando as sociedades de acordo com o perfil de participação na esfera pública e de ideologia *sexista*.

Sem nos preocuparmos com uma descrição detalhada da análise realizada, é suficiente assinalar que o recurso a procedimentos factoriais e classificatórios permitiu criar três grupos de países em função das diferenças de género que se observam quer na participação no espaço público, quer nas ideologias sexistas [45]. Referindo, em primeiro lugar, os países que os integram, é surpreendente notar que os três agrupamentos constituem um quadro bastante coerente à luz do conhecimento da história dessas sociedades e

---

[45] Basicamente tratou-se de efectuar uma análise factorial de correspondência sobre uma tabela de contingência em que os países figuravam nas linhas e as variáveis nas colunas. As variáveis, como se referiu na nota anterior, contemplam a dimensão da participação no espaço público e a da representação ideológica. No entanto, as variáveis foram desdobradas em função do género para que o seu efeito pudesse surgir associado aos países. A partir dos eixos factoriais procedeu-se de seguida a uma análise de clusters que chegou à solução dos três grupos de países. Cada grupo foi descrito pelas variáveis mais características.

sobretudo em função da sensibilização que revelam em relação à questão do género.

O primeiro grupo [46] reúne os países nórdicos que constituem as sociedades que mais avanços têm realizado em matéria de igualização das relações de género, consagrando-a legalmente e conseguindo incorporá-la no funcionamento institucional.

	DIFERENÇAS NOS PAÍSES EUROPEUS					
	GRUPO I		**GRUPO II**		**GRUPO III**	
PAÍSES	Suécia Dinamarca Islândia	Noruega Finlândia	República Checa Polónia Ucrânia Hungria	Grécia Portugal Eslováquia Estónia	Luxemburgo Áustria Reino Unido Suiça Espanha	Alemanha Bélgica Irlanda França Holanda
VARIÁVEIS CARACTERIZADORAS	Participação política M/F; Interesse p/ política M/F; Interesse p/ informação noticiosa M/F; Homens realizando tarefas domésticas M;		Homens com preferência nos empregos M/F; União da família mais importante do que a vida afectiva do casal M/F; As mulheres devem reduzir as horas de trabalho remunerado em prol da família M/F;		Participação política M/F;	

O segundo grupo de países representa as sociedades do sul e leste europeus, apenas com uma única excepção (a Espanha). São sociedades economicamente menos prósperas e em que a modernidade está longe de se ter expandido por todos os seus segmentos populacionais, sendo por isso importante o peso que a tradição

---

[46] A distribuição dos países em função dos grupos é a seguinte: Grupo I – Suécia, Dinamarca, Islândia, Noruega e Finlândia; Grupo II - República Checa, Polónia, Ucrânia, Hungria, Grécia, Portugal, Eslováquia e Estónia; Grupo III – Luxemburgo, Áustria, Reino Unido, Suiça, Espanha, Alemanha, Bélgica, Irlanda, França e Holanda.

ainda representa. Esta dialéctica entre tradição e modernidade pode ajudar a explicar a razão de a Espanha, apesar de pertencer ao sul, não integrar este grupo. Os avanços na modernização da sociedade conduzem a mudanças nas relações de género e na configuração do espaço público, reconhecendo-se desta forma que o desenvolvimento, em particular o económico, é uma variável crítica para se compreender as diferenças de género, sem, no entanto, se procurar estabelecer qualquer relação simplista ou determinística entre desenvolvimento e relações de género.

O último agrupamento de países é bem prova disso. Constituído pelos países da Europa central, nele figuram algumas das sociedades mais prósperas do mundo e, mesmo essas, não integram o grupo dos países nórdicos, consensualmente apontados como as sociedades mais igualitárias em termos de relações de género. Se a economia é inseparável da modernidade, a modernidade necessita também do movimento dos actores colectivos para reconfigurar as relações sociais. É possivelmente a centralidade (ou a sensibilidade) que a questão do género assume (ou assumiu) na agenda política das sociedades que explica as diferenças que se observam entre elas e que, em última análise, justifica os três agrupamentos evidenciados pela análise que acabamos de descrever.

Além dos agrupamentos de países, a análise realizada identifica também a importância que a participação pública e as ideologias de género assume em cada um dos três agrupamentos. Verifica-se também aqui um grande contraste entre, por um lado, os países do norte da Europa, e, por outro, os do sul e do leste. Do lado dos primeiros, aparecem os indicadores relativos à participação na esfera pública, sejam eles relativos à mobilização cognitiva (interesse pela política ou a atenção dada à informação noticiosa) ou à acção política e cívica [47]. Registe-se que a participação pública surge igualmente representada em ambos os géneros. Em contraponto, os países do sul e do leste da Europa aparecem mais asso-

---

[47] Cada um dos agrupamentos surge caracterizado pelas seguintes variáveis que se desdobram consoante o género: Grupo I - Participação política M/F; Interesse pela política M/F; Interesse pela informação noticiosa M/F; Homens assumindo tarefas domésticas M; Grupo II - Homens com preferência nos empregos M/F; União da família mais importante que a vida afectiva do casal M/F; As mulheres devem reduzir as horas de trabalho remunerado em prol da família M/F; Grupo III - Participação política M/F.

ciados às ideologias e aos estereótipos de género. Esta associação é indiferenciada segundo o género, ou seja, o apoio é sustentado tanto em termos masculinos como femininos. O terceiro agrupamento de países fica numa posição intermédia, revelando uma associação menos intensa do que a dos países do norte da Europa aos indicadores de participação, e, contrariamente aos países do sul e leste europeus, um repúdio das ideologias e dos estereótipos de género.

Conclusão

As relações sumariamente esboçadas permitem sublinhar duas conclusões. A primeira realça o facto de a igualização da participação na esfera pública se afirmar paralelamente ao enfraquecimento das ideologias e dos estereótipos de género. Quanto mais os jovens de ambos os sexos valorizam a participação pública menos manifestam ideologias ou estereótipos contrários à igualização de direitos. A participação é pois correlativa à ideia de igualização. A segunda conclusão sublinha a importância do contexto nacional. Com efeito, a comparação entre países permite perceber que as diferenças entre eles se sobrepõem às diferenças de género que eventualmente se manifestam no interior de cada sociedade. Ou seja, em termos gerais, uma jovem de um país do norte da Europa sentir-se-á mais próxima de um jovem seu conterrâneo do que de uma jovem pertencente a uma sociedade de outro espaço cultural. O que pesa, no fundo, na diferenciação do espaço público é o grau de igualização da sociedade. Uma vez mais, uma questão de valores, mas também de agenda política.

Participação das mulheres e democracia na Universidade

Helena C. Araújo [48]

O processo de participação contém uma mensagem importante para as mulheres, no sentido em que é acompanhado com uma expectativa forte, sublinhando a capacidade igual das mulheres como grupo social para viver e construir a polis. Este pressuposto é certamente uma das razões que tem levado os estudos feministas, os estudos de género a acentuar a importância da participação. O que esperam esses estudos e nós, como feministas académicas, da participação das mulheres? O que esperamos que a educação constitua para poder contribuir para esta participação feminina?

Vários estudos têm debatido estas questões e sublinhado que se espera que as mulheres participem já que são, tal como os homens, construtoras de uma democracia baseada em direitos iguais, na intenção de construir um espaço comum onde os direitos são partilhados e os membros da comunidade têm a possibilidade de contribuir para a construção dessa polis.

Lembremos que esta participação foi lutada árdua e intensamente, na direcção do voto, do alargamento de outros direitos, como o da educação, trabalho pago, segurança social, etc. Outras lutas de mulheres têm focado a violência doméstica, o direito de decidir o controlo sobre os seus corpos, para apenas nomear alguns dos mais debatidos nos últimos tempos.

---

[48] Docente da Universidade do Porto/CIIE/Faculdade de Psicologia e Ciências da Educação.

Esta participação na democracia ou na construção da polis tem sido sustentada com argumentos diferentes pelas diferentes tradições: o liberalismo com a sua ênfase nos direitos individuais e uma visão restrita sobre participação; o republicanismo cívico tem reclamado por uma participação pela construção de um bem comum, onde os interesses individuais sejam postos de lado assim como as diferenças de grupo.

Com outros argumentos, a participação tem sido salientada como afirmando a elaboração de autonomias pessoais e de grupo, a capacidade de escolhas informadas do que é necessário ser feito e de como pode ser prosseguido, na assunção da pluralidade de formas que pode assumir. E também, é entendida como forma de produção social e cultural, debatendo formas e práticas de desigualdade social, interpretando necessidades sociais, lutando pela sua concretização e reconhecendo as diferenças. (LISTER 1997)

As preocupações de Iris Young são também aqui relevantes pois a participação das pessoas nos processos de tomada de decisão nas actividades em que estão envolvidas e nas quais vivem é acentuada pela influência que podem exercer nessas mesmas decisões (Young 2000). Na sua perspectiva, a democracia implica um nível de participação que se baseia na equidade ou na igualdade. A noção habermasiana de espaço comunicativo é aqui central nas formas que pressupõem a cidadania multicultural. Há, assim, vários sentidos de participação na democracia, desde as perspectivas liberais até às teorias críticas de autoras como Iris Young (1997) ou Anne Philips (1999).

Neste artigo, será focada a participação das mulheres na universidade. As mulheres como os homens académicos têm os mesmos direitos, certamente. Assim, podemos perguntar-nos: qual é o interesse de focar a sua situação e experiências de participação na academia?

Em primeiro lugar, há o sentido relacionado com a presença em termos de acesso à frequência de instituições democráticas, como são as instituições de ensino superior. Um segundo sentido é o de ter sucesso, dentro de condições fornecidas que tenham em consideração as situações de que os grupos sociais são portadores. Um terceiro sentido é certamente a capacidade de trabalhar em instituições e, devido ao seu mérito ou perfil, ocupar postos de liderança e de tomada de decisão. E a democracia deve ser capaz de respeitar e fazer respeitar direitos iguais, abrir portas igualmente e ser crítica de formas que excluem um grupo ao nível do processo de tomada de decisão. É a este nível que se estenderá a discussão aqui mais estendidamente.

Ainda um outro sentido será a forma como essa participação é vivida, nomeadamente ao nível do processo de tomada de decisão e de liderança em que mulheres estejam envolvidas, acentuando as suas subjectividades para uma interpretação por estudos educacionais feministas, e dando maior substância à interrogação em torno de direitos iguais. Este é certamente um foco em que estou particularmente interessada, embora não seja neste artigo que será abordado. Aqui, será um estudo participação na tomada de decisão, desenvolvido pela equipa de que era membro e uma das coordenadoras do projecto.

A participação das mulheres na Academia

Vários estudos têm sublinhado uma situação anterior em que as mulheres estavam muito menos presentes nas universidades e em que a história do seu acesso restrito ilumina a não existência de iguais direitos e a experiência de situações de discriminação. Este estádio foi passado e uma outra perspectiva emerge hoje: as mulheres estão presentes nas universidades como estudantes, têm acesso a cursos diferentes, mesmo em áreas que anteriormente não se esperaria que fossem por elas frequentadas. Esta é uma história de sucesso para as mulheres e para o sistema educativo que afirma, sobretudo depois da II Guerra Mundial, basear-se na igualdade de oportunidades, na não-discriminação com base no sexo, parecendo poder afirmar-se que as democracias estão implicadas em criar condições de oportunidades para as mulheres. Parece, assim, existir um processo aberto em que as mulheres estão a obter os seus direitos.

A participação no sentido do acesso parece, pois, concretizada – não há discriminações formais na base do sexo. Acesso também no sentido de acesso à preferência de qualquer curso, não havendo discriminações nas regras relativamente ao acesso de qualquer um dos sexos (as excepções serão o acesso aos cursos de formação para o sacerdócio em algumas religiões, como a católica). Examinando dados recentes, mulheres e homens têm acesso a qualquer nível do sistema de ensino em números semelhantes. Certamente que não é apenas o desaparecimento de regras discriminatórias que fornece igualdade de oportunidades de acesso. Questões mais complexas relacionadas com ideologias, estereótipos, desigualdade de classe social e outras estão muito actuantes, mas também são reconfiguradas e contestadas, muitas vezes. O quadro não se apresenta estático.

A participação em termos de sucesso, tal como definido commumente, surge como pouco problematizado. O discurso mais expandido sublinha mesmo que as mulheres estão a ter demasiado sucesso na participação, obtendo maior número de diplomas, sobretudo quando se observa os do ensino superior. Indubitavelmente, as áreas como as de engenharia, tecnologias em geral, têm números mais reduzidos de participação de mulheres, mas em várias outras áreas se sublinha como estão a obter um número bem maior de diplomas do que os pares masculinos: 55% dos diplomas no ensino superior são obtidos por mulheres. Não vou explorar esta questão mais detalhadamente. Só me interessa aqui sublinhar como estudantes estão a obter estes diplomas em contraste com o passado – vinte anos atrás este quadro era completamente diferente. Assim, neste nível de participação, em termos de concretização exigida por instituições específicas, seus conhecimentos, diplomas, este é um nível onde a boa participação das mulheres está visibilizada.

Queria agora concentrar-me nas Universidades como lugar de trabalho e de liderança para uma força de trabalho adulta. As universidades e outras instituições de ensino superior têm recebido muitas mulheres como assistentes, como professoras, etc. Este é um processo mais claramente configurado na última parte do século XX. Muitas mulheres exercem agora funções de docentes no ensino superior, e não apenas universitário – poderá rondar os (50%)[49], diferentemente dos anos 1980, quando atingiu um terço, para posteriormente, em 2002, atingir 41%.

---

[49] Não foi possível confirmar esta percentagem em documentos oficiais, apenas num jornal que o cita, sem confirmar fontes.

Com esta presença visível traduzida em números, será que a participação das mulheres nas Universidades regista uma acentuada diferença? Com o crescente número de qualificações estão as docentes a encontrar mais oportunidades, e desenvolvem mais expectativas e perspectivas sobre participação em termos de liderança, representação e a partilha da tomada de decisão nestas instituições?

A questão é central: estão as mulheres docentes, qualificadas com diplomas de ensino superior, a ocupar posições de responsabilidade e valor social, reconhecidas pelos seus conhecimentos, as suas carreiras, as suas trajectórias profissionais, nas suas contribuições como seres humanos e como mulheres? Estão a ser reconhecidas nas suas capacidades, pelos poderes políticos, pelos poderes institucionais, nas suas capacidades de partilhar o poder, para liderar instituições?

Participei com outras colegas num Projecto de pesquisa, promovido por uma ONG – a Associação Portuguesa de Estudos sobre as Mulheres (APEM), financiado por fundos europeus, através da Comissão para a Igualdade e dos Direitos das Mulheres (CIDM), sobre participação, representação e presença em instituições democráticas a saber: Conceição Nogueira (co-coordenadora), Eunice Macedo e Wal Costa, como investigadoras.

O Projeto Partilhar o Mundo

O Projeto "Partilhar o Mundo – construindo uma democracia participativa" baseia-se como o título sugere, em pressupostos de que há diferentes tipos de democracias, e certamente um é o modelo participativo. Anne Philips (1991), por exemplo, elabora sobre os 'modelos' de democracia, de forma a ultrapassar modelos binários, sobretudo entre democracia liberal/democracia participativa. Como afirma: "todas estas oposições estabelecem uma ortodoxia e depois exploram alguma alternativa a esta norma" (Philips 1991:14). Para além de denunciar a divisão público-privado como antidemocrática, as contribuições feministas recentes procuram ir além das visões clássicas que tentaram centrar a sua atenção na relação indivíduo-estado, na actividade governamental, na narrativa dos ciclos das eleições, e na definição de áreas de não intervenção do governo/estado. Por democracia participativa, Carole Pateman (1992) entende esta noção baseada, tal como outros autores/as, no paradoxo enunciado por J. J. Rousseau: "não podemos obter uma maior participação democrática sem conseguirmos mudar a desigualdade social e a consciência, mas não conseguiremos realizar mudanças na desigualdade social e na consciência sem um aumento de participação democrática" (cit in TORRES 1998:147). Neste sentido, a atenção sobre a centralidade da participação na construção do espaço democrático acentua as questões da desigualdade, não apenas relacionadas com classe social, mas também de desigualdade de género nos processos de tomada de decisão como problemas de uma democracia que se pretende mais alargada.

No Projeto já mencionado, os dados recolhidos mostram, com uma frequência preocupante, como as mulheres, mesmo nos anos iniciais deste novo milénio, e apesar de tão elevadas qualificações, não estão presentes nos lugares mais prestigiados em número em que se possa reconhecer a força da democracia e o seu potencial para realização e concretização de ideais mais democráticos e participativos. Quaisquer que sejam as instituições, sejam instituições estatais, como o parlamento, os corpos governativos, ou instituições privadas do mundo de negócios, o quadro não é muito diferente. Torna-se necessário ver a informação que o projecto recolheu, a ser consultado electronicamente [50]. Neste artigo, como já foi referido, focam-se apenas os dados construídos respeitantes ao ensino superior, e, em particular às universidades. No âmbito dos estudos já conhecidos, estes dados não constituem uma novidade. Mas não podem deixar de ser desalentadores e contrastantes com uma visão mais igualitária entre pares femininos e masculinos, largamente difundida, em particular quando se fala de diplomas e seus efeitos. Há ainda muito para aprofundar para ter uma melhor percepção das desigualdades entre pares femininos e masculinos.

---

[50] Site www.apem-estudos.org (clicar na base de dados).

QUADRO 1 - REITORES(AS) UNIVERSIDADES PÚBLICAS

UNIVERSIDADES PÚBLICAS	M	H	TOTAL
Universidade da Beira Interior	0	1	1
Universidade de Aveiro	1	0	1
Universidade de Coimbra	0	1	1
Universidade de Trás-os-Montes e Alto Douro	0	1	1
Universidade do Algarve	0	1	1
Universidade de Évora	0	1	1
Universidade do Minho	0	1	1
Universidade do Porto	0	1	1
Universidade Nova de Lisboa	0	1	1
Universidade Aberta	1	0	1
Universidade Técnica de Lisboa	0	1	1
Universidade de Lisboa	0	1	1
Total	**2**	**10**	**12**
%	**17%**	**83%**	

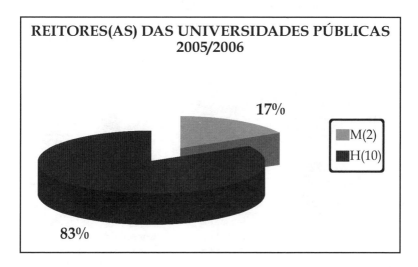

QUADRO 2 - PRESIDENTES NOS ÓRGÃOS DE TOMADA DE DECISÃO UNIVERSIDADES PÚBLICAS, GLOBAL 2005/06

ÓRGÃOS	M	H	TOTAL
Presidentes Conselhos Directivos	13	68	81
Presidentes Conselhos Científicos	10	71	81
Presidentes Conselhos Pedagógicos	15	51	66
Total	38	190	228
%	16,7%	83,3%	

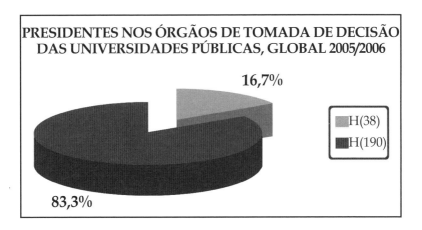

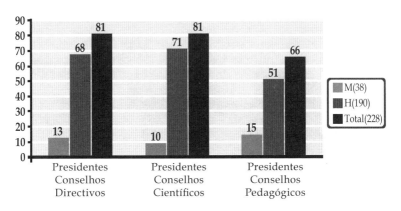

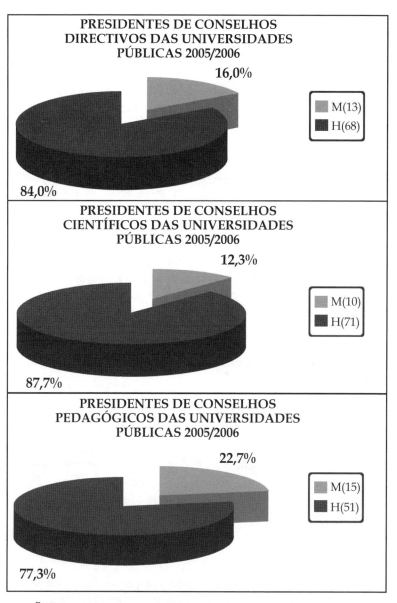

Fontes:
www.dges.mcies.pt/dges
www.pedagogicosensinosuperior.pt
www.universia.pt
Sites das Universidades, Institutos Politécnicos, Escolas e Faculdades.

Após o confronto com estes dados, nos quadros e gráficos, fica bem mais visível este processo de marginalização de mulheres em processos de tomada de decisão, no que respeita a instituições do ensino superior em Portugal. De acentuar que estes dados mantém uma linha de continuidade com o que se passa em sectores diferentes da vida social, política e económica no país, no que concerne à ocupação de lugares de tomada de decisão e que a base de dados citada dá larga conta. Uma pequena nota para assinalar, na ocupação de órgãos de gestão científica, uma ainda menor presença de mulheres académicas, comparada com a gestão directiva e a gestão pedagógica. Em sentido distinto, anote-se a sua maior presença nos órgãos de gestão pedagógica. São dados que, neste aspecto, não surpreendem, mantendo ainda continuidade com antigas divisões construídas na ciência social do século XIX, em que o científico era considerado inadequado para o exercício profissional de mulheres, e o cuidar, na maior proximidade com alunos e estudantes, considerado mais apropriado para o feminino (cf. por exemplo Araújo 1992).

Será o partilhar da tomada de decisão central para uma democracia viva?

Depois da constatação da presença reduzida de mulheres nestes dados, acentue-se a questão da presença de mulheres em posições de tomada de decisão como central em formas de concretização de uma democracia viva. Como é sabido, a participação no modelo clássico Ateniense prosseguia com a exclusão de mulheres e escravos e, mesmo convivendo com formas extremas de exclusão, denominavam-se democracias. A teoria política também se comportou em termos de inexistência de um sujeito mulheres. Como Anne Philips salienta:

> O debate sobre democracia sempre se desenvolveu durante séculos como se as mulheres não estivessem a viver nessas democracias; ou então, reconheceu a nossa existência, como por exemplo, com Rousseau, para nos mostrar o nosso lugar (..) Foram as feministas que tive-

ram de explorar a forma como se privilegiou incessantemente os homens que viviam nas mesmas democracias, assim como a própria categoria do masculino que, em si mesma, formou e deformou a teoria e prática políticas". (PHILIPS 1991:2)

Como esta autora sublinha, a sub-representação de mulheres não é um facto ocasional, sendo inaceitável que o sistema nos proponha, de alguma forma, que consideremos este facto como irrelevante. Essa marginalização e sub-representação constitui um problema nas democracias contemporâneas, que se baseiam na igualdade de direitos e no valor similar dos seus cidadãos e cidadãs (PHILIPS 1999) e na não discriminação: "qualquer sistema que consistentemente exclui as vozes de mulheres não é apenas injusto, não conta como representação" (PHILIPS 1991:63). E noutro passo, pergunta retoricamente: "que tipo de democracia é esta?" (1991:61), quando nos damos conta que a composição dos lugares de tomada de decisão é basicamente masculina, classe média e branca (ibidem).

Na base do argumento em que mulheres e homens têm iguais direitos e constituem aproximadamente metade da população, constroem-se propostas sobre democracia paritária como uma meta em que os processos de tomada de decisão e de representação sejam igualmente distribuídos, neste caso, por mulheres e homens. Face ao argumento de que as mulheres trarão à vida institucional a à política uma variedade de experiências de vida, diversas dos pares masculinos, originados nos processos de diferenciação e que os seus interesses não são tomados em conta nos processos de tomada de decisão constitui-se uma perspectiva construída na base de concepções essencialistas. Um dos pressupostos das democracias é de que as pessoas que ocupam lugares de representação falam em nome das que as elegeram, em termos de responsabilidade e de autonomia. Será que as mulheres representam as mulheres em geral?

Vários/as autores/as argumentam de que, pelo menos, se pode falar do interesse de mulheres em ocuparem lugares de tomada de decisão. Podem defender e agitar questões que respondem melhor a interesses de mulheres, na sua diversidade e comunalidades. Este é um argumento que difere daquele que pressupõe que as mulheres que ocupam órgãos de decisão representam as mulheres como grupo. Tratar-se-ia de um argumento problemático pois se estaria a sustentar uma tese de homogeneidade da identidade de mulheres, pondo de parte as clivagens de origem étnico, de idade, de 'raça' e que são consubstanciadas em diferenças de poder material e simbólico: "A desigualdade sexual pode ser um fenómeno universal, mas isto não significa que as mulheres sejam universalmente as mesmas (...) as mulheres não são entre si homogéneas e não falam a uma única voz". (PHILIPS 1991: 72;77)

Assim, a argumentação é mais complexa: o aumento de mulheres nos corpos de tomada de decisão pode trazer mudanças nas agendas políticas, mas isso não significa que essas mudanças ocorrerão necessariamente nem que as mulheres serão representadas como mulheres nesses corpos – é difícil sustentar que se trata de interesses únicos e homogéneos entre mulheres.

Este debate é re-elaborado por uma recente contribuição de Anne Philips, em que procura construir uma perspectiva alternativa, sublinhando que há experiências de mulheres que deveriam ser trazidas para a construção da vida pública, enquanto, ao mesmo tempo, procura escapar a perspectivas essencialistas. Em Macedo *et al.* (2005), no âmbito do projecto aqui referenciado, encontra-se a ênfase no conceito de Philips em torno de uma **política de presença**. A autora delineia duas perspectivas que explicam a exclusão política e reclamam uma inclusão. A **política de ideias** é habitualmente o que interessa nos programas políticos em que se articulam ideias e linhas de intervenção que são partilhados por quem é eleito/nomeado para lugares específicos – não é a identidade de quem é eleito/a para lugares que conta. Esta é uma visão pouco atenta a grupos sociais que são excluídos de lugares de tomada de decisão, como os definidos por 'género', 'raça', etnicidade, etc. A sua presença corporal e como seres humanos em si mesmas, que querem falar por si, através da sua diferença, como mulheres, não é considerada, tal como nas situações de pessoas negras, ou de outros grupos de menor poder. Através de uma política de presença, reivindicam a sua luta contra a marginalização.

Philips pergunta: "como pode um homem substituir uma mulher com legitimidade, quando a questão é a da representação das mulheres *per se*?" (PHILLIPS, 2001: 273). É esta a política de presença que Philips advoga, e que considera central, antes mesmo de debater género e diferença. As mulheres têm o direito de estarem em lugares de tomada de decisão, de estarem presentes. Assim, e de acordo com Young (1990, 2000), a perspectiva é de uma democracia em que os processos de tomada de decisão e a justiça social vão na direcção do reconhecimento e da representação de grupos diferentes com menor poder e privilégios (cf. MACEDO *et al.* 2005). Mais ainda, Philips sublinha que o que é necessária é "uma visão da democracia através da diferença, uma acção política que não negue nem capitule perante as particularidades da identidade de grupo" (1993:5).

Para concluir

Tem sido assinalado que os lugares de tomada de decisão e representação são em geral apreendidos como de responsabilidade masculina. Muitos dirão que os referenciais e estilos mantêm a definição masculina de exercício e ocupação do cargo. As expectativas são a de uma figura masculina, os estereótipos rondam-nos constantemente, ainda que sejam lutados, reconfigurados, reapropriados em novas formas mais abertas. Os dados apresentados apresentam, de facto, um quadro que aponta para um problema da democracia: a da sub-representação de mulheres em lugares de tomada de decisão, num tempo em que o aumento das suas qualificações é apenas parcialmente uma história de sucesso. Denunciar esta marginalização é importante para os estudos feministas, para as perspectivas sobre democracia e cidadania, contribuindo para configurar esta questão como problema social e político para uma transformação social.

Referências Bibliográficas

ARAÚJO, Helena C. (1992) "The Emergence of a 'New Orthodoxy': Public Debates on Women's Capacities and Education in Portugal (1880-1910),

Gender and Education, special number on *Women's Education in Europe,* 4, (1/2), 7-24.

LISTER, Ruth (1997) *Citizenship – feminist perspectives,* Londres: Routledge.

MACEDO, Eunice, COSTA, Waldeciria, NOGUEIRA, Conceição, ARAÚJO, Helena (2005) "Realidades da Participação das Mulheres no Contexto Português. Partilhar o Mundo, Construir uma Cidadania Participativa, in *II International Conference – The Voice and Choice of Women in Portugal and in the Diaspora*, Universidade da Califórnia, Berkeley, 21-24 Abril

PATEMAN, Carole (1992) "Equality, difference, subordination: the politics of motherhood and women's citizenship" in Gisela Bock e Susan James (orgs.) *Beyond Equality and Difference – citizenship, feminist politics and female subjectivity*, Londres: Routledge.

PHILIPS, Anne (1991) *Engendering Democracy,* Oxford: Polity Press.

PHILIPS, Anne (1999) *Which Equalities Matters?* Oxford: Polity Press.

PHILIPS, Anne (2001) !De uma política de idéias a uma política de presença", *Revista de Estudos Feministas, 9 (1), www.Scielo.br*

TORRES, Carlos Alberto (2001) *Democracia, Educação e Multiculturalismo – dilemas de cidadania em um mundo globalizado*, Petrópolis: Vozes.

STROMQUIST, Nelly P. (2002) Redesenhando a Cidadania: as mulheres como agentes íntegras no estado-nação" in *Temas em Educação*, 11, 15-36.

YOUNG, Iris M. (2000) *Inclusion and Democracy*, Oxford: Oxford University Press

Site consultado

www.igualdade2007.com.pt/acessibilidade/preview_documentos.asp,

OCES. Ministério da Ciência, Tecnologias e Ensino Superior

Políticas e medidas legislativas de género em educação: a União Europeia e Portugal

Custódia Rocha [51]

1. Orientações e Políticas para a Igualdade de Oportunidades entre os Géneros em Educação

O princípio da igualdade de oportunidades entre as mulheres e os homens encontra-se explicitamente formalizado em documentos legislativos que se foram elaborando a partir da Revolução Industrial e da Revolução Francesa, no mundo ocidental, mas que, em maior número, se inscrevem nas balizas temporais das últimas décadas do século XX.

Com a análise que segue pretende-se reflectir sobre a relação sempre tensa entre os Estados (na sua produção de políticas educativas) e os efeitos e contra-efeitos da sua acção no âmbito das relações sociais de género em contextos de educação. Com ela se pretende, também, pelo menos parcialmente, colmatar uma preocupação que tem vindo a ser exposta nos seguintes termos: "quase nenhuma teoria acerca do desenvolvimento da escola de massas" analisa "a natureza do Estado tendo em consideração as divisões de género", sabendo-se, no entanto, que "os debates acerca da "na-

---

[51] Docente do Departamento de Sociologia da Educação e Administração do Instituto de Psicologia e Educação da Universidade do Minho, Braga-Portugal.

tureza do Estado tornam-se ainda mais complexos quando, para além das relações de classe e do processo de acumulação, se consideram as relações de género (e étnicas)" (Araújo, 2000a: 27).

Uma análise como a que aqui se apresenta indica-nos ser necessário redefinir o que se entende por igualdade de oportunidades em educação, problematizando a transposição, que não é somente lexical mas também semântica, a que vimos assistindo, num contexto de neoliberalismo educacional, do âmbito da "igualdade de oportunidades" para o âmbito da "equidade de resultados". A configuração de uma Escola onde se desenvolvam relações de *educação crítica* e de acção educativa repolitizada torna-se uma referência central quando se pensa que a reestruturação dos espaços educativos pode estar em consonância com *novos critérios de racionalidade instrumental* que é preciso desocultar.

As observações feitas exigem que se elabore uma análise diacrónica e sincrónica que as sustentem, como a que a seguir se apresenta, e que se diga, desde já, que tem sido produzido um conjunto significativo de legislação e de recomendações ligado à igualdade de oportunidades entre as mulheres e os homens em Educação. Os quadros síntese que de seguida se apresentam contemplam a inúmera legislação e recomendações (que não se encontram esgotadas nas referenciadas) sobre o âmbito da igualdade/equidade em contextos de formação e educação propostas ao nível Internacional, na União Europeia e, quase sempre na sua sequência, em Portugal.

QUADRO 1 - ACONTECIMENTOS, LEGISLAÇÃO, DOCUMENTOS: FORMAÇÃO E EDUCAÇÃO AO NÍVEL INTERNACIONAL

1948	A Declaração Universal dos Direitos do Homem foi proclamada, a 10 de dezembro, pela Assembléia-geral das Nações Unidas. "Artigo 1º - Todos os seres humanos nascem livres e iguais em dignidade e direitos e, dotados como são de razão e consciência, têm de comportar-se uns com os outros com espírito fraternal. Artigo 2º - (1) Toda e qualquer pessoa tem todos os direitos e liberdades proclamados nesta Declaração, sem diferença nenhuma de raça, cor, sexo, língua, religião, opinião política, origem nacional ou social, situação económica, nascimento ou qualquer outra condição." No âmbito do direito à educação, ver Artigo 26.
1979	Surge a *Convenção para a Eliminação de todas as formas de discriminação contra as mulheres*, da Assembleia-geral das Nações Unidas (Resolução 34/180, de 18 de dezembro) porque os Estados Partes constataram que "apesar destes diversos instrumentos, as mulheres continuam a ser objecto de importantes discriminações" e manifestam "que é necessária uma mudança no papel tradicional dos homens, tal como no papel das mulheres na família e na sociedade, se se quer alcançar uma real igualdade dos homens e das mulheres" (Art. 4º). O seu Art. 10 é dedicado à educação, sublinhando a importância da igualdade de oportunidades entre mulheres e homens em educação para a vida política, económica e social. Entrou em vigor a 3 de setembro de 1981. Para avaliação do cumprimento desta Convenção foi criado o CEDAW (Comité para a Eliminação das Discriminações contra as Mulheres), ao qual os países que a ratificaram (incluindo Portugal, em 1980) têm de apresentar periodicamente os seus relatórios.

1980	A *Convenção para a Eliminação de todas as formas de discriminação contra as mulheres*, da Assembleia-geral das Nações Unidas é aprovada para ratificação pela Lei nº 23/80, de 26 de julho. Surge, por parte das Nações Unidas, um programa de acção para a 2ª metade da *Década da Mulher* no que respeita o emprego, a educação e a saúde. A ONU organiza a *II Conferência Mundial sobre as Mulheres* (Copenhaga). Decorre o Fórum de Organizações não Governamentais sobre *Estudos sobre as Mulheres*.
1990	Por iniciativa da ONU surge o primeiro relatório do Banco Mundial – *Women in Development: A Progress Report on the World Bank Iniciative* onde se defende uma perspectiva de equidade na cooperação para o desenvolvimento, com investimento na saúde das mulheres e na mecanização do trabalho, admitindo-se que a chave para o desenvolvimento de qualquer comunidade é a educação das mulheres. Ainda neste ano, a ONU lança os *Relatório sobre o Desenvolvimento Humano* (HDR), o *Gender-Related Development Index* (GDI) e o *Gender Empowerment Measure* (GEM). Desde 1990 que se procede à publicação anual do *Relatório sobre o Desenvolvimento Humano* (HDR) do Programa para o Desenvolvimento das Nações Unidas. Ainda em 1990, num documento da UNESCO (fev. 1990, nº 12) salienta-se que a Conferência da UNESCO, "Educação para Todos" confirmou que "O direito à educação continua a ser uma miragem para um quinto dos habitantes do planeta, na sua maioria mulheres e raparigas" e segundo previsões para o ano 2005 "... manter-se à a discriminação de que são actualmente vítimas as raparigas no ensino, salvo é claro, nas zonas onde praticamente o analfabetismo desapareceu, a saber nos países desenvolvidos, na América Latina e nas Caraíbas".

1994	Dá-se início à *Década das Nações Unidas para a Educação em Matéria dos Direitos Humanos* (1994-2004). De 17 a 21 de outubro realiza-se em Viena a *Conferência das Nações Unidas*, onde os representantes dos governos, entre outros aspectos, sublinharam que cada governo deveria elaborar um *Plano de Acção para a Igualdade entre Homens e Mulheres*. É também neste ano que se realiza uma *Conferência Internacional sobre População e Desenvolvimento*, no Cairo, cujo capítulo 4º do texto se centra na igualdade para as mulheres e para os homens e na promoção do estatuto da mulher.
1995	Entre 4 e 15 de setembro, em Pequim, realizou-se a *IV Conferência Mundial das Nações Unidas sobre as Mulheres* de onde resultou a *Declaração da IV Conferência Mundial sobre as Mulheres*. Aqui analisam-se as diferentes formas de discriminação das jovens e das mulheres, especialmente nas áreas de educação e formação e apontam-se à comunidade internacional vários objectivos fundamentais: garantir a igualdade de acesso das mulheres à educação, eliminar o analfabetismo feminino, melhorar o acesso das mulheres à formação profissional, ao ensino científico e tecnológico e à educação permanente. Também a estratégia da abordagem integrada (*mainstreaming*) foi explicitamente ratificada e aprovada pela *Plataforma de Acção* assinada no final da Conferência. A *Plataforma de Acção* apela à promoção do princípio da abordagem integrada da igualdade e refere, por várias vezes, que "os governos e os outros actores devem promover uma política activa e visível com vista a integrar uma preocupação pela igualdade entre os sexos em todas as políticas e em todos os programas, nomeadamente analisando as consequências que delas resultam para as mulheres e para os homens, antes de qualquer tomada de decisão". Assim, a *Conferência das Nações Unidas*, em setembro de 1995, deu um forte impulso à inclusão da problemática das relações de género no topo das agendas políticas dos vários Estados-Membros. Da Cimeira para o Desenvolvimento Social (Compromisso V), realizada em Copenhaga, saiu uma Declaração e Programa de Acção. 1995-2004: *"Década das Nações Unidas para a Educação em matéria de Direitos do Homem"*.

1996	A *Comissão Internacional sobre Educação para o Século XXI* através do Relatório para a UNESCO intitulado *Educação: Um Tesouro a Descobrir* chamou a atenção para o interesse da Declaração da *IV Conferência Mundial sobre as Mulheres* realizada em Pequim, em 1995, e fez suas as diversas recomendações desta declaração. Considerou ainda que "a participação das mulheres na educação" é "uma alavanca essencial do desenvolvimento" e que, por isso, "a educação das mulheres e das jovens" (e "as vias de acção e de acesso ao poder que até hoje lhes estão vedadas") deve ser "uma educação para a igualdade" sendo que isto "não é apenas uma exigência ética" mas é, sim, "um dos melhores investimentos para o futuro".
2000	Surge a histórica *Declaração do Milénio das Nações Unidas* adoptada por 189 países na Cimeira do Milénio da ONU, em setembro. A Comunidade Internacional delineou os *Oito Objectivos de Desenvolvimento do Milénio*, a alcançar até 2015, de entre os quais, o objectivo das mulheres e das raparigas terem direito à igualdade de oportunidades em educação nos mesmos termos que os homens e os rapazes. Em junho, realiza-se uma Sessão Especial da Assembleia-geral das Nações Unidas destinada a proceder a uma avaliação do cumprimento da *Plataforma de Acção de Pequim* (processo geralmente conhecido como Pequim+5). Aprova-se aqui uma Declaração Política e um documento designado: "Iniciativas e Acções futuras para a implementação da Declaração e Plataforma de Acção de Pequim – 2000". A ONU, neste mesmo ano, e dentro destas iniciativas, promove uma sessão extraordinária da Assembleia-geral (designada Pequim + 5) dedicada à problemática: *Women 2000: Gender Equality, Development and Peace for the 21st Century*. A ONU, ainda, lança uma Convenção contra o crime transnacional organizado e um Protocolo para impedir, suprimir e punir o tráfico de pessoas especialmente mulheres e crianças. Ver ainda a Resolução nº 1325, de 10 de setembro, do Conselho de Segurança da ONU, sobre Mulher, Paz e Segurança.

2002	Os *Objectivos de Desenvolvimento do Milénio* foram ainda afirmados na *Conferência das Nações Unidas sobre Financiamento para o Desenvolvimento* (em março de 2002, de onde resulta o *Consenso de Monterrey*) e também na *Cimeira Mundial sobre Desenvolvimento Sustentável*, (em setembro de 2002, de onde resulta a *Declaração de Joanesburgo*) e ainda no lançamento da *Ronda de Doha sobre Comércio Internacional*. A *Década das Nações Unidas da Educação para o Desenvolvimento Sustentável - 2005-2014* foi proclamada pela *Assembleia Geral das Nações Unidas* através da Resolução 57/254, de 2002.
2003	A *Década das Nações Unidas da Educação para o Desenvolvimento Sustentável - 2005-2014* foi ratificada pela UNESCO em abril. Os governos de todo o mundo são convidados a integrar a educação para o desenvolvimento sustentável nas estratégias educacionais nacionais e nos seus planos de acção a todos os níveis apropriados. O documento da UNESCO (julho de 2003) que estabelece a *"Década das Nações Unidas da Educação para o Desenvolvimento Sustentável"* reafirma, pois, que "a igualdade de género é considerada tanto como um objectivo como uma pré-condição para o desenvolvimento sustentável". Surge o *Relatório do Desenvolvimento Humano* (2003) que estabelece os *Objectivos de Desenvolvimento do Milénio*. Entre os oito objectivos delineados no *Relatório do Desenvolvimento Humano* encontra-se o Objectivo 3 – "Promover a Igualdade de Género e Capacitar as Mulheres", numa perspectiva de "Equidade de Género".
2004	Os desequilíbrios de género estão detectados no *Relatório Anual da Unicef* que analisa a questão fundamental do direito das raparigas à educação e estabelece uma forte ligação entre *a educação das raparigas e os objectivos de desenvolvimento do milénio* entre os quais se destacam a promoção da igualdade de género e a autonomia das mulheres. A UNESCO publica o relatório: *United Nations Decade of Education for Sustainable Development* 2005-2014. *Draft International Implementation Scheme* onde se reafirma o teor do Relatório de 2003. A Comissão do Estatuto das Mulheres (ONU) a 1-12 de março lança as Conclusões acordadas na sua 48ª Sessão sobre *O Papel dos Homens e Rapazes na Promoção da Igualdade de Género*.

2005	Realiza-se a Conferência Pequim + 10 onde se coloca a tónica sobre a necessidade de prosseguir com a luta a favor da igualdade de género em vários domínios, incluindo o da educação.
2006	A UNESCO procede à criação de uma rede de cátedras: "Mulheres, Ciência, Tecnologia e Desenvolvimento".

QUADRO 2 - ACONTECIMENTOS, LEGISLAÇÃO, DOCUMENTOS: FORMAÇÃO E EDUCAÇÃO NA EUROPA (UNIÃO EUROPEIA)

1530	O *Sermão sobre a Necessidade de mandar as crianças para a escola* (Lutero) conforma os critérios de uma educação pública que deve ser ministrada tanto às meninas como aos meninos. Lutero estabelece para os rapazes duas horas diárias de ensino e para as raparigas uma hora empregue na leitura do evangelho, seja em alemão, seja em latim.
1657	É publicada a *Didactica Magna* de Comenius. Nela se propõe que a mulher deve receber educação idêntica à do homem.
1790	Condorcet publica o livro *Acerca da Instrução Pública*. O autor propõe que as mulheres não sejam excluídas de nenhum tipo de ensino. Por esta altura, em que se começa a afirmar a necessidade de uma "educação democrática" (veja-se: o Projecto Condorcet, o Projecto Mirabeau e Relatório Talleyrand, o Relatório Lanthenas, o Relatório Romme, o Projecto Rabaud Saint-Étienne, o projecto Bancal, o Projecto Sieyès-Daunou, o Projecto Bouquier, o Projecto Cabanis, o Segundo Projecto Daunou) o Projecto Lepelletier de Saint-Fargeau estabelecia a educação em comum de todas as crianças da República Francesa em casas de educação nacional, destinadas a tornar-se o centro intelectual de cada colectividade local.

1793	A *Constituição da República Francesa* enuncia que "A instrução é necessidade de todos. A sociedade deve favorecer com todo o seu poder os progressos da razão pública, e pôr a instrução ao alcance de todos os cidadãos".
1795	O movimento religioso denominado *O Segundo Grande Despertar* propunha uma reforma moral da sociedade e seus valores cujos os objectivos eram, entre outros, a educação e os direitos das mulheres.
1803	Napoleão Bonaparte elabora uma política de educação em que não cuida do alargamento da educação das mulheres e a quem mais não pede do que fornecer soldados e manter as tradições domésticas. A partir da reforma napoleônica fica assente que o problema essencial da educação é formar o homem para o Estado.
1837	Na Universidade de Londres vigora, por carta real, "o ensino neutro".
1867	A lei Duruy, em França, cria o ensino primário feminino.
1878	A Universidade de Londres franqueava títulos e graus tanto aos estudantes como às estudantes.
1880	Sob impulso de Camille Sée procede-se, em França, à criação dos liceus e colégios de raparigas.
1899	É criado, na Inglaterra, o Second *Board of Education*. *Boarding Schools* e *High Schools* conferem às raparigas o ensino equivalente dado aos rapazes nas *Public Schools* e *Grammar Schools*. É criado, em França, por iniciativa de Adolpho Ferrière, o "Bureau Internacional das Escolas Novas" que de entre os seus propósitos expõe a "co-educação dos sexos".

1918	O *Fisher Act*, em Inglaterra, propõe que se organizem nas *Central Schools* cursos complementares práticos para rapazes e raparigas e cursos pós-escolares com trabalho parcial para os dois sexos entre quatorze e dezoito anos.
1943	A 21 de março, Winston Churchill, no seu plano de reformas sociais, dá lugar eminente a "uma educação mais vasta e mais liberal, com iguais oportunidades para todos".
1944	Em Inglaterra, no *Education Act 1944* (que anula os *Education Act* precedentes) a co-educação não é recomendada de modo particular.
1974	É criado o *Conselho da União Europeia* que presta atenção à igualdade de oportunidades em educação.
1976	A Directiva 76/207/CEE, de 9 de fevereiro, para além de consagrar o princípio da igualdade de tratamento entre homens e mulheres no acesso ao emprego, consagra também este mesmo princípio no acesso à formação.
1977	Em fevereiro é aprovada pela CEE uma directriz sobre a igualdade de tratamento entre homens e mulheres relativamente ao acesso, promoção e formação profissionais.
1979	XI Sessão da Conferência permanente de ministros Europeus da Educação (Haia) de onde surge uma declaração sobre *educação e igualdade de oportunidades para raparigas e mulheres*.
1980	O *Conselho dos Ministros da Educação*, a partir dos anos 80, presta atenção à igualdade de oportunidades em educação.

1985	Surge a declaração sobre *Educação e Igualdade de Oportunidades para Raparigas e Mulheres* adoptada pela XIV sessão da Conferência Permanente de Ministros Europeus da Educação (Bruxelas). O *Conselho dos Ministros da Educação*, a 3 de junho, lança a Resolução n° 85/C166/01 sobre realização da igualdade de oportunidades entre raparigas e rapazes em matéria de educação. A partir sobretudo de 1985, em vários documentos europeus (CCE, 1985, 1988, 1990, 1993) relativos à *Política Europeia de Educação* se pode perceber que a ideologia do universalismo e igualdade de oportunidades é vinda a ser sucedida pela ênfase, mais ou menos constante, na liberalização de oportunidades, apelidada de "equidade".
1986	O *Segundo Programa de Acção para a Igualdade de Oportunidades – 1986/1990*, da Comissão Europeia, no seu capítulo II – "Acções a prosseguir no tocante à educação e Formação" recomenda, entre outros aspectos, que se deverá proceder à "eliminação dos estereótipos ligados ao sexo de todo o material pedagógico (livros, material para exercícios, instrumentos de avaliação, material de orientação). Foi para o efeito criado o *Grupo de Trabalho "Igualdade de Oportunidades entre raparigas e Rapazes em Educação"* da *Comissão Europeia*, na qual Portugal se encontra representado pelo Ministério da Educação e CIDM e que tem como objectivo incentivar rapazes e raparigas a diversificarem as suas opções profissionais, alcançar uma efectiva igualdade de oportunidades, poder incluir esta questão na formação dos professores e suprimir os estereótipos do material utilizado pelos docentes de acordo com as "Acções a prosseguir no tocante à educação e Formação" do *Segundo Programa de Acção para a Igualdade de Oportunidades – 1986/1990*, da Comissão Europeia.

1987	Recomendação 87/567/CEE, de 24 de novembro, relativa à formação profissional para as mulheres. É criada, nesta sequência, a Rede IRIS (Programa de Formação Profissional para as Mulheres), pela Comissão Europeia, e em que em Portugal participam o IEFP e a CIDM. A rede é coordenada pelo CREW (Center for Research on European Women) que trabalha em estreita colaboração com a Unidade para a Igualdade de Oportunidades da Comissão da União Europeia. Foi elaborado um Quadro Curricular Europeu para a Formação de Docentes (Arnesen e Ní Chárthaigh).
1989	Fez-se um projecto de grande envergadura, envolvendo investigação e desenvolvimento, em onze países europeus (Ní Cháthaigh).
1990	O *Conselho de Ministros da Educação* na *Conclusão* nº 90/C162/05 considera a formação inicial e contínua de docentes e a formação de formadores no âmbito da igualdade de oportunidades como objectivos prioritários. Ainda em maio de 1990, o *Conselho de Ministros da Educação* de âmbito comunitário definiu uma série de *Conclusões* que atribuem grande importância à introdução do tema da igualdade de oportunidades na formação de docentes. Aqui se salienta que "os/as docentes têm um papel fundamental a desempenhar para alcançar a igualdade de oportunidades em educação. Há referência a um projecto de investigação-acção *Novas Tecnologias – Apostas Novas* subsidiado pela *Comissão das Comunidades Europeias* e a decorrer em todos os países membros que é uma iniciativa "para que as jovens venham a desempenhar, no futuro, um papel igual numa economia baseada na tecnologia". Em dezembro de 1990, a Comunidade Europeia decidiu implementar, no âmbito do *Terceiro Programa de Acção Comunitário (1991-1995) Igualdade de Oportunidades entre mulheres e homens*, a iniciativa NOW (New Opportunities for Women) com recursos do FSE e do FEDER.

1991	Em 351, 8 milhares de acções de formação profissional 104, 1 milhares foram dirigidas a mulheres (30%) e 247, 7 milhares dirigidas a homens (70%).
1992	Foi publicada uma obra em 4 volumes sobre *Igualdade de Oportunidades e Formação de Docentes na Europa* (1992-1994).
1994	É editado o *Livro Branco* da *Comissão Europeia: Crescimento, Competitividade, Emprego: Os Desafios e as Pistas para entrar no Século XXI* onde se afirma: "Para o relançamento do crescimento, a renovação da competitividade e o restabelecimento de um nível de emprego socialmente aceitável na Comunidade, a educação e a formação – paralelamente à sua missão fundamental de promoção do desenvolvimento individual e dos valores da cidadania – são incontestavelmente chamadas a desempenhar um papel determinante". Será implementada no período 1994-1995 a iniciativa comunitária *Emprego* no âmbito da formação profissional com três componentes: NOW, Horizon e Youthstart.
1995	É editado o *Livro Branco sobre Educação e Formação* da Comissão Europeia intitulado *Ensinar e Aprender. Rumo à Sociedade Cognitiva* onde se atribui um papel central à Educação e Formação porque são consideradas as pedras angulares da *sociedade cognitiva* e se espera que contribuam para a coesão social, para a prevenção da exclusão. Não há aqui, no entanto, uma referência explícita à igualdade de oportunidades. Posteriormente a Comissão Europeia lançou uma série de acções para concretizar os objectivos deste *Livro Branco* e, numa comunicação da comissão que dá conta das experiências efectuadas, colocou-se a tónica na "atenção prioritária" que "a Europa deve conceder ao desenvolvimento pessoal das mulheres e dos homens que nela moram promovendo uma melhoria da cultura geral e melhores aptidões para o emprego. A Educação é um factor determinante para possibilitar a igualdade de oportunidades e em particular entre mulheres e homens e as populações desfavorecidas". Ainda em 1995, a *Assembleia Parlamentar do Conselho da Europa* aprovou a recomendação

1995	1281 relativa à igualdade entre os sexos no domínio da educação para possibilitar a sua participação plena na sociedade e na vida política. Ver ainda outras Recomendações e Resoluções (da Assembleia Parlamentar) sobre a *igualdade de género em Educação*.
1996	A partir de 1996, a dimensão da igualdade de oportunidades foi amplamente reforçada nas políticas europeias de emprego e formação através de medidas que prevêem, entre outros aspectos, que nos processos de candidaturas aos empregos e formação se tenha em consideração a proporção homens/mulheres, que os promotores cumpram a legislação sobre o princípio da igualdade de oportunidades (havendo inspecções), que se dê prioridade no acesso a novas formações a quem tiver de interromper os cursos por motivos de maternidade/paternidade, que se inclua na formação dos agentes da administração e dos formadores a temática: "Género e Igualdade de Oportunidades entre Homens e Mulheres", que se incentive as empresas a promover medidas de conciliação da vida profissional e da vida familiar, entre outros. Em fevereiro de 1996, uma Comunicação da Comissão Europeia "Integrar a Igualdade de Oportunidades entre mulheres e homens no conjunto das políticas e acções comunitárias" (21/02/96. COM (96) 67 final) torna mais precisa a adopção do princípio de integração (*mainstreaming*) das questões de género em todas as políticas e acções, nomeadamente do campo da educação e formação. O IV Programa Comunitário de Acção para a igualdade de oportunidades entre mulheres e homens (1996-2000) tem como objectivo "promover a integração da dimensão da igualdade de oportunidades entre homens e mulheres em todas as políticas e actividades" no contexto de "uma economia em mutação", sendo o ensino e a formação vocacional duas das áreas mais realçadas.
1997	O Programa Comunitário de Acção e os enunciados do Tratado de Amsterdão e Agenda 2000 (Comunicação de novembro 1997): "Em Direcção a uma Europa do Saber" (COM (97) 563 final.) abordam a questão da educação contínua, que compreende medidas em áreas como as

1997	línguas, multimédia e inovação, com os objectivos de: promover o emprego, aumentar o potencial do saber, garantir aos/às cidadãos/cidadãs a uma experiência europeia. É editado o Relatório *Accomplir l' Europe par l'Éducation et la Formation* que, com base no *Livro Branco sobre Educação e Formação* da *Comissão Europeia* intitulado *Ensinar e Aprender. Rumo à Sociedade Cognitiva* e de outras iniciativas dá conta da reflexão levada a cabo por um grupo de 25 especialistas no domínio da Educação, e representando os diversos Países-Membros, e onde se afirma, mais uma vez, a importância que o sistema educativo tem na promoção de uma cidadania activa através do desenvolvimento de esforços no sentido de responsabilizar a Educação e a Formação pela eliminação de "toda e qualquer imagem estereotipada dos seres humanos". Assume-se a necessidade de através da Educação e Formação se lutar conta "formas de discriminação implícita baseadas em diferenciações aparentemente lisonjeiras, cujo efeito é acantonar as pessoas em causa em lugares de responsabilidade limitada e muito específica". O Conselho da Europa dá início ao desenvolvimento do *Projecto sobre Educação para a Cidadania* (1997-1999) que abrange vários países europeus, incluindo Portugal. Este projecto tem como principais objectivos: desenvolver um quadro conceptual e terminológico para a Educação para a Cidadania Democrática; identificar as competências básicas requeridas para a prática democrática nas sociedades europeias; mostrar e definir mais claramente a ligação vital entre a participação independente no processo de criação de uma cultura democrática e o exercício da Cidadania Democrática.
1998	Na avaliação intercalar sobre a implementação do IV *Programa de Acção comunitária a Médio Prazo para o Igualdade de Oportunidades entre Homens e Mulheres 1996-2000*, a *Comissão Europeia* sublinha a necessidade de se prosseguir com a adopção da estratégia de *mainstreaming* (integração da dimensão do "género") e de se proporem acções concretas a esse nível, particularmente no domínio da educação.

1999	Resolução C 1999/201/01, de 20 de maio, relativa às *Mulheres e a Ciência*.
2006	Comunicação da Comissão ao Conselho e ao Parlamento Europeu, de 8 de setembro [COM(2006)481 final] intitulada "Eficiência e Equidade nos Sistemas de Educação e Formação".

QUADRO 3 - ACONTECIMENTOS, LEGISLAÇÃO, DOCUMENTOS: FORMAÇÃO E EDUCAÇÃO EM PORTUGAL

1790	São criadas as Escolas para Raparigas (no reinado de Maria I).
1815	As Escolas para Raparigas entram em funcionamento exclusivamente sob o ensino de mestras.
1870	A Reforma consagra que a escola de massas se destina tanto a rapazes como a raparigas.
1878	A Reforma consagra que a escola de massas se destina tanto a rapazes como a raparigas.
1890	Foi regulamentada a lei de 9 de Agosto de 1888, que autorizava o Governo a criar escolas femininas do ensino secundário.
1906	O Estado cria o 1º Liceu Feminino – Liceu Maria Pia – que iria servir de modelo aos futuros liceus femininos.
1911	O Decreto de 29 de março introduziu uma reforma no Sistema Educativo. Neste decreto se diz: "O objecto do ensino infantil é comum aos dois sexos e tem em vista a educação e desenvolvimento integral, físico, moral e intelectual das crianças". Escolaridade obrigatória dos 7 aos 11 anos para rapazes e raparigas.

1920	As raparigas são autorizadas a frequentar liceus masculinos.
1924	Realiza-se, de 4 a 9 de maio, o *Primeiro Congresso Feminista e da Educação Português*, com o patrocínio de altos vultos da República.
1926	A lei de 1926 propõe o acesso das mulheres à educação. As mulheres professoras são autorizadas a leccionar nos liceus masculinos. Contudo, em claro retrocesso face às políticas de alfabetização e instrução anteriores, as políticas do Estado Novo, a partir de 1926, fixaram-se na feitura de diplomas regulamentadores do ensino primário e liceal, proibindo a co-educação, primeiro, e, depois, limitando as necessidades de instrução às de saber ler, escrever e contar.
1937	Criação da Obra das Mães para a Educação Nacional, organização feminina da ideologia oficial.
1973	A Lei n°. 5/73 (Reforma Veiga Simão) consagra o direito à educação para todos os Portugueses, mediante o acesso e "sem outra distinção que não seja a resultante da capacidade e dos méritos de cada um".

1976	*Constituição da República de 1976* (6ª Revisão 2004)
	Art. 43 (Liberdade de aprender e ensinar)
	1. É garantida a liberdade de aprender e ensinar.
	   2. O Estado não pode programar a educação e a cultura segundo quaisquer directrizes filosóficas, estéticas, políticas, ideológicas ou religiosas.
	Art. 67 (Família)
	2. Incumbe, designadamente, ao Estado para protecção da família:
	c) Cooperar com os pais na educação dos filhos.
	Art. 73 (Educação, cultura e ciência)
	1. Todos têm direito à educação e à cultura.
	   2. O estado promove a democratização da educação e as demais condições para que a educação, realizada

1976	através da escola e de outros meios formativos, contribua para a igualdade de oportunidades, a superação das desigualdades económicas, sociais e culturais, o desenvolvimento da personalidade e do espírito de tolerância, de compreensão mútua, de solidariedade e de responsabilidade, para o progresso social e para a participação democrática na vida colectiva. Art. 74 (Ensino) 1. Todos têm direito ao ensino com garantia do direito à igualdade de oportunidades de acesso e êxito escolar. Art. 77 (Participação democrática no ensino) 1. Os professores e alunos têm o direito de participar na gestão democrática das escolas, nos termos da lei. 2. A lei regula as formas de participação das associações de professores, de alunos, de pais, das comunidades e das instituições de carácter científico na definição da política de ensino.
1979	Nos *Cadernos Condição Feminina*, nomeadamente, n° 9 (1979), n° 11 (1979) alerta-se para a detecção de estereótipos sexistas na literatura.
1980	Portugal ratifica através da Lei n° 23/80, de 26 de julho a *Convenção para a Eliminação de todas as formas de discriminação contra as mulheres* (ONU – 1979) que dedica o seu Artigo 10 à educação e onde, através de uma perspectiva fundamentalmente liberal, "Os Estados Partes tomam todas as medidas apropriadas para eliminar a discriminação contra as mulheres com o fim de lhes assegurar direitos iguais aos dos homens no domínio da educação". Pretende-se proceder à eliminação dos estereótipos sexuais "revendo os livros e programas escolares e adaptando os métodos pedagógicos". Sublinha-se, também, a importância da igualdade de oportunidades entre mulheres e homens em educação para a vida política, económica e social.

1982	No n° 16 dos *Cadernos Condição Feminina* (1982) alerta-se para a detecção de estereótipos sexistas na literatura.
1984	Foi assinado um Protocolo de Acordo (n° 101 de 25/05/84) entre a Comissão da Comissão Feminina e o Ministério da Educação, pelos respectivos ministros da Tutela, onde se coloca a ênfase da necessidade de "desenvolver-se estratégias destinadas a erradicar o sexismo nos materiais pedagógicos". Ver Lei 3/84 – Educação Sexual e Planeamento Familiar.
1985	Com a finalidade de seguir o cumprimento da aplicação da Resolução n° 85/C 166/01, de 3 de junho, do Conselho de Ministros da Educação, que contém um *Programa de Acção sobre a Igualdade de Oportunidades das Raparigas e dos Rapazes em Matéria de Educação* (e que, entre outros aspectos, refere que a educação e a formação profissional são uma das condições que favorecem a diluição dos estereótipos, encorajando a partilha equilibrada das responsabilidades familiares e profissionais e preparando adequadamente para o mundo do trabalho. Explicitamente no seu ponto n° 8 esta Resolução recomenda a adopção de medidas para a "eliminação dos estereótipos que subsistem nos manuais escolares, no conjunto dos materiais pedagógicos, nos instrumentos de avaliação e nos materiais utilizados na orientação"), foi criado, no âmbito da EU, DG V, o Grupo de Trabalho para a Igualdade de Oportunidades na Educação, em que está representada a Comissão para a Igualdade e para os direitos das mulheres (CIDM).
1986	A Lei de bases do Sistema Educativo (Lei n° 46/86, de 14 de outubro, art.° 3°, al. j) pretende "assegurar a igualdade de oportunidades entre ambos os sexos, nomeadamente através das práticas de co-educação e da orientação escolar e profissional, e sensibilizar, para o efeito, o conjunto dos intervenientes no processo educativo". O *Segundo Programa de Acção para a Igualdade de Oportunidades – 1986/1990*, da Comissão Europeia, exigiu a criação do *Grupo de Trabalho "Igualdade de Oportunidades entre rapa-*

1986	rigas e Rapazes em Educação" da Comissão Europeia, na qual Portugal se encontra representado pelo Ministério da Educação e CIDM. Tem como objectivo incentivar rapazes e raparigas a diversificarem as suas opções profissionais, incluir a problemática da igualdade na formação dos professores e suprimir os estereótipos do material utilizado pelos docentes.
1988	Na passagem do 40º Aniversário da *Declaração Universal dos Direitos do Homem*, foi criada uma Comissão para a promoção dos Direitos Humanos e Igualdade em Educação. Esta Comissão publica a obra *Educação e Direitos Humanos*. Foi assinado um Protocolo de Acordo (nº 192 de 20/08/88) entre a Comissão da Comissão Feminina e o Ministério da Educação, pelos respectivos ministros da Tutela, onde se coloca a ênfase da necessidade de "desenvolver-se estratégias destinadas a erradicar o sexismo nos materiais pedagógicos".
1989	Na *Plataforma para a Acção Sindical* (1989-1992) da CGTP-IN assinala-se que "o sistema de ensino deve contribuir para a diversificação das escolhas profissionais e deve também formar as mulheres em áreas onde estão sub representadas como forma de combater a discriminação das mulheres no trabalho". A *Comissão da Condição Feminina* (1989) edita um caderno sobre as "distorções sexistas nos materiais pedagógicos: como identificá-las e como evitá-las". A Comissão para a promoção dos Direitos Humanos e Igualdade em Educação publica a obra: *Os Direitos do Homem: Uma Educação Cívica e Moral para o nosso Tempo?*
1991	Decreto-Lei nº 401/91, de 16 de outubro, que define as normas a que obedece a política nacional de formação profissional. A Comissão para a promoção dos Direitos Humanos e Igualdade em Educação publica as obras: - *O Ensino dos Direitos Humanos: actividades práticas para o Ensino Básico e Secundário. – Os Direitos Humanos na Língua Portuguesa.*

1993	A Comissão para a Igualdade e para os Direitos das Mulheres (CIDM), desde a década de 70, tem participado em projectos transnacionais em matéria de igualdade de oportunidades e tem coordenado, dinamizado e participado em projectos-piloto transnacionais, a partir dos anos 90. Nomeadamente: *Em Busca de uma Pedagogia da Igualdade* (1993-1995). Realiza-se na Universidade do Minho, no dia 5 de maio, a Conferência sobre *A Ideologização dos Manuais Escolares*.
1994	A igualdade de oportunidades em educação é também consagrada pela Resolução do Conselho de Ministros nº 32/94 que, no seu ponto 2, propõe duas medidas explícitas: "aconselhamento profissional e cuidados nos manuais escolares". A *Comissão para a Igualdade e para os Direitos das Mulheres* (1994) edita o caderno "Representações Femininas nos Manuais Escolares" que revela a existência de distorções sexistas nesses materiais. Realiza-se na Universidade do Minho (30 de setembro e 01 de outubro) o Seminário *Gender, Management & Science*.
1995	A formação que inclua a questão da igualdade de oportunidades na formação ocorre em algumas iniciativas: Projecto-Piloto da Comissão para a igualdade e para os Direitos das Mulheres: I*gualdade de Oportunidades e Formação Inicial de Docentes* (1995/1997). Realiza-se na Curia (27 e 28 de outubro) o Colóquio sobre *Sexismo e Feminismo em Portugal*, pela Associação Portuguesa de Estudos sobre as *Mulheres* (APEM). A Universidade Aberta cria o primeiro Mestrado de Estudos sobre as Mulheres, ao abrigo de um protocolo com a CIDM.
1996	Surge o designado *Pacto Educativo para o Futuro* (Ministério da Educação) onde se assinala que "a finalidade essencial do processo educativo é o desenvolvimento e a formação global de todos, em condições de igualdade de oportunidades, no respeito pela diferença e autonomia de cada um". É conferida prioridade política à educação e formação e salienta-se a necessidade de redefinição do papel do Estado "por forma a que seja possível assegurar uma maior participação das diversas

1996	forças e parceiros sociais nas decisões e na execução das políticas educativas". Também a partir de 1996 foram criados os TEIP (Territórios Educativos de Intervenção Prioritária). Com o Despacho Normativo 147-B/ME/96 que estabelece o funcionamento e as atribuições destes *Territórios* apela-se para "a construção de uma efectiva igualdade de oportunidades de formação". Ainda em 1996 com o Despacho Normativo 22/SEEI/96 surgem os *Currículos Alternativos* onde se apregoa o "desenvolvimento de pedagogias diferenciadas" e adequadas às necessidades dos alunos. No *Acordo de Concertação Estratégica* 1996-1999 previu-se expressamente a igualdade de oportunidades como um objectivo a alcançar em matéria de formação profissional (ACE – II – V – 1.3.2: II – VI – 6. 1.3.).
1997	A Lei nº 115/97, de 19 de setembro faz uma alteração à Lei nº 46/86, de 14 de outubro (Lei de Bases do Sistema Educativo). O ponto 2 do art. 12 apresenta a seguinte formulação: "O Governo define, através de decreto-lei, os regimes de acesso e ingresso no ensino superior, em obediência aos seguintes princípios: a) Democraticidade, equidade, e igualdade de oportunidades". Tão só. Atenda-se à Resolução do Conselho de Ministros nº 49/97, de 6 de março, de onde resultou o *Plano Global para a Igualdade de Oportunidades*, cujo objectivo principal é o de integrar o princípio da igualdade de oportunidades entre homens e mulheres nos domínios políticos, económicos, sociais e culturais. Nesta Resolução faz-se referência à necessidade de inclusão nos currículos escolares de temas sobre o género e a igualdade de oportunidades e à necessidade de inserção desses mesmos temas na formação inicial e contínua do pessoal docente, incluindo os formadores inseridos no mercado de trabalho. O *Plano Global para a Igualdade de Oportunidades* tem contudo uma forte ênfase nas áreas do emprego, do trabalho e da formação profissional. O *Plano Global para a Igualdade de Oportunidades* determinou a criação do *Observatório para a Igualdade de Oportunidades na Negociação Colectiva* com o intuito, entre outros aspectos, de promover nas empresas "uma cultura de igualdade de oportunidades entre homens e mulheres". Este observatório propôs-se também dar cumprimento à aplicação da *Recomendação*

1997	do *Conselho da União Europeia* (96/694/CE, de 2 de dezembro de 96), relativa à participação equilibrada das mulheres e dos homens nos processos de tomada de decisão através da sensibilização para esta questão e da adopção de programas de acções positivas. Dá-se início ao desenvolvimento do *Projecto sobre Educação para a Cidadania* (1997-1999) do Conselho da Europa. A coordenação é feita pelo Gabinete de Assuntos Europeus e Relações Internacionais. A concepção e execução do projecto são feitas por Augusto Santos Silva que coordena uma equipa executiva com representantes do Departamento do Ensino Secundário, do Programa Educação para Todos, do Secretariado Entreculturas e do Instituto de Inovação Educacional.
1998	A Comissão para a Igualdade e para os Direitos das Mulheres (CIDM) coordena o Projecto *Coeducação: do Princípio ao desenvolvimento de uma Prática* (1998-2000), no âmbito do IV *Programa de Acção Comunitária a Médio Prazo para a Igualdade de Oportunidades entre Homens e Mulheres 1996-2000*. Este projecto "tem como finalidade promover a integração da dimensão da igualdade de oportunidades entre mulheres e homens no domínio da educação, numa perspectiva transversal (*mainstreaming*)" e propõe "a elaboração e divulgação de materiais pedagógicos destinados à formação inicial de docentes, aplicáveis em diversos países da Europa [que] espera-se [...] venham a contribuir para a concretização do princípio da coeducação, consignado na lei". No *Plano Nacional de Emprego* (PNE) referem-se medidas que se destinam a aumentar a participação das mulheres na formação profissional qualificante. Realiza-se o *Curso de Formação de Advogados Formadores em Igualdade de Oportunidades*. Realiza-se o *Encontro Jurídico* – destinado a professores universitários, altos funcionários da Administração Pública, advogados e especialistas em igualdade de oportunidades para sensibilizar para a inclusão desta matéria nas acções que desenvolvem.

1999	Portugal começa a preparar o seu *II Plano Global para a Igualdade de Oportunidades*. Traduz-se para português o *Relatório Final de Actividades do Grupo de Especialistas sobre Igualdade e Democracia* do *Conselho da Europa* e da *Comissão Europeia* (1998): *A Abordagem Integrada da Igualdade de Género. Mainstreaming. Enquadramento.* Neste *Relatório Final de Actividades do Grupo de Especialistas para uma Abordagem Integrada da Igualdade (EG-S-MS)* do Conselho da Europa e da Comissão para a Igualdade e para os Direitos das Mulheres (1999: 17) refere-se explicitamente que "A educação é um instrumento indispensável em matéria de igualdade de género, pois é por seu intermédio que as sociedades transmitem normas, saberes e competências. É vital que os sistemas educativos e todos os seus elementos (docentes, estabelecimentos de ensino, manuais escolares, programas, institutos de investigação, etc.) confiram e/ou deleguem responsabilidades análogas aos rapazes e às raparigas, e se preocupem em corrigir os desequilíbrios existentes entre as hierarquias de género". Neste mesmo relatório (1999: 19) admite-se que as políticas neo-liberais "são pouco favoráveis ao princípio da igualdade de género, pois ignoram a necessidade de conciliar a vida familiar com a vida profissional, e medem o progresso mais em termos económicos do que humanos".
2003	Surge o *II Plano Nacional para a Igualdade 2003-2006*.
2004	É discutido e aprovado no Parlamento um Projecto que, datando já de 1993, pretende, no âmbito dos Manuais Escolares "eliminar os conteúdos de ideias dominantes instaladas sobre a ideia de inferioridade ou superioridade de um sexo sobre o outro ou sobre o papel estereotipado de homens e mulheres".
2005	Surge a Nova Versão Consolidada da Lei de Bases do Sistema Educativo (Lei nº 46/86, de 14 de outubro) que integra, também, as alterações introduzidas pela Lei nº 117/97, de 19 de setembro. Trata-se da Lei nº 49/2005, de 30 de agosto. Nesta Lei repete-se no art.º 3º, al. j) que o Sistema

2005	Educativo se organiza de forma a: "assegurar a igualdade de oportunidades entre ambos os sexos, nomeadamente através das práticas de co-educação e da orientação escolar e profissional, e sensibilizar, para o efeito, o conjunto dos intervenientes no processo educativo".
2007	Ano da Igualdade de Oportunidades para Todos. Pelo Decreto-lei nº 164/2007, de 3 de maio, consagra-se definitivamente a composição da *Comissão para a Cidadania e a Igualdade de Género* (CIG) que integra a Comissão para a Igualdade e para os Direitos das Mulheres, a Estrutura de Missão contra a Violência Doméstica, passando a referida Comissão a assumir também um papel de promoção de educação para a cidadania. A mesma Comissão passa também a integrar as atribuições da Comissão para a Igualdade no Trabalho e no Emprego.

No âmbito do Quadro Comunitário de Apoio (QCA), o objectivo da igualdade de oportunidades para as mulheres está presente em todos os programas, tendo sido definida uma prioridade para as acções de formação e inserção profissional que, de forma clara e expressa, prossigam este objectivo. A CIDM elaborou um documento para a preparação deste QCA.

Uma análise atenta dos quadros anteriores, a par com outras reflexões, permite afirmar que existem ambiguidades e contradições no desenvolvimento, implementação e praticabilidade das políticas para a igualdade de oportunidades entre os homens e as mulheres em Educação nas sociedades ocidentais. Em Portugal não existe sequer grande consenso no que se refere aos recursos a mobilizar para diluir as assimetrias de género nos sistemas e níveis de formação e nos de educação formal.

A análise, se feita em termos diacrónicos, permite dizer que a igualdade de oportunidades entre os homens e as mulheres, em Educação, está em acordo com pressupostos liberais. É, pois, um princípio que está associado ao modo de produção capitalista e à sua expansão e que atravessa todo o contexto do processo de construção e consolidação da escola de massas (LENHARDT e OFFE, 1984)[52].

A "fé" que se diz assistir aos liberais para a tentativa de consolidação de uma "educação positiva" [...] adaptada às necessidades da civilização moderna (COMTE, 1989: 158), "uma educação moral inteiramente racional" e assente na "autoridade" vista como "obediência consentida" (DURKHEIM, 1984: 102-128) resultou num "projecto de uma *razão educadora*", isto é, "uma educação universal baseada em métodos universais igualmente aplicáveis a todas as nações e culturas" e engendrou uma educação liberal racional essencialmente legitimadora das hierarquias de poder e saber que estão na base das organizações sociais (PETERS, 2000: 50-51). De facto, na construção e consolidação da escola de massas fazem perfeitamente sentido noções como as "educação como projecto de hegemonia", as de "educação como projecto de regulação" e "controle social" associadas ao Estado (BALL, 1990: 15).

Assim, o Estado e, nomeadamente, o "moderno Estado-nação", tendo embora desempenhado um papel importante na génese e desenvolvimento da educação escolar de massas, não prescindiu das contribuições desta educação assumida "como lugar privilegiado de transmissão (e legitimação) de um projecto societal integrador e homogeneizador" para se consolidar enquanto Estado. A

---

[52] Em Portugal, a criação da escola de massas surge com as declarações de escolaridade obrigatória em 1835 e 1836. Para a visualização das diferentes datas de criação da escola de massas, em vários países europeus, ver Helena Araújo (1996: 164-165) e António Teodoro (2001: 51-52e ss.) que irão, a primeira, revelar a "Precocidade e 'Retórica' na Construção da Escola de Massas em Portugal" e, o segundo (apresentando os *indicadores do atraso educativo* português face a outros países, nomeadamente europeus), ter como uma das suas hipóteses centrais de trabalho a de que "A construção da escola de massas em Portugal é caracterizada pela simultaneidade entre (a) uma grande precocidade legislativa e um discurso político sobre a escola muito avançado e (b) um lento e contraditório processo de implementação das políticas formuladas, fruto, nomeadamente, de uma opção dos grupos sociais detentores do poder do Estado em remeter para uma posição subalterna nas prioridades do Estado, mesmo nos períodos de maior crescimento económico, os meios financeiros a uma política de expansão e desenvolvimento da instrução popular. António Teodoro (2001: 131) "assumindo a construção da escola de massas como um fenómeno global e isomorfo", considera (2001: 50), no entanto, que Portugal "com as peculiaridades inerentes a um *país semiperiférico*" somente acompanhou o contexto europeu na década de cinquenta onde, pela primeira vez na história do [nosso] país, se alcança a universalidade da escola primária e se inicia uma *forte inflexão da frequência escolar* em todos os níveis de ensino, em direcção a um maior e sustentado crescimento.

consolidação do Estado, enquanto Estado-nação, constituiu, contudo, "um projecto que pretendeu sobrepor-se (e substituir-se) às múltiplas subjectividades e identidades culturais, raciais, linguísticas e religiosas originárias" (AFONSO, 2001: 13), por exemplo, e às de género.

O processo de consolidação do "moderno Estado-nação" e o processo de construção e consolidação da escola de massas, estando intimamente associados, vão operando na construção de uma escola que "se afigura como um potencial espaço contraditório". Assim acontece porque esta é uma escola onde "a mudança cultural e a produção de discursos críticos, desveladores das estruturas sociais, podem ter lugar" e contribuir até "para a emergência de concepções e práticas educativas emancipatórias, favoráveis à participação na vida colectiva e ao reforço de novas formulações e vivências de cidadania enraizadas numa referência renovada à comunidade" mas é, simultaneamente, uma escola que "nega e silencia as identidades socioculturais localizadas e produzidas, ao nível de classe, género, etnia (ou outros) [e] ao contribuir para o processo de construção de cidadãos, formalmente homogéneos face ao Estado, propicia a permanência da dominação social através da reprodução de antigas, e constituição de novas, formas de discriminação e produção de desigualdades e hierarquias" (ANTUNES, 1995: 194).

Assim, e no que se refere explicitamente à escola de massas em Portugal e "considerando a questão da divisão de géneros, a declaração de escolaridade obrigatória de 1836 parece dirigir-se a uma criança universal, que socialmente não era construída através de papéis sociais diferentes". E, nesta démarche, foi "o Estado como guardião da nação e garante do progresso" que contribuiu "para a construção do modelo comum da escola de massas [tanto em Portugal como] no espaço mundial" (ARAÚJO, 1996: 164-166). E, nesta construção, as mulheres, mesmo sendo tidas como inferiores do ponto de vista intelectual, foram consideradas como adequadas e mesmo como aquelas que melhores cuidados podiam prestar às crianças no espaço 'público' da escola de massas e a sua "entrada crescente" no ensino de massas pode ser relacionada com o problema de acumulação, quando o Estado se envolve na expansão da escola de massas e se esperava [que] uma força de trabalho feminino se revelasse maleável, aceitando salários mais baixos" (ARAÚJO, 2000a: 322-324).

Desta feita, "a escola de massas procurou manter uma divisão sexual do trabalho, no sentido de os rapazes serem preparados para perceber a esfera pública do trabalho e da vida como o seu domínio; e as raparigas serem chamadas a canalizar as suas energias, sobretudo para a casa, e a tornarem-se o *alicerce do lar*". Pode então subscrever-se, na linha de outras análises que não dizem directamente respeito ao contexto português, que "o desenvolvimento da escolarização [...] foi de importância chave como uma das maiores agências através da qual a divisão entre as esferas públicas e privada foi reforçada e associada com o masculino e o feminino" sendo que "a *feminização* do ensino está relacionada de forma específica com a divisão do público e privado bem como com o processo de educação de rapazes e raparigas". (ARAÚJO, 2000a: 50)

É no contexto de desenvolvimento do processo de construção e consolidação da escola de massas que surgem ou se reivindicam preocupações de índole política estatal no que se refere à construção de um quadro normativo que legalize as oportunidades entre homens e mulheres em educação. Contudo, o contexto jurídico e institucional das questões relacionadas com a igualdade de oportunidades, em Portugal, começou a contemplar muitas alterações, principalmente, com o processo de integração comunitária. No que respeita às políticas para a educação formal, Portugal adopta um figurino normativo que se encontra, muitas vezes, tal como em relação às leis para o trabalho, vinculado aos documentos que têm vindo a ser produzidos quer a nível internacional, sobretudo pela Organização das Nações Unidas, quer a nível europeu, nomeadamente pelo *Conselho da Europa* e pela *Comissão Europeia*. Portugal, tal como a análise dos quadros legislativos que neste trabalho apresentamos no-lo permite afirmar, tem vindo a responder em *low profile* às directivas e recomendações emanadas do contexto internacional e do contexto da União Europeia.

Este facto não é de estranhar. Em diversas análises tem vindo a mostrar-se algumas das configurações teóricas que permitem visualizar um complexo de relações sociais e educativas advindas das reestruturações emergentes dos papéis do Estado. As noções de *Estado de competição*, *Estado-em-rede* e *Estado-articulador* têm vindo a propiciar uma imagem de Estado(s) em que se pode desvendar como, através destas *formas de actuação*, os Estados reforçam o seu papel de actores principais na formatação de novas formas de *regulação* social. Esse novo *modo de regulação* do(s) Estado(s) tem propiciado a emergências de formas concretas de organização dos níveis nacionais e regionais, sendo que, para todos os efeitos, essas formas denunciam os efeitos mais importantes dos processos de *globalização*. No terreno da educação (e das políticas sociais em geral), estas mudanças conformam uma *agenda globalmente estruturada* em torno da redefinição dos serviços educativos (e de bem-estar) e do papel do Estado na *governação* da educação (ANTUNES, 2004: 81 e ss.).

Os modelos do Estado de direito têm apresentado, pois, um desenvolvimento, em termos legais, e particularmente em termos de orientações e de políticas no que respeita a igualdade entre mulheres e homens, que está sobretudo direccionado para a área do trabalho, numa lógica de mercado, e reportando-se à educação, quase somente, enquanto políticas subsidiárias das políticas de formação profissional. Para além disso, através da legislação da União Europeia sobre a igualdade de oportunidades em educação, tem-se assegurado, então, essencialmente, a igualdade a nível de acesso, não se tendo operacionalizado questões como a eliminação de concepções estereotipadas dos papéis sociais femininos e masculinos. Mesmo em países da Europa (Alemanha, Bélgica, Espanha, França, Itália e Portugal) que legalizam de forma mais explícita a igualdade de oportunidades em educação a promoção deste princípio tem um reduzido grau de operacionalização. Apenas alguns países (Dinamarca, Finlândia, Irlanda, Luxemburgo, Holanda, Suécia) definem uma política de igualdade de oportunidades em educação mais consistente e com medidas de operacionalização mais sistemáticas. (PINTO, 2000: 158-163).

A denúncia de que "a política educativa em Portugal ainda não integrou como valor e prioridade a ter em conta a temática da igualdade de género" faz então muito sentido, uma vez que assenta em análises em que se mostra como, no âmbito da *"escola democrática"*, foram erguidos processos de educação em que "a igualdade de género em educação [...] se restringiu à questão do *acesso*, cuja origem não revela da temática do género especificamente e sim de dinâmicas democráticas mais fundas ou de interesses sociais bem determinados". E, assim sendo, tem-se avançado "como hipótese que o aparente sucesso escolar das raparigas em todos os graus de ensino varreu qualquer preocupação sobre a necessidade de pensar uma educação co-educativa". (ARAÚJO, 2000b: 141-144)

Desta feita, em Portugal, a problemática da igualdade de oportunidades entre rapazes e raparigas, em educação, não tem vindo a ser tomada em devida consideração pelos serviços centrais do Ministério da Educação. A denúncia pode ser feita nos seguintes termos: "não houve em Portugal, até agora, uma política para a igualdade entre os sexos em educação, mas, apenas, uma aparência dessa política para a igualdade"; mais: "o aparelho legal em matéria educativa não é consistente a respeito desta problemática porque [...] não assenta num processo reflexivo e investigativo prévio de fundamento, sendo simplesmente uma retórica *politicamente correcta*". (HENRIQUES, 1999: 10, cit. por PINTO 2000: 167 e ARAÚJO: 2000b: 142)

Desta feita, a educação democrática liberal, e mesmo a educação democrática proteccionista, procurando ser igualitárias e inclusivas, na lei, podem não passar de "retóricas politicamente correctas", na prática, transformando os discursos da igualdade de acesso e de participação em resultados materiais desiguais, reproduzindo as assimetrias de género na escola, naturalizando as desigualdades sociais.

A retórica da igualdade tem sido apoiada, "no caso português, pelos elevados índices de sucesso das raparigas, pela igualdade – e em muitos casos superioridade – no acesso aos diversos cursos superiores [53], pela crescente feminização das carreiras ligadas à Educação [que] impedem as raparigas e as mulheres de tomarem consciência da sua condição social de grupo alienado e explorado pelo próprio sistema de educação em que estão integradas" (LOURENÇO, 1999: 91-92). A ideia, então, é a de que "pode ter-se sucesso

---

[53] Há alguns estudos que comprovam que "Portugal teve uma evolução admirável na União Europeia, em pouco tempo ultrapassou muitos outros Estados-Membros [já que] o número de mulheres universitárias está entre os mais elevados na União" (HENNINGSEN, 1999: 27). Contudo, alguns outros estudos clarificam que, em Portugal, "continuamos [...] com uma forte segregação profissional, com a concentração das mulheres nas posições mais baixas das hierarquias e, agora cada vez mais, com a sua integração em actividades para as quais estão claramente sobrequalificadas". (AMÂNCIO, 1999: 200)

escolar, mas a realidade construída não ter em conta os sentidos atribuídos pelas próprias raparigas, valorizando as suas experiências, contribuindo para lhes 'dar poder'". (ARAÚJO, 2000b: 147)

Assim, relativamente à igualdade de oportunidades entre homens e mulheres em educação, apesar da sua consignação, e apesar do sistema político parecer apresentar-se "mais ágil do que em anos recentes em que a invisibilidade das raparigas e as formas discriminatórias que operavam os seus percursos escolares não eram tomadas em consideração e continuaram 'naturalizadas' já dentro da democracia institucionalizada" (ARAÚJO, 2001: 149), vários factores parecem ter contribuído para "o *esquecimento* da igualdade de género na educação". (SAAVEDRA, 2001: 268)

Assinalou-se, por exemplo, e para enumerar alguns desses factores que, "no que respeita às questões de género, dos princípios da Lei de Bases do Sistema Educativo não houve qualquer ressonância ao nível dos programas disciplinares, nem ocorreu qualquer directiva central, dirigida às editoras sobre manuais e outros materiais escolares, que tivesse em conta a problemática das representações sociais ligadas ao sexo" (SOUTA *et al.*, 1995: 23) e, disse-se mesmo, que "o carácter leviano com que o tema da igualdade de oportunidades entre os sexos é abordado numa Lei que é a *Lei de Bases do Sistema Educativo* [1986] torna-se mais grave, levando a crer que este tema foi considerado de pouca importância pelo poder político então existente" (SAAVEDRA, 2001: 272). O mesmo acontece com a Nova Versão Consolidada da *Lei de Bases do Sistema Educativo* (2005).

Nesta linha de análise, parece poder afirmar-se, e tendo em consideração, de modo particular, os panoramas legislativos do Contexto Internacional, da União Europeia e de Portugal que, apesar da consagração político-legislativa, as medidas, regras e normas que consagram o princípio da igualdade de oportunidades entre os géneros em contextos de educação não têm surtido os resultados a que se propõem atingir, sendo que o alcance desses mesmos resultados pode, em muito, ser dificultado com a adopção dos critérios que enformam as medidas educativas de teor neoliberal que tendem, nos últimos tempos, a perpassar nas designadas políticas de género.

Em Portugal, José Alberto Correia (1999: 89) mostra como na década de oitenta se assistiu a "uma progressiva desreferencialização do campo e dos discursos educativos relativamente à problemática da contribuição da educação para a construção da democracia" e, citando Michael Apple (1986: 29), o autor irá acrescentar que estes discursos, "seguindo uma tendência geral dos países capitalistas", tornaram-se "mais ou menos congruentes com as preocupações com a eficácia, os padrões de qualidade e a formação para o trabalho", sobrepondo-se "às preocupações *com o currículo democrático, com a autonomia do professor ou com a desigualdade de classe, de raça ou de género* [...], ou seja, onde o binómio educação/modernização do tecido produtivo ocupou o lugar do binómio educação/democracia".

Algumas orientações e políticas educativas formuladas para o âmbito da igualdade de oportunidades, vista agora como equidade de resultados, entre os homens e as mulheres, tanto a nível internacional, como na União Europeia e em Portugal são, também elas, enformadas por princípios de *neoliberalismo educacional* e, também elas, têm menorizado a igualdade de oportunidades entre os géneros na educação e na formação. Madeleine Arnot (1996: 218), nesta linha de reflexão, explica como "a ideologia da livre escolha" se tem mostrado "incompatível com a igualdade de oportunidades". Muitas vezes, refere a autora, a partir de estudos por ela mencionados, "os professores apoiaram a livre escolha de currículo e de carreira entre as raparigas e os rapazes, mesmo enviesadas segundo o género, com o propósito de permitirem a expressão dos interesses individuais" [e, por isso], em vez de se associar à liberdade, o movimento pela igualdade sexual muitas vezes permitiu associar-se às restrições totalitárias da individualidade".

É, aliás, devido a esta percepção do reforço das desigualdades sociais e de género permitido pela (re)introdução do princípio de mercado nas políticas educativas públicas, fruto das políticas neoliberais, que nos apraz defender que um dos mais importantes movimentos de transformação da educação é a transformação das relações que nela se operam. Novas relações de poder entre homens e mulheres contribuem para a repolitização da educação, oferecem resistência aos discursos instituídos pelas políticas educativas oficiais. Esta mudança baseia-se, pois, em movimentos de recusa de um sistema que tende a impor a mudança por decreto e de um modo descontextualizado e, por isso, tecnicista e abstracto.

2. Problematizando o Conceito de Igualdade de Oportunidades e o Conceito de Equidade de Resultados

No contexto de *(neo)liberalismo educacional* em que nos encontramos, tem-se apelado à redefinição do conceito de igualdade de oportunidades (entre as mulheres e os homens) e tem-se afirmado que este deve ser substituído pelo conceito de equidade, numa lógica de liberalização e privatização da educação. Apresentamos, de seguida, alguns dos vectores que enformam e reforçam esta discussão.

Nos últimos tempos, tem vindo a substituir-se, mesmo que de forma ténue, o *corpus* da legislação contemplando as acções positivas (por se considerar que as culturas organizacionais masculinas não são modificáveis simplesmente através da discriminação positiva) pela designada estratégia de *mainstreaming*[54], isto é, a "internalização, integração ou incorporação da igualdade de género no processo corrente da tomada de decisão relativamente às diversas políticas públicas", considerando-se que esta estratégia, em si, constitui "um enorme avanço político". (SILVA, 1999: 19-20)

O princípio de *mainstreaming*, legalmente recomendado e consagrado a nível internacional e europeu, exige que as questões de género e da igualdade de oportunidades em educação sejam integradas de forma transversal em todas as políticas, a nível nacional e sectorial com a intervenção e o empenho dos ministérios da Educação e suas estruturas orgânicas. Contudo, "o princípio da integração da igualdade de oportunidades *(mainstreaming)* entre raparigas e rapazes, fundamental na promoção, junto dos e das jovens, de valores essenciais para o exercício efectivo da cidadania, ainda está longe de constituir uma prática no seio dos sistemas educativos. As escolhas dos dois sexos em matéria de educação, de actividade profissional e de modo de vida continuam, assim, a ser fortemente orientadas e restringidas por concepções estereotipa-

---

[54] O Conceito de *mainstreaming* desenvolvido durante a *4ª Conferência Mundial sobre a Mulher*, da ONU, em Beijing, em 1995, propõe uma abordagem mais global da igualdade. A adopção de uma estratégia de *mainstreaming* significa que "os governos e os outros actores devem promover uma política activa e visível com vista a integrar uma preocupação pela igualdade entre os sexos em todas as políticas e em todos os programas, nomeadamente analisando as consequências que delas resultam para as mulheres e para os homens, antes de qualquer tomada de decisão" (ONU, 1995, cit. por Silva, 1999: 35).

das de feminilidade e masculinidade que se repercutem a nível de repartição das responsabilidades familiares, de mercado de trabalho e de processos de decisão". (PINTO, 1999: 3)

De facto, embora com algumas excepções, sucessivas críticas têm sido feitas à limitada efectividade prática do princípio da igualdade de oportunidades em Educação. Assumindo esta "limitação", ou não a tendo sequer em consideração, parte-se hoje do princípio de que a igualdade de oportunidades já foi alcançada e, por isso, há quem queira operar a uma transmutação, que não é só lexical mas também semântica e de sentido neoliberal, entre o polo da igualdade de oportunidades para o polo da equidade de resultados, pretendo, desta feita, avaliar os efeitos da implementação de um princípio legal.

É preciso, estamos em crer, problematizar tanto a linguagem da retórica da igualdade de oportunidades e as concepções de meritocracia que lhe estão subjacentes, quanto a linguagem da equidade de resultados e as concepções de competitividade que desta emergem, até porque, a linguagem da equidade de resultados que enforma a lógica neoliberal tem assentado sobretudo, na necessidade de obtenção de resultados, independentemente das condições de igualdade ou não igualdade para o obtenção dos mesmos e, assim sendo, mais não é do que uma readaptação dos princípios económicos característicos do liberalismo.

O conceito de igualdade de oportunidades tem vindo então a ser sujeito a transmutações semânticas várias que vão desde uma concepção que traduz, na sua origem a 'igualdade' entendida numa sociedade de *competição,* de *individualismo* e de *meritocracia* (Benavente, 1990: 4) até uma concepção de equidade de resultados e, então, ainda associada a uma ideia de "competição justa em lugar de igual participação" (ANGUS, 1992: 388-390). Tem-se vindo, então, a "deslocar-se o cursor da justiça do pólo da igualdade de oportunidades para o pólo da equidade e eficiência, segundo a lógica e a moralidade de mercado" (ESTÊVÃO, 2001: 62-63) e, desta feita, tem-se vindo a alterar "o que, em épocas recentes, fora reivindicado, como princípio orientador para a educação escolar", tem-se vindo a alterar-se a "ideia de igualdade como meta" que "é agora reconduzida à penumbra do (quase) insignificante ou, pelo menos, do inatingível distante". (ANTUNES, 1998: 133)

O que é preciso ter em consideração é que nesta redefinição semântica neoliberal tendem agora a ser suprimidos conceitos com os quais tendíamos a encarar a educação, conceitos tais como igualdade e democracia (mesmo que formais) e como consequência surgem novos discursos de dominação. Nesta redefinição semântica, temos de dizê-lo, diluem-se as noções apresentadas por todas aquelas perspectivas em que se apostou numa ideia de educação igualitária, numa concepção de "educação para todos".

Veja-se, a este propósito, que têm sido produzidos relatórios que, numa perspectiva *neoliberal*, reforçam o papel estratégico da formação e da educação para a resolução dos problemas da competitividade e do emprego. Em documentos europeus relativos à *Política Europeia de Educação* pode de facto perceber-se que a ideologia do universalismo e igualdade de oportunidades tem vindo a ser sucedida pela ênfase, mais ou menos constante, na liberalização de oportunidades, apelidada de equidade de resultados. Pois, cada vez mais se defende a "eficiência e equidade nos sistemas europeus de educação e formação" com base no pressuposto de que estes princípios possibilitam "maximizar os benefícios a longo prazo [e] reduzir os custos económicos e sociais" (Comunicação da Comissão Europeia ao Conselho e ao Parlamento Europeu, 2006).

Veja-se, ainda, a este propósito, que no *Relatório do Desenvolvimento Humano* (Nações Unidas, 2003) que estabelece os *Objectivos de Desenvolvimento do Milénio* se refere que "o verdadeiro poder dos objectivos é político". Eles "são a primeira visão mundial de desenvolvimento" e que "há boas razões tecnocráticas para adoptar esta abordagem". Entre os oito objectivos delineados no *Relatório do Desenvolvimento Humano* (Nações Unidas, 2003: 28) encontra-se o Objectivo 3 – "Promover a Igualdade de Género e capacitar as Mulheres" sendo que isto deve ser feito numa perspectiva de "equidade de género" de forma a reduzir os "hiatos de género" que se verificam, por exemplo, na educação. Este Relatório coloca constantemente a ênfase numa perspectiva de *equidade como desenvolvimento*, aludindo em muitos passos à equidade de resultados mas nunca à igualdade de oportunidades entre os homens e as mulheres, como se esta já tivesse sido efectivamente alcançada e não fosse necessário rever os constrangimentos que continuam a impedir a sua construção.

Para facilitar a desocultação do carácter tecnocrático das políticas da equidade, "é interessante notar que a igualdade social (mais do que a igualdade de oportunidades) se tornou parte da nova retórica da União Europeia" e que "nenhum" dos termos de referência dos documentos europeus "é relacionado com a educação e as práticas escolares, e a escola só é referida de forma passageira, em termos de 'abandono escolar'. Em resumo: a inovação educativa nunca recebeu uma prioridade efectiva no contexto das políticas de igualdade sexual. Em geral tem sido atribuído um papel instrumental à educação no contexto europeu, sendo basicamente referida como um 'instrumento' para atingir igualdade de oportunidades na vida laboral". (ARNESEN, 2000: 130-131-136)

Por isso, não podemos deixar de pensar que no âmbito das mudanças nas políticas de igualdade/equidade de género na educação, a situação actual é de desafio sendo necessário ver de que forma e através de que processos é que estas políticas consolidam formas tendentes a equilibrar as organizações em termos de participação paritária entre os homens e as mulheres, e em termos de uma "educação emancipatória" ou se, pelo contrário, estas políticas mais não são do que a parte integrante de uma ideologia educativa e organizacional que, ao invés de ter como objectivo principal propiciar a efectiva igualdade de oportunidades, podem esconder intenções mais de acordo com os critérios da eficiência e da eficácia, do lucro e da produtividade que se diz poderem ser alcançados, entre muitos outros aspectos, tendo as mulheres como duplas forças produtivas, no âmbito do público e no âmbito do doméstico.

Será que as clivagens educativas da *ideologia meritocrática* podem ser reafirmadas com uma nova ideologia, a *ideologia equitativa*. Ora, nestas configurações ideológicas aprisionadoras, urge repensar o conceito de "igualdade de oportunidades" em acordo com discursos e sentidos que o identifiquem com uma efectiva "democratização da educação". A igualdade de oportunidades, em educação, e a igualdade de oportunidades entre os homens e as mulheres em educação, e em todos os outros contextos institucionais, implica, pois, uma igualdade de condições ou possibilidades das mulheres e dos homens em aceder e participar na educação e implica uma igualdade de resultados de sucesso propiciados por esse acesso e essa participação na educação.

Referências Bibliográficas

AFONSO, Almerindo J. (2001). *Globalização, Crise do Estado-Nação e Reconfiguração das Cidadanias: Novos Desafios às Políticas de Educação*. M. BARBOSA (Org.). Educação do Cidadão. Braga, Edições APPACDM de Braga, pp. 11-24.

AMÂNCIO, Lígia (1999). *Género e Educação em Portugal: Mitos e Realidades*. F. NETO, T. JOAQUIM, R. SOARES, T. PINTO (Orgs.). *Igualdade de Oportunidades: Género e Educação*. Lisboa, Universidade Aberta, pp. 195-207.

ANGUS, Lawrence B. (1992). *'Quality' schooling, conservative education policy and educational change in Australia*. Journal of Education Policy, vol. 7 (4), pp. 379-397.

ANTUNES, Fátima (1995). *Educação, Cidadania e Comunidade – Reflexões sociológicas para uma escola (democrática) de massas*. Revista Portuguesa de Educação. 8 (1), pp. 191-205.

ANTUNES, Fátima (1998). *Políticas Educativas para Portugal, Anos 80/90. O Debate acerca do Ensino Profissional na Escola Pública*. Lisboa, Instituto de Inovação Educacional.

ANTUNES, Fátima (2004). *Políticas Educativas Nacionais e Globalização. Novas Instituições e Processos Educativos*. Braga, Centro de Investigação em Educação, Instituto de Educação e Psicologia da Universidade do Minho.

ARAÚJO, Helena, Costa (1996). *Precocidade e 'Retórica' na Construção da Escola de Massas em Portugal*. Educação, Sociedade e Culturas. Nº. 5, pp. 161-174.

ARAÚJO, Helena, Costa (2000a). *Pioneiras na Educação. As Professoras Primárias na Viragem do Século – 1870-1933*. Lisboa, Instituto de Inovação Educacional.

ARAÚJO, Helena, Costa (2000b).*Política para a igualdade entre os Sexos em Educação em Portugal. Uma aparência de realidade*. Ex æquo. Nº. 2/3, pp. 141-151.

ARAÚJO, Helena, Costa (2001). *Género, Diferença e Cidadania na Escola: Caminhos Abertos para a Mudança Social?*. D. RODRIGUES (Org.). *Educação e Diferença. Valores e Práticas para uma Educação Inclusiva*. Porto, Porto Editora, pp. 143-154.

ARNESEN, Anne-Lise (2000). *Relações Sociais de Sexo, Igualdade e Pedagogia na Educação no Contexto Europeu. Debates e Questões nas Políticas de Investigação*. Ex æquo. Nº. 2/3, pp. 125-140.

ARNOT, Madeleine (1996). *Valores Feministas e Educação Democrática: Repensar a Igualdade e a Diferença*. Educação, Sociedade e Culturas. Nº. 5, pp. 209-231.

BALL, Stephen J. (1990). *Politics and Policy Making in Education: Explorations in Policy Sociology*. Londres, Routledge.

BENAVENTE, Ana (1990). *A Igualdade de Oportunidades e o Sistema de Ensino: Propostas Estratégicas*. Cadernos de Educação de Infância. Nº. 15, pp. 4-6.

COMTE, Auguste (1989). *Importância da Filosofia Positiva*. M. BRAGA DA CRUZ (Org.). *Teorias Sociológicas. Os Fundadores e os Clássicos*. Vol. I. Lisboa, Fundação Calouste Gulbenkian, pp. 139-166.

CORREIA, José Alberto (1999). *As ideologias educativas em Portugal nos últimos 25 anos*. Revista Portuguesa de Educação. 12 (1), pp. 81-110.

DURKHEIM, Emile (1984). *Sociologia, Educação e Moral*. Porto, RÉS-Editora.

ESTÊVÃO, Carlos V. (2001). *Justiça e Educação*. São Paulo, Cortez Editora.

HENNINGSEN, Georgia (1999). *Éducation et Égalité des Chances au Niveau Européen*. F. NETO, T. JOAQUIM, R. SOARES, T. PINTO (Orgs.). *Igualdade de Oportunidades: Género e Educação*. Lisboa, Universidade Aberta, pp. 25-38.

LENHARDT, Gero & OFFE, Claus (1984). *Teoria do Estado e Política Social*. C. OFFE (Org.), *Problemas Estruturais do Estado Capitalista*. Rio de Janeiro, Tempo Brasileiro, pp. 10-53.

LOURENÇO, Clara Moura (1999). *Igualdade de Oportunidades: da formação docente à intervenção educativa*. F. NETO, T. JOAQUIM, R. SOARES, T. PINTO (Orgs.). *Igualdade de Oportunidades: Género e Educação*. Lisboa, Universidade Aberta, pp. 87-105.

PETERS, Michael (2000). *Pós-Estruturalismo e Filosofia da Diferença. Uma Introdução*. Belo Horizonte. Autêntica.

PINTO, Teresa (1999). "Nota Prévia" à obra de N. ACIOLY-REGNIER, J. P. FILIOD, C. MORIN. *Meios Escolares e Questões de Género: Elementos de reflexão para a Prática do Ensino*. Lisboa, Comissão para a Igualdade e para os Direitos das Mulheres, pp. 3-4.

PINTO, Teresa (2000). *Igualdade entre Mulheres e Homens na Educação: Portugal no Contexto Europeu*. T. M. TOLDY e J. C. CARDOSO (Org.). *A Igualdade entre Mulheres e Homens na Europa às Portas do Século XXI*. Porto, Edições Universidade Fernando Pessoa, pp. 155-172.

SAAVEDRA, Luísa (2001). *Discursos da igualdade/omissão: análise de legislação sobre igualdade entre os sexos na educação*. Revista Portuguesa de Educação. 14 (1), pp. 263-285.

SILVA, Manuela (1999). *A igualdade de Género. Caminhos e Atalhos para uma Sociedade Inclusiva*. Lisboa, Comissão para a Igualdade e para os Direitos das Mulheres.

SOUTA, Luís et al. (1995). *Género, Multiculturalidade, Cidadania – Problematizações para a Educação no Mundo de Hoje. Novos caminhos para a Cidadania na Europa e os Valores da Igualdade. Género, Multiculturalidade e Direitos Humanos*. ESE de Setúbal, Centro para a Igualdade de Oportunidades em Educação, pp. 11-29.

TEODORO, António (2001). *A Construção Política da Educação. Estado, Mudança Social e Políticas Educativas no Portugal Contemporâneo*. Porto, Edições Afrontamento.

¿Qué enseña la escuela sobre participación y ciudadania? Análisis de un caso

Gabriela Alejandra Ramos [55]

"...el poder de una mujer individual está, pues, condicionado al de las mujeres como genérico..."

Luisa Posada Kubissa [56]

Una escuela cooperativa: lugar de enseñanza-aprendizaje y trabajo

Me gustaría compartir, en este espacio, el análisis de un caso que surge de mi experiencia docente.

Hace más de 10 años desempeño mi tarea profesional en una escuela de gestión privada dependiente del Gobierno de la Ciudad de Buenos Aires (GCBA)-República Argentina. Es una escuela que ha cumplido sus 70 años y ha sido fundada como un internado de señoritas pobres sostenido por las señoras y señoritas burguesas

---

[55] Profesora Adscripta de la Cátedra "Investigación y Estadística Educacional II". Fac. de Filosofía y Letras. Carrera de Cs de la Educación- UBA. Auxiliar Docente de la Cátedra de "Mediación Educativa: Paz y Valores en la Educación". Programa Interdisciplinario de Actualización en Alternativas a la Resolución de Disputas y Cultura de Paz: Negociación y Mediación. A cargo de la Dra. Sara R. de Horowitz. Fac. de Psicología. U.B.A.

[56] Kubissa, L. Pactos entre mujeres. En Diez palabras claves sobre Mujer. Verbo Divino. Madrid. 1995.

de un barrio de clase media acomodada, la mayoría damas de beneficencia y docentes.

Hacia mediados del siglo pasado, coincidiendo con las dificultades socioeconómicas que atravesó el país las "socias fundadoras", como se las llama habitualmente, no podían sostener económicamente la institución por lo cual les comentan a las "docentes-empleadas" la decisión de cerrar la escuela. Ante la pérdida de la fuente laboral algunas docentes deciden agruparse para formar una cooperativa de trabajo.

Una cooperativa es una "asociación autónoma de personas que se han unido voluntariamente para hacer frente a sus necesidades y aspiraciones económicas, sociales y culturales comunes, por medio de una empresa de propiedad conjunta y democráticamente controlada..."[57] Existen diversos tipos de cooperativas de acuerdo a la función social que desempeñen, en este caso es ofrecer trabajo.

Esta escuela cooperativa está integrada por todas las personas que trabajan en ella en forma titularizada que adoptan el nombre de asociados-as, pudiendo ser docentes o no-docentes.

El personal docente es entrevistado para su incorporación por las autoridades pedagógicas quienes actualizan su evaluación anualmente.

Los-as docentes llegan a la titularidad del cargo de acuerdo a lo que fija el Estatuto del Docente; generalmente ingresan como suplentes y cuando se produce una vacante, se presentan a concurso de antecedentes y por puntaje obtienen la titularidad. Conforman el puntaje total ítems relacionados con la formación docente, la antigüedad en la docencia, las actividades culturales desarrolladas y las tareas al servicio de la cooperativa que se hayan llevado a cabo.

El personal no-docente ya sea de secretaría, administración o maestranza es contratado por el Consejo de Administración de quien depende y se rige por el convenio de empleados de comercio.

Siguiendo los principios cooperativos internacionales las cooperativas son organizaciones democráticas controladas por sus socios-as, quienes participan activamente en la definición de las políticas y en la toma de decisiones a través de las Asambleas Ordi-

---

[57] Witt, Daniel. Recopilador. "Legislación Cooperativa. Ed. de Economía Solidaria -Argentina-1995.

narias o reuniones convocadas para fines determinados. De estas reuniones deben estar notificados-as todos-as los – as asociados-as. Además cualquier asociados-as que lo requiera, apoyado por un número consistente de miembros-as puede pedir una asamblea extraordinaria cuando lo considere conveniente.

Los-as elegidos-as para representar a su cooperativa responden ante los asociados-as cada uno-a de los-as cuales tiene igual derecho de voto (un socio o una socia = un voto) independientemente del status que ocupe en el organigrama institucional.

Actualmente, las cuestiones administrativas se encuentran a cargo de un Consejo Directivo formado por 10 miembros(as) elegidos en asamblea por mayoría de votos. Ellas son: una presidenta, una vicepresidenta, una secretaria, una tesorera, una síndica titular y una suplente, dos vocales titulares y dos suplentes. Este Consejo se ocupa de las cuestiones administrativas. Estos cargos son reelectos cada dos años.

En paralelo están las autoridades pedagógicas. Las relaciones entre ellas son de orden jerárquico, verticalista, la estructura es piramidal tal como lo demuestra el anexo I.

Los principios de nuestra cooperativa escolar son:

1. Impulsar la educación y capacitación cooperativa.
2. Difundir la actividad del movimiento cooperativo, los principios que lo sustentan y promover su desarrollo.
3. Defender la libertad, ejerciéndola.
4. Divulgar todo lo que contribuya al bienestar general, promoviendo en todo momento el respeto entre las personas.
5. Acompañar al movimiento cooperativo respetando las ideologías personales referidas a creencias religiosas, manteniendo nuestra independencia de criterio, el pluralismo de ideas.
6. La construcción de la convivencia grupal.

La convivencia grupal es una experiencia que se construye y representa un valor fundamental para potenciar la capacidad de aprender y como agente de prevención.

Las experiencias dentro de un grupo en todos los niveles de la escolaridad y con mucha mayor relevancia en la pubertad y en la adolescencia, son el espacio donde lo socio-afectivo se desarrolla.

Uno de los objetivos principales de la educación para la vida es el enseñar a convivir con el otro, a conocerlo y reconocerlo, a aceptarlo con sus particularidades y diferencias y construir lazos sociales solidarios.

Los valores en la educación que sostenemos son:

Tolerancia, libertad, diálogo, solidaridad, justicia. Estos y otros valores forman parte de todo proyecto social y educativo, descubrir el costado mas humano de los valores para que aparezcan enmarcados en el lenguaje y en la experiencia de los hombres de hoy. La responsabilidad hacia el otro y el reconocimiento de su dignidad.

Por lo tanto nos proponemos:

Incluir la educación para la convivencia en las escuelas, en el aula utilizando como método el análisis de las conductas y las reglas de juego necesarias para una convivencia en armonía, conduce a la madurez que necesitamos para comprender el mundo en que vivimos [58].

En cuanto al crecimiento económico cabe destacar que en los años 90 la cooperativa ha logrado un importante avance, la compra de un nuevo edificio para el traslado de la sección inicial y primaria que antes compartían un mismo lugar con la consiguiente ampliación de los espacios-inscripción para la sección secundaria. La matriculación es abundante y sostenida en el tiempo ya que su cuota es muy accesible a sectores medios –bajos o medios altos empobrecidos por la crisis económica.

En cuanto a la participación económica de los-as asociados-as éstos-as contribuyen de manera equitativa y controlan de manera democrática el capital de la cooperativa, esto es atípico en una ins-

---

[58] Extraído del PEI- Proyecto Educativo Institucional del Instituto.

titución escolar ya que si es de gestión pública la controla el estado y si es de gestión privada le corresponde al dueño-patrón. Además, usualmente se recibe una compensación limitada sobre el capital suscripto que señala la condición de asociado-a de cada docente, en este caso se traduce en tickets adicionales proporcionales al salario en blanco que recibe cada uno-a. Otro beneficio que ofrece trabajar en esta institución es contar con el salario el último día hábil del mes, cuestión poco habitual en los colegios privados.

Los excedentes son repartidos en una suma fija para todos-as asociados-as en dos o tres oportunidades anuales. El balance es presentado en forma anual a todos-as los-as integrantes y puesto a consideración en Asamblea Ordinaria cada vez que finaliza una gestión.

Si bien este tipo de figura económica permite algunos beneficios fiscales de los que no me ocuparé en esta ocasión, además, ofrece la posibilidad de desplegar una tarea paralela a la tarea pedagógica que se relaciona con el pleno ejercicio de la ciudadanía, con la toma de decisiones. Teniendo la posibilidad de pensar esta escuela como una propiedad de todas-os, como "mi" escuela, como un lugar donde no existe un-a único-a dueño-a y donde las decisiones pueden ser consensuadas aún así el compromiso es escaso y la participación en los lugares de poder también. Cada vez menos docentes se comprometen con las cuestiones políticas de la institución a pesar de ser el control democrático por parte de los-as integrantes uno de sus principios fundacionales.

¿Cuál es el problema?

Por el cuadro de situación planteado y conociendo el amplio espectro de la educación privada en la Argentina, más específicamente dentro del ámbito del GCBA, podríamos pensar, como bien lo reconocen los-as docentes que ésta es una escuela con muchas fortalezas en las cuales apoyarse para desear pertenecer a ella. De hecho, los-as aspirantes son muchos-as pero si los-as que están afuera quieren entrar qué pasa luego: cómo se sostiene el lugar? Cómo se gana el espacio propio y cómo se construye el espacio común?

Haciendo una lectura rápida al libro de Actas de Asambleas podemos observar la escasa participación de las-os asociadas-os. Teniendo en cuenta que el número total de los-as mismos-as supera los 100 y que el 90% está cubierto por mujeres me interesa cuestionarme sobre la dificultad de las mujeres en la administración de la "cosa" pública, en los bienes compartidos, en las cuestiones de todas-os. Un número ínfimo está afiliada-o al sindicato docente y en la escuela no hay actividad gremial.

Por un lado es interesante pensar cómo las viejas generaciones han ido dando paso a la incorporación efectiva de las nuevas generaciones. Qué rol han cumplido en la transmisión de la cultura institucional, cuánto del espíritu cooperativo se transmite cotidianamente a través de las palabras, a través de las prácticas y también de "modo intencional", planificado como acto de enseñanza a través de la capacitación. Porque si bien uno de los principios cooperativistas señala que es obligación brindar educación y entrenamiento a sus asociados-as de tal forma que contribuyan eficazmente al desarrollo de su organización podríamos preguntarnos: ¿cómo se incorporan estas nuevas generaciones a la vivencia de "lo cooperativo"? Si las cooperativas se basan en los valores de ayuda mutua, responsabilidad, democracia, igualdad, equidad y solidaridad cabe cuestionarnos acerca de los espacios que habilitamos a las-os nuevos-as, a los-as recién llegados- para recrear estos supuestos valores y cuánto se les permite la reelaboración de lo dado... "... Siguiendo la tradición de sus fundadores las cooperativas creen en los valores éticos de honestidad, transparencia, responsabilidad social y preocupación por los demás...." [59]

Es importante pensar qué lugar ocupan las actuales docentes titularizadas primer eslabón en la cadena de transmisión entre las socias fundadoras y las nuevas generaciones, primera generación de herederas de las socias fundadoras en función de ser el puente, la bisagra, las pasadoras al decir de Hassoun [60] de la cultura institucional. "Los derechos ciudadanos están anclados tanto en el dominio social como político. Sin proporcionar las condiciones sociales que los posibiliten, los derechos políticos no existen..." [61]

---

[59] Op. Citada 1.

[60] Hassoun, *Los contrabandistas de la Memoria*. Ed. de la Flor. BsAs. 1996.

[61] Yuval-Davis, Nira. *Mujeres, ciudadanía y diferencia* En La ciudadanía en debate". ISIS Internacional. Chile. 1997.

Me gustaría no dejar de lado en el análisis las particularidades de trabajo de las-os docentes de la escuela media a los que se ha denominado "profesor-taxi" ya que cuentan con muchos colegios y pocas horas en cada uno para poder tener un salario que les permita vivir con dignidad. Esta institución al tener dos turnos y una matrícula de 1100 alumnos-as en la sección secundaria permite a los-as docentes una gran concentración de horas cátedra con lo cual podría ser leído como un índice que favorecería la pertenencia institucional. Por otra parte muchas docentes, cuyo salario es sólo complementario al salario aportado por el varón al hogar, deciden trabajar en esta escuela como único lugar de empleo dada la proximidad a su domicilio, las condiciones laborales antes señaladas, la posibilidad de elegir turno, horarios, etc. y así compatibilizar las tareas domésticas con las profesionales. Al no ser sostén de hogar este trabajo se vive casi como "hobby". Muchas investigaciones han desarrollado el tema del trabajo docente como trabajo feminizado profundizando en la tradición que abona lo vocacional como principal motivación de la carrera docente [62].

A partir de lo expuesto quiero pensar cómo es "vivida" la apropiación de la cosa pública por las mujeres y cómo se enseña la participación ciudadana a nuestras-os alumnos-as si nosotras-as mismas no nos sentimos sujetos de derecho y no ejercemos esos derechos haciéndolos valer con el compromiso y la responsabilidad que implican. Cómo crear una democracia participativa en la escuela que pueda ser matriz válida para replicarse en la sociedad a nivel macropolítico? Pienso esta institución como un ejemplo de lo que sucede a nivel más amplio en la sociedad toda. Me remito a la escuela y a la actividad de enseñanza que es una tarea altamen-

---

[62] Pueden consultarse los siguientes trabajos:
Argiroffo, Beatriz. *Varones y mujeres en el capitalismo*. Ponencia del Congreso de Salud Mental y Derechos humanos. Univ. Madres de Plaza de Mayo. Argentina. 2006
Fioretti, Susana y otras. *Mujeres y varones en la formación docente. Un estudio de caso*. DGSup-GCBA. Argentina.2004
Morgade, Graciela. *El determinante de género en el Trabajo Docente de la escuela primaria*. Ed. Miño y Dávila. Argentina. 1992.
Morgade, Graciela *Mujeres en la educación. Género y docencia en Argentina 1870-1930*. Ed. Miño y Dávila. Argentina. 1997.
Ramos, Gabriela, *Com-poniendo melodías de mujeres en Pensamiento Feminista* II. Aportes para una nuevo andamiaje social. CEN Editores. Argentina, 2004.

te feminizada y pienso cómo ha sido el acceso de las mujeres a la participación en el ámbito de lo público, su relación con el poder y la política.

De la democracia: del poder y los poderes

La Democracia, como régimen político es el sistema de representación de los intereses de la sociedad, basado en un ordenamiento institucional y normativo que regula los derechos y responsabilidades de las/os ciudadanas/os así como los de sus representantes. Si bien este concepto ha variado a lo largo de la historia se mantiene como expresión de las decisiones que están al servicio del interés común.

Celia Amorós señala que "la Democracia representa una cultura política que socializa a las mujeres para el no-poder" [63]. Esta forma de entender la integración de las mujeres, a pesar de los cambios, no ha variado sustancialmente, lo que sigue influyendo en el sistema político a partir de dispositivos ideológicos y culturales que condicionan su acción y participación política.

Aún los sistemas políticos más democráticos, entendidos así por sus principios y por su representatividad formal, siguen reflejando la desigualdad de acceso y ejercicio del poder entre los géneros. El poder democrático también puede representar un poder que discrimina, en tanto constituya "un pacto interclasista entre varones" al decir de H. Hartmann, basado en un sistema de poder de relevos masculinos, casi exclusivamente.

"La pobreza de ideas y propuestas realmente transformadoras que parecen definir el escenario político nacional de fin de siglo y milenio, han aumentado el desinterés de la ciudadanía por "hacer la política", al igual que por su dirigencia, expresándose en esto que definimos como "crisis de representatividad".! Qué podemos decir las mujeres entonces!. Pero……a pesar de su descrédito, también somos concientes de la necesidad de la política. Sigo pensando que se trata de una actividad imprescindible a la que es necesario de-

---

[63] Amorós, Celia. *Mujeres y hombres en la formación del pensamiento occidental*. Tomo I. Ed. Universidad Autónoma de Madrid. Madrid. 2002.

volverle dignidad, prestigio, credibilidad. Y las mujeres tenemos mucho que aportar en esto tan declamado acerca de "cambiar las formas de hacer política" [64].

El único remedio para mejorar la condición actual de la política, es precisamente con más y mejor política.

Desde un planteo general es posible afirmar que las mujeres hemos sido excluidas de la política, especialmente si definimos la política desde un punto de vista institucional que comprende sólo las instituciones formales de gobierno.

El Movimiento de Mujeres ha denunciado la marginación sistemática de las mujeres de los lugares de toma de decisión, sin embargo, sabemos de mujeres que participan y han participado de las cuestiones políticas [65].

Bajo la visión de las mujeres, surge el interés de hacer una lectura de lo político que nos lleva al análisis y nos compromete a entenderlo e interpretarlo desde nuestra realidad. Asimismo, lasos teóricos-as, cada uno-a desde su punto de vista, sugiere concepciones muy variadas del poder; cada teoría plantea cómo entender el concepto, y cómo analizar sus respectivos componentes, para poder hacer una reconstrucción del concepto de "poder", que permita la integración equitativa de las mujeres en él. Comenzaré haciendo una breve aclaración sobre este concepto clave: poder. "El poder no es, el poder se ejerce. Y se ejerce en actos, en verbo, en palabras. Nadie puede tomar el poder y guardarlo. Conservar el poder no es tenerlo a cubierto ni conservarlo en una caja fuerte, ni preservarlo de elementos extraños, es ejercerlo continuamente; es transformarlo en actos repetidos o simultáneos de hacer, y de hacer que otros hagan o piensen. Tomarse el poder es tomarse la idea y el acto" Julieta Kirkwood.

Me interesa destacar en cuánto el pensamiento feminista se vincula con la reflexión sobre el poder porque señala la construcción social de identidades de género como elemento clave en la distribución de recursos políticos, económicos y culturales entre los miembros de una sociedad. Por eso pensar la realidad social

---

[64] Nanni, Esther. *Las mujeres y la construcción de ciudadanía*. Documento del Centro de documentación "Zita Montes de Oca". Bs. As. Febrero de 2001.
[65] Cabe mencionar trabajos tales como los producidos por Elshtain, Pateman, entre otras.

desde una perspectiva feminista implica analizar las relaciones sociales entre varones y mujeres como campo de ejercicio del poder. Sabemos que las relaciones entre los género están enmarcadas en relaciones de poder.

El feminismo cuestiona las relaciones discriminatorias establecidas entre hombres y mujeres a través de siglos aunque estén tan incorporadas y asimiladas por todos-as que parecen "naturales". Esto es así porque se repiten en la vida cotidiana por la fuerza de las costumbres, de las tradiciones, de la cultura. Sólo la deconstrucción de estas pautas culturales hará posible la construcción de otro tipo de relaciones y abrirá caminos para establecer nuevos roles más equitativos entre varones y mujeres. Se trata de un proceso simultáneo de deconstrucción-reconstrucción, largo, sinuoso y contradictorio como todos los procesos sociales que apuntan a la transformación de mandatos culturales.

El análisis social de género cuestiona hasta las bases mismas de la cultura del poder patriarcal que fue heredado y desarrollado por el capitalismo. Es de fundamental importancia para un replanteamiento profundo del conjunto de relaciones e interacciones de una sociedad y del poder porque nos permitirá la construcción de nuevo proyecto social.

Esto quiere decir que la transformación del poder es condición a la vez que objetivo de las luchas de género, y viceversa: las luchas de género son –o deben ser- parte de las luchas por la transformación del poder. Y ahí su contenido y carácter propiamente políticos.

El objetivo del feminismo puede ser definido sintéticamente como la alteración del balance de poder entre varones y mujeres en las diferentes sociedades.

En consecuencia, las feministas se vieron enfrentadas tempranamente a la tarea de revisar las definiciones existentes del poder y proponer alternativas viables.

A continuación propongo una sintética clasificación de las definiciones del poder.

- poder sobre otros-as o poder como dominación.

La mayoría de los autores liberales y marxistas piensan en el poder como una posesión (de un individuo o de un grupo) cuyo ejercicio es el resultado de una situación de conflicto de intereses. Definen al poder como "poder sobre" otro/a/s.

Por ejemplo: los padres tiene poder sobre los hijos, los docentes sobre los alumnos, los jefes sobre los empleados. En este caso, el poder es un instrumento utilizado por quien lo detenta para lograr que otros/as hagan algo que de otra manera no harían.

Algunas feministas utilizan este tipo de definición para explicar la subordinación social de las mujeres ya que sostienen que el patriarcado implica "poder de los varones sobre las mujeres". Así, por ejemplo:

> – Christine Delphy coloca el acento en la explotación económica de los maridos sobre las esposas;
>
> – Shulamith Firestone se concentra en el rol de las mujeres en la reproducción de la población;
>
> – Andrea Dworkin analiza la construcción de la sexualidad para explicar la reproducción del poder masculino.

Una crítica que les podemos plantear a estas pensadoras es que si sólo los varones detentan el poder entonces las mujeres somos un grupo social impotente, sin posibilidades de cambiar la historia.

- poder para ... o poder como capacidad

También el poder puede ser entendido como capacidad. No vamos a pensar al poder como manifestación de situaciones conflictivas ni como propiedad de un individuo sino como posibilidad de realización.

La filósofa Hannah Arendt ha elaborado una definición muy influyente del poder como capacidad, que nos permite distinguirlo de la violencia, la fuerza y la autoridad: "....el poder surge entre los hombres cuando actúan juntos y desaparece en el momento en que se dispersan...". Desde esta perspectiva el poder surge cuando las personas actúan en conjunto y no cuando se enfrentan unas a otras. El poder es "poder para" llevar adelante un proyecto colectivo, en contraste con la definición anterior de "poder sobre" otros/as.

La definición del poder como capacidad es utilizada por aquellas feministas que se oponen a la representación de las mujeres como un grupo social falto de poder. El poder en tanto instrumento de un individuo o grupo para imponer su voluntad sobre otro/a/s es considerado un producto masculino. De modo que para superar la subordinación de las mujeres es necesario construir un "poder feminista" que constituya una alternativa al que ya existe.

Estas pensadoras suponen que las mujeres compartimos experiencias de subordinación que nos colocan en una posición privilegiada para elaborar un nuevo tipo de poder a partir de superar la dominación sistemática que hemos experimentado.

Una de las críticas más importantes que le podríamos plantear a esta propuesta es que invisibiliza los diferentes grados de subordinación que podemos experimentar las mujeres si se nos considera a todas como un grupo homogéneo que compartimos experiencias uniformes. Todas las mujeres tenemos cosas comunes por ser mujeres pero diferentes por pertenecer a diversas etnias, clases sociales, edades, religiones, culturas.

- poder como práctica

El autor más influyente es Michel Foucault. Este autor desarrolló la idea de la "Omnipresencia del poder: El poder está en todas partes; no es que lo englobe todo, sino que viene de todas partes". Por lo tanto:

> – El poder no se piensa como posesión sino que atraviesa todas las relaciones sociales;
>
> – No existe un ámbito privilegiado de producción de poder sino que se reproduce a medida que se ejercita en distintos terrenos;
>
> – Se cuestiona la distinción entre quien detenta el poder y quien está sujeto a él;
>
> – Se enfatiza el carácter productivo del poder, más allá de su faz represiva.

La definición del poder como capacidad es utilizada por aquellas feministas que se oponen a la representación de las mujeres como un grupo social falto de poder. El poder en tanto instrumento de un individuo o grupo para imponer su voluntad sobre otro/a/s es considerado un producto masculino. De modo que para superar la subordinación de las mujeres es necesario construir un "poder feminista" que constituya una alternativa al que ya existe.

Estas pensadoras suponen que las mujeres compartimos experiencias de subordinación que nos colocan en una posición privilegiada para elaborar un nuevo tipo de poder a partir de superar la dominación sistemática que hemos experimentado [66].

Posibles líneas de interpretación

Existe un aparente desinterés de las mujeres por el poder público, esto estaría manifestando que para las mujeres "otro" es el lugar del poder (diferente del lugar que tradicionalmente ejercen los varones). No situado en el ámbito público, sino en un lugar ancestral, al que reconocen como propio, el poder "oculto", un paradigma femenino del poder. La exclusión de la mujer del poder público, instauró otro espacio de poder donde las mujeres fueron protagonistas: el ámbito de lo privado, lo doméstico, ¿el aula?.

Este "poder oculto", elevado finalmente a la categoría de mito, es en definitiva un instrumento que mantiene a las mujeres en este lugar de sometimiento y se convierte en una trampa poderosa que condiciona y determina el presente.

Este mito sostiene que las mujeres ejercemos el poder entre bambalinas, que manejamos hilos sutiles mediante los cuáles obtenemos que los-as otros-as satisfagan nuestros deseos. Poder ejercido en el ámbito privado y doméstico, estos recursos no están centrados ni en el dinero ni en el éxito. Son recursos derivados de los sentimientos, del erotismo, etc. y se aplica sobre las personas conocidas con las que se tiene un vínculo directo.

El ejercicio de este poder oculto está basado en dos recursos peculiares:

---

[66] Ramos, Gabriela A. "Cuadernillos de Capacitación en Género y Trabajo para Seminario de Educación a Distancia CTA". Ed. IPPAP-Bs. As. 2005.

a) generar culpa (en aquellos-as sobre los-as que se ejerce el poder),

b) seducción, ésta, adornada con más o menos erotismo es moneda corriente en nuestra sociedad lanzada al consumo de objetos y servicios. Esta forma de ejercicio del poder instala a las mujeres como objeto de consumo.

¿La difícil relación de las mujeres con el poder tendrá que ver con las dificultades de acceso a los espacios públicos y las energías invertidas para salir del silencio?. Es común que las mujeres planteen sus necesidades fuera de los lugares y las posiciones donde se proponen y deciden las acciones políticas. En general, las mujeres visualizan el poder como algo detentable por otros, que está depositado sólo en las instituciones políticas, económicas y en el mercado: "veo el poder en la Casa de Gobierno", "en el ejército"; "en la policía", "en el Banco Central", etc. Con mayor dificultad lo ven en su vida cotidiana, se ven detrás del poder. Con menos fuerza que otros aparece a veces el "hogar, la familia" como espacio de poder. La tarea docente, como espacio de poder, de ejercicio y de construcción.

A partir de sus investigaciones Clara Coria afirma que uno de los elementos derivados del poder es el éxito. ¿A qué llamamos éxito? Para los hombres y mujeres es diferente el contenido y también las inquietudes con las que se lo asocia. Para los varones es el logro de objetivos que cuentan con un reconocimiento social, incluyendo prestigio, autoridad, dinero, y las inquietudes se asocian con el temor de perderlo o no llegar a tenerlo.

Para las mujeres su discusión es más contradictoria, porque si bien se asocia al éxito con el logro de objetivos, éstos son de muy variada índole, por ejemplo, puede estar referido a desarrollar una profesión nueva, dominar un idioma, desarrollar una nueva capacidad, participar en el logro del grupo familiar, de la pareja, de la familia, concretar un viaje sola, etc.

Es decir, las mujeres dan igual importancia a logros de variada índole, que en general tienen que ver más con satisfacciones subjetivas.

El éxito es vivido por muchas mujeres como una experiencia atemorizante más que enriquecedora, y el éxito público como una amenaza a su vida familiar.

Las mujeres en general tienen temor al éxito; dentro de la lógica patriarcal, lo que no es éxito se considera fracaso y todo fracaso se transforma en impotencia. Con frecuencia las mujeres cuestionan aspectos deshumanizados del poder e intentan encontrar un punto de equilibrio que les permita armonizar el placer del éxito con el placer del amor. Las mujeres se cuestionan la insalubridad de algunas prácticas en la conquista del poder, ya que tienden a registrar los costos de estas opciones.

El éxito es un logro personal, que tiene que ver con uno mismo, que no reside exclusivamente en los resultados sino en el proceso mismo. Ser protagonista, reconocer los propios deseos y ponerlos en marcha y disfrutar los beneficios que él depara.

Otra condición del éxito y el poder es que trascienda los límites de lo privado, que cuente con reconocimiento social.

Sintetizando algunos supuestos básicos respecto del poder y la política digo que:

a) El poder no es sólo político sino también económico, social, cultural, moral, religioso. Y en estos campos, los procesos de tomas de decisiones son más complejos y menos transparentes que en la actividad política (y por eso parecen también menos políticos o no políticos).

b) El mundo de lo privado es parte de lo político (aunque más no sea como condición de su existencia) y por lo tanto, susceptible de convertirse en político.

c) Las luchas por la democratización de las sociedades, para ser verdaderamente populares, equitativas y revolucionarias, deben incorporar la democratización de las relaciones entre varones y mujeres tanto en lo público como en lo privado.

d) Las luchas de las mujeres en contra de su discriminación y marginación no son exclusivas de las mujeres, atañen a varones y mujeres, a la democratización de toda la sociedad. Y como esto supone una transformación radical del poder es, a la vez que una reivindicación sectorial, una lucha política.

El concepto de ciudadanía, al igual que el de democracia y participación política, son conceptos históricos, por lo tanto apelan a nociones que pueden y requieren ser repensadas y cuestionadas permanentemente de acuerdo a cada época. Todas ellas remiten a un conjunto de derechos y obligaciones comunes a todos-as los-as miembros-as de una sociedad.

Cabe preguntarnos por un lado cuáles son los derechos y las responsabilidades que afirman la ciudadanía de las mujeres y de qué manera la sociedad recoge sus demandas de igualdad de derechos y por el otro, cómo son transmitidas a través de la escuela, del currículum explícito y de las prácticas cotidianas o currículum oculto o si, sencillamente, forman parte del currículum nulo.

El ideal clásico de ciudadanía contuvo tres elementos centrales: igualdad, dominio de la ley y participación en la vida política.

Ciudadanía es la posibilidad de actuar, de tener poder y de influir en las decisiones públicas, por lo que "lo público se convierte cada vez más en un espacio de interacción discursiva, diferente del Estado y del mercado", en el cual las/os ciudadanas/os debaten asuntos de interés común y toman decisiones. Estas prácticas son tan poco habituales entre las docentes como a la mayoría de los-as trabajadores-as atravesados-as por el neoliberalismo. Se constata en la escuela sólo el cumplimiento de la igualdad y también de manera formal pero no hay dominio de la ley ni participación plena en la vida pública como si "delegar" en las autoridades electas, que a la vez son compañeras que luego volverán a las sala de maestros-profesores, eximiera del compromiso de la defensa de los derechos propios a través del contralor de la gestión.

Los derechos ciudadanos sin obligaciones configuran personas pasivas y dependientes por eso una ciudadanía activa sería aquella que transformara a las docentes en agentes políticos y las relevara del lugar de sujeción a una autoridad absoluta.

Marshall ha definido la ciudadanía como una condición conferida a aquellos que son miembros plenos de una comunidad lo cual incluye los derechos civiles, políticos, sociales y las obligaciones. Desde aquí planteamos la ciudadanía como un constructo de múltiples niveles de carácter multidimensional sin nunca dejar de poner el acento en los deberes. Pero qué significará ser miembro pleno en una comunidad educativa? Sólo cumplir con las horas de clase frente a alumnos-as, completar las planillas de calificaciones y asistir a las Jornadas Institucionales?

Este concepto presupone un espacio de interacción pública y la existencia de un interés general compartido y negociado desde las diferencias (hacer política). Yo me pregunto cuál es el interés de las docentes en la escuela analizada, si habrá intereses dispares entre las docentes-históricas y las nuevas generaciones. Y también me pregunto si la falta de formación cooperativista que se ofrece a las nuevas generaciones docentes no obedece a algún fin menos relacionado con el compartir y más relacionado con el concepto de propiedad privada, más tendiente a transformar "nuestra" escuela en "mi" escuela, la de algunas pocas.

Ciudadanía significa por consiguiente, la posibilidad de actuar, de tener poder y de influir en las decisiones públicas, por lo que "lo público se convierte cada vez más en un espacio de interacción discursiva, diferente del Estado y del mercado", en el cual las/os ciudadanas/os debaten asuntos de interés común y toman decisiones pero parece que las docentes no estamos acostumbradas a esto.

Siguiendo el pensamiento de E. Nanni pienso que construir ciudadanía en la Argentina de este siglo, significa especialmente para las mujeres, buscar la construcción de poder en espacios que se encuentran por fuera del sistema político tradicional, generando relaciones de interlocución, negociación y/o presión como alternativas de complementación a las instancias político-partidarias tradicionales. Esta escuela es un lugar privilegiado para comenzar a practicar...sólo hay que poder visualizarla como tal, como campo propicio de aprendizaje pues "...en primer lugar tales esquemas sirven como aprendizajes para las mujeres cuyas experiencias de solidaridad y liderazgo les entrega empoderamiento en una forma en que las capacita para tomar un rol en el escenario político formal... conduce a la creación de nuevos espacios democráticos en la esfera pública, los que pueden ser ocupados por mujeres..."[67].

Para comenzar habría que construir alianzas estratégicas entre las docentes de los diferentes niveles, áreas y sectores, adecua-

---

[67] Molyneux; Maxine. "Debates sobre el comunitarismo, la moralidad y políticas de identidad". En La ciudadanía en debate. ISIS Internacional. Chile. 1997.

das para reforzar el soporte, la formación y la elección de aquellas mujeres que mejor las representen. Desde los pequeños lugares de resistencia, que existen, habría que favorecer un proceso de construcción de coaliciones en el cual la ubicación específica de los actores políticos sea reconocida y valorada. Desde esa plataforma proponer el diálogo entre posiciones distintas para el logro de una perspectiva común. "El diálogo transversal debería basarse en el principio de centrarse en las propias experiencias personales al mismo tiempo que desarrollar empatía por las posiciones diferenciadas de los compañeros de diálogo, posibilitando de esta manera que los participantes arriben a una perspectiva distinta a aquella de la versión hegemónica de túnel. Los límites deben estar determinados por el mensaje antes que por los mensajeros. El resultado del diálogo podrá construir proyectos diferenciales para personas y grupos con posiciones distintas, pero su solidaridad estaría basada en un conocimiento común sostenido por un sistema de valores compatibles (que deberían ser los valores cooperativistas). Por ello el diálogo, nunca está circunscrito…" [68]

Temas tales como la igualdad de oportunidades, el respeto a las diferencias, los derechos humanos, la superación de la violencia y la construcción del bienestar son algunas de las principales cuestiones que las mujeres podríamos ofrecer para generar una alternativa de mejoramiento y cambio en la agenda tradicional de la política. Pero son temas que habitualmente no se discuten en las asambleas escolares.

Si se quiere y se propone una democracia auténtica, en el mundo, en el país, en las instituciones y en las familias se debe comenzar por la modificaciones en las prácticas cotidianas; la escuela es una de las instituciones que forma a los futuros-as ciudadanos-as. Comenzar por democratizar las relaciones al interior de la institución porque los modos cómo se dan las relaciones entre los-as adultos-as son modelos para los-as jóvenes que habitan esas aulas si se quiere una ciudadanía sin exclusiones y una escuela inclusiva que trabaje con la diversidad… "la educación sería, entonces, (al decir de T. Tadeu Da Silva) al mismo tiempo producción y reproducción inculcación y resistencia, continuidad y discontinuidad, repe-

---

[68] Op. Citada 6.

tición y ruptura, mantenimiento y renovación, sería justamente la tensión entre estos dos polos lo que caracterizaría al proceso de funcionamiento de la educación...que en algunos momentos se privilegie alguno de estos polos en detrimento del otro tal vez sólo refleje que es realmente ésta la dinámica de la sociedad, es en esta dialéctica entre la reproducción de lo existente y la invención de lo nuevo donde la sociedad se mueve".

Una escuela inclusiva es aquella que da lugar a todas las voces... que da palabra a todos sus miembros y que ofrece espacio para el disenso teniendo en claro que en la diferencia de posturas está el enriquecimiento personal e institucional.

"Para cambiar la mentalidad de las mujeres es necesario que ellas se convenzan de que la razón para haber nacido es siempre la de buscar su felicidad, su bienestar y la de su entorno. Esto sólo es posible cuando entienden por qué suceden las cosas y porqué les suceden a ellas mismas. Las mujeres deben capacitarse en recuperar su autoestima, una mujer que se ama a sí misma es capaz de ir transformando junto a otras su condición de desventaja frente a los otros en la sociedad." CIDEM-Bolivia.

Referências Bibliográficas

AMORÓS, Celia. *Mujeres y hombres en la formación del pensamiento occidental*. Tomo I. Ed. Universidad Autónoma de Madrid. Madrid. 2002.

CORIA, Clara: *Los laberintos del éxito. Ilusiones, pasiones y fantasmas femeninos*. Ed Paidós. Argentina.1993.

HASSOUN, *Los contrabandistas de la Memoria*.Ed. de La Flor. Bs. As. 1996.

JELIN, Elizabeth. *Los derechos y la cultura de género*. En *La ciudadanía en debate*. ISIS Internacional. Chile. 1997.

KUBISSA, L. *Sobre multiculturalismo y feminismo: Diferencia cultural y universalidad* En *Interculturalidad, feminismo y educación*. Ed. Los libros de la Catarata. Madrid. 2006

MOLYNEUX, Maxine. *Debates sobre el comunitarismo, la moralidad y políticas de identidad*. En *La ciudadanía en debate*. ISIS Internacional. Chile. 1997.

NANNI, Esther. *Las mujeres y la construcción de ciudadanía*. Documento del Centro de documentación "Zita Montes de Oca". BS. As. Febrero de 2001.

RAMOS, Gabriela A. "Cuadernillos de Capacitación en Género y Trabajo para Seminario de Educación a Distancia CTA". Ed. IPPAP-Bs. As. 2005

WITT, Daniel. Recopilador. *Legislación Cooperativa*. Ed. de Economía Solidaria -Argentina-1995.

YUVAL-DAVIS, Nira. *Mujeres, ciudadanía y diferencia*. En *La ciudadanía en debate*. ISIS Internacional. Chile. 1997.

Participación y ciudadanía en las organizaciones populares y civiles de la Ciudad de México: uma reflexión desde la perspectiva de género

Julia del Carmen Chávez Carapia [69]

Introducción

El inicio del siglo XXI, presenta una situación global, llena de contradicciones y antagonismos en donde la democracia y la participación social requieren ser analizados en sus diferentes expresiones. En este contexto se observa, que las formas de participación de las mujeres son aun incipientes, en los mecanismos de representación democrática y en los ámbitos de la administración del gobierno; no sucede lo mismo con las organizaciones sociales, en las cuales un conjunto de mujeres inciden en los ejercicios políticos y de participación con mayor frecuencia.

En México, las organizaciones sociales se convierten en espacios de participación social de las mujeres, en los cuáles manifiestan sus demandas, sus derechos y la necesidad de hacerse visibles.

Estos elementos conllevan a analizar desde los estudios de género, la participación social y la construcción de la ciudadanía, que se generan en las organizaciones civiles y populares de la Ciu-

---

[69] Doutora en Sociología. Coordinadora del Centro de Estudios de la Mujer de la Escuela Nacional de Trabajo Social de la Universidad Nacional Autónoma de México.

dad de México, en las cuales la contribución de las mujeres ha sido importante, al conformar las bases que desarrollan las acciones, las demandas y el funcionamiento de dichas organizaciones.

En este sentido el objetivo de este artículo es: Comparar como se construyen formas y mecanismos para el ejercicio de la participación y de la ciudadanía de las mujeres y de los hombres, así como analizar la estructura organizativa de las organizaciones populares y civiles de la Ciudad de México.

Las preguntas de investigación son:

¿Cómo inciden las estructuras organizacionales de los procesos de organización para el desarrollo de una cultura de participación de hombres y mujeres, en las organizaciones populares y civiles?

¿Cómo se construyen las formas y mecanismos para la participación y para el ejercicio de la ciudadanía de las mujeres y de los hombres desde las organizaciones populares y civiles?

Este artículo comprende tres partes, la primera define a la participación social como un proceso relacionado con la democracia, la segunda identifica la estructura y funcionamiento de las organizaciones populares y de la sociedad civil, y la tercera proporciona información sobre ambos tipos de organizaciones presentando los resultados en tres figuras: a.- datos sociodemográficos de los integrantes de las organizaciones de estudio, b.- la estructura organizativa y funcionamiento, c.- las formas de participación social relacionadas con la ciudadanía como factor de la democracia.

1. Participación Social y Ciudadanía

La participación social es una dimensión de la acción social de la sociedad. Es una interrelación entre el Estado y la sociedad. Es un proceso de involucramiento de los individuos en el compromiso, la responsabilidad y la toma de decisiones para el logro de objetivos comunes [70].

---

[70] Chávez Carapia Julia. La participación social en la Ciudad de México. Edit. Plaza y Valdés- UNAM. México, 2002. p. 25

El involucramiento es la capacidad de los individuos para comprometerse racionalmente en el desarrollo de una acción, responde a las capacidades de asumir un papel activo en la toma de decisiones y en las responsabilidades otorgadas por el grupo [71].

La participación social comprende objetivos que la llevan a promover, impulsar y generar acciones racionales, conscientes, con intereses y fines específicos.

Las necesidades materiales que a su vez son parte fundamental de la esencia humana, involucran a los individuos en la participación social. Cuándo no se cubren las necesidades básicas, estas carencias inducen a los individuos a la participación colectiva, como una forma inmediata de respuesta. Si las necesidades básicas se tienen satisfechas, surgen otras que también conllevan a la participación con la finalidad de cubrir aspectos sociales que reditúen en la calidad de vida. En este sentido la participación se interrelaciona con el tipo de necesidades.

1.1. Participación social como un eje de la democracia

La interrelación de la participación social con la democracia y la política de manera integral y multidimensional, se manifiesta no solo para el ejercicio del voto, sino en las acciones sociopolíticas de la cotidianidad y en la necesidad de integrarse en organizaciones que representen una forma de hacer, colectiva – social y política, para lograr una calidad de vida sobre la base de los derechos sociales y humanos.

La participación como una dimensión política y social permite analizar los problemas sociales a través de un enfoque de complejidad y por lo tanto proporciona los elementos necesarios para identificarla como una expresión de la acción colectiva, de la solidaridad entre los sujetos, en una dinámica de interrelación e interacción con las formas de gobierno y con las diferentes manifestaciones sociales.

En este ámbito la participación social comprende dos dimensiones: la objetiva y la subjetiva [72].

---

[71] Ibid, p.25.
[72] Ibid, p.26.

La dimensión objetiva determina los propósitos que se insertan al interior de las organizaciones como son: cooperación, compromiso, manifestación, movilización, involucramiento, toma de decisiones.

La dimensión subjetiva, involucra aspectos propios de los colectivos y su interrelación con el individuo, estos son: la comunicación, el lenguaje, la cultura, la ideología, los aprendizajes, los mitos, las representaciones, los símbolos.

El ejercicio de ambas dimensiones valora el grado de participación social y la cultura de participación de los sujetos activos de las organizaciones sociales, ya que de esta manera se logra incidir en el ámbito de lo público y de lo político.

Otro aspecto que interrelaciona con la participación social es la perspectiva de género, ésta permite:

• Una visión amplia de los procesos sociopolíticos que se desarrollan en las organizaciones populares y de la sociedad civil, para definir los derechos sociales, humanos y la justicia social, en un marco donde la igualdad y la equidad son condiciones determinantes en los comportamientos políticos - democráticos.

• Determinar los derechos, el desarrollo y la equidad en las organizaciones sociales, desde el ámbito de las interrelaciones entre hombres y mujeres, sin que ninguno de los dos géneros se excluya.

2. Las organizaciones sociales en la Ciudad de México

En México las organizaciones sociales han sido un canal importante para la expresión de las diferentes formas de participación social; la historia nacional demuestra que los procesos participativos han surgido en dos vertientes: Una bajo la estructura corporativista del Estado y otra por iniciativa ciudadana.

En esta último vertiente se encuentran las organizaciones populares y las civiles, las cuáles surgen fuera del aparato corporativista como tal. Las organizaciones populares establecen gestiones directamente con el estado dando lugar a otra forma de expresión corporativista y las organizaciones de la sociedad civil surgen mas orientadas a la iniciativa de los ciudadanos y de las ciudadanas. Para fines de este estudio retomaremos algunas características de ambos tipos de organización.

2.1. Las organizaciones populares

Ante la ineficiencia que el gobierno mexicano ha demostrado para dar respuesta a las demandas por satisfactores básicos como son vivienda y servicios públicos a lo largo de la historia del siglo XX; parte de la sociedad se organiza para demandar y obtener algunas respuestas por parte del gobierno para salir adelante en sus condiciones de vida. Estas organizaciones han sido productos de los movimientos sociales y de las luchas urbanas populares, sobre todo del Movimiento Urbano Popular generado en la Ciudad de México en los años setentas.

Estas organizaciones integradas en su gran mayoría por el proletariado urbano buscan mantener una autonomía del Estado y de la burguesía, definen sus propios programas, son contestatarios, realizan sus demandas de manera directa y por medio de la lucha en contra de las instituciones.

Las organizaciones populares se conforman como grupos de activistas sociales con la finalidad de demandar al gobierno, respuestas a carencias sociales relacionadas con su entorno inmediato como son viviendas y servicios públicos.

Las organizaciones populares[73] han sido los protagonistas principales de la vivienda popular en la Ciudad de México, también han logrado respuestas parciales a algunas de sus necesidades y demandas económicas y sociales. Han logrado cambios importantes en distribución territorial y de vivienda popular, con la creación de Unidades Habitacionales que vinieron a dar una respuesta importante al problema de la vivienda en la Ciudad de México.

Para identificar las formas de organización de las organizaciones populares, también se tomaron en cuenta su estructura, las

---

[73] RAMIREZ SAIZ, J. M. Op. cit. p. 160.

formas de gestión, la toma de decisiones y el tipo de actividades que realizan.

a) Estructura

Las organizaciones populares comprenden un representante elegido por las mayorías, comisiones conformadas por los miembros de la organización y las bases. Su eje de integración es de tipo asambleísta, con amplia participación de las bases. La asamblea se combina con una "democracia representativa a través de cuerpos intermedios entre la base y los dirigentes"[74]. Operan por demandas específicas y por comisiones integradas por los miembros activos de la organización. Cuentan con grupos sectoriales por manzana, barrio, o colonia, grupos representativos como jóvenes, mujeres, padres de familia. Cuando se realizan eventos como reuniones, foros y encuentros nacionales se eligen delegados.

Las comisiones y los cargos son rotativos. Dentro de estas organizaciones se articula la democracia con el centralismo democrático. La formación de cuadros garantiza la permanencia y efectividad de los niveles intermedios entre la base y los dirigentes. Los dirigentes o líderes tienen una representatividad real y son aceptados por los integrantes.

b) La gestión

La realizan a través de sus líderes o representantes quienes informan a las bases por medio de las asambleas, cuando es necesario las bases realizan acciones de presión para el logro de las demandas u objetivos.

c) Toma de decisiones [75]

Las decisiones se toman de manera democrática en las asambleas por medio del voto directo. En términos generales, se consulta con frecuencia a la asamblea, aunque en ocasiones el grupo dirigente sea el responsable de decidir.

---

[74] RAMIREZ SAIZ, Juan Manuel. Op. cit. p. 102.
[75] BOLOS, Silvia (coord.). Actores Sociales y demandas urbanas. Plaza y Valdés S. A. De C. V.; México. 1995. p. 412. y Chávez Carapia Julia. La participación social en la Ciudad de México. Edit. Plaza y Valdés- UNAM. México, 2002. p. 25.

d) Actividades [76]

Las actividades que realizan con mayor frecuencia son:
- Asambleas, marchas, mítines, plantones, volanteo, negociaciones, peticiones, cierres de calles, defensa de desalojos, presión colectiva, boletines desplegados, solicitudes de crédito, pleitos en juzgados.

Esta estructura permite a las organizaciones populares y de la sociedad civil, demandar al Gobierno de la Ciudad de México, los requerimientos necesarios para satisfacer sus necesidades básicas o sociales, por medio de la participación social.

2.2. Las Organizaciones de la Sociedad Civil (OSC)

En general, las Organizaciones de la Sociedad Civil representan un actor social fuera de ámbitos corporativos e institucionales, que posibilita la participación de los individuos, son una alternativa de participación e incidencia en la realidad local y nacional. Estas organizaciones se integran como "un grupo de individuos con fines comunes que establecen una interrelación en busca de solucionar demandas específicas[77]". Otras pretenden alternativas de acción para incidir en los niveles de vida de sus participantes, y algunas más tratan de contribuir en acciones tendientes a la participación democrática.

También se definen por las tres grandes tendencias que las aglutinan: La primera tiene como finalidad la producción de bienes o servicios para sus miembros y se basan en los principios de la ayuda mutua, los beneficiarios son sus propios integrantes quienes de manera autogestiva buscan satisfacer sus necesidades.

La segunda pretenden el beneficio de los "otros", provienen de la tradición filantrópica y de ayuda; tienen un sentido altruista hacia los sectores, grupos y personas desprotegidas o vulnerables.

---

[76] GARCIA CASAS, Anastasio. Nuestra ciudad y el problema de la vivienda. Colección Educación para la Participación Ciudadana, Centro de Estudios Educativos; México. 1987.

[77] MARTÍNEZ ÁVILA, Alejandra (comp.). Sociología de las organizaciones. McGraw-Hill; México. 1999. pp. 102 -121.

La tercera se define como una asociación tendiente a desarrollar acciones sociales de tipo participativas, esto es buscan incidir en la participación democrática por medio de capacitación a los miembros que asisten a sus actividades o reuniones de trabajo.

2.2.1. Características organizativas de las organizaciones de la sociedad civil

Para identificar las formas de organización de este tipo de asociaciones se tomaron en cuenta su estructura, las formas de gestión, la toma de decisiones y el tipo de actividades que realizan.

a) Estructura

Las organizaciones de la sociedad civil se integran de manera voluntaria por ciudadanos que ponen en práctica estrategias colectivas de defensa de intereses individuales, para el mejoramiento del bienestar o calidad de vida de quienes se agruparon. Su estructura se integra por un director, un cuerpo de funcionarios en su gran mayoría profesionistas quienes son denominados por los cuadros directivos y por las personas a quienes va dirigida su acción. Cuenta con estatutos, realizan reuniones, junta de miembros, gestiones etc.

b) Gestión

Las formas de gestión se realizan directamente por el directivo de la organización.

c) Toma de decisiones

Esta acción recae en dos niveles. Las decisiones que afectan la vida, el desarrollo y mantenimiento de la organización y las acciones de la vida cotidiana. Las primeras son decisiones que toma el directivo, las segundas involucran a los participantes que son beneficiarios de las acciones de la organización.

d) Actividades

Las actividades de este tipo de organizaciones son variadas ya que dependen de sus objetivos. Centran su finalidad, en nuevas formas de atender y solucionar aspectos que competen al Estado. Estos tipos de organización y participación iniciaron sus formas de expresión como un resultado de la disminución del gasto público y por lo tanto de la figura de Estado mínimo.

Estos aspectos conformados en un conjunto de dimensiones sociales, políticas y económicas, requieren de un análisis profundo, un conocimiento integral y multifactorial que, desde la perspectiva de género, permita comprender la importancia de la participación social en la construcción de la democracia, desde las organizaciones populares y de la sociedad civil, espacios en los cuáles mujeres y hombres han llevado una lucha por demandar soluciones a sus necesidades.

3. Resultados de la investigación

3.1. Metodología

Los resultados presentados son parte de una investigación mas amplia denominada Cultura de participación, ciudadanía y liderazgo femenino en la Ciudad de México, la cual compren un estudio de campo realizado en 77 organizaciones, 35 populares y 42 civiles, las cuales conforman una muestra representativa de las 16 delegaciones políticas. Con una población de 431 personas de las organizaciones de la sociedad civil y 497 de las organizaciones populares.

Las organizaciones encuestadas fueron seleccionadas en un muestreo probabilístico aleatorio. El directorio del cual se seleccionaron fue depurado mediante llamadas telefónicas. De esta primera separación se hizo una selección inicial, Cuando fue necesario sustituir una organización por otra se recurrió a un segundo directorio, utilizando nuevamente un muestreo al azar.

El instrumento utilizado fue una escala tipo Likert, para su validación se aplico el alpha de crombag, que dio como dato .9231.

Los resultados para fines de este artículo se dividen en: a) datos sociodemográficos de los integrantes de las organizaciones populares y de la sociedad civil, b) la estructura organizativa, c) las formas y mecanismos para lograr la participación de hombres y mujeres en un proceso de democracia y cultura de participación.

3.2. DATOS SOCIODEMOGRÁFICOS

Género

Género	% Organizaciones Civiles	% Organizaciones Populares
Hombres	31	36
Mujeres	69	64
Total	100	100

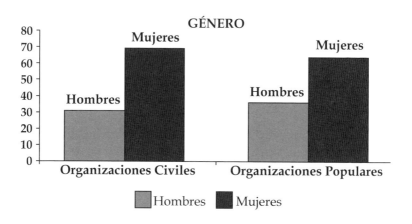

En ambos tipos de organizaciones analizadas se puede notar que las mujeres representan las dos terceras partes de la población entrevistada. En ambas organizaciones las mujeres participan con mayor número.

CUENTAN COM PAREJA

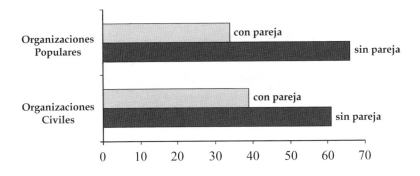

La mayoría de los miembros de ambas organizaciones refieren tener pareja.

Edad

Edad de los entrevistados	% Organizaciones Civiles	% Organizaciones Populares
Menores de 20 años	6	4
De 21 a 30 años	25	19
De 31 a 40 años	28	29
De 41 a 50 años	27	28
De 51 a 60 años	9	14
De 61 a 70 años	4	5
Más de 71	1	1
Total	100	100

GÉNERO

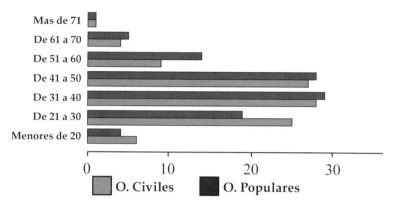

Las edades de los entrevistados tanto en las organizaciones civiles como en las populares se concentran en los rangos de 31 y 50 años.

Escolaridad

Escolaridad de los entrevistados	% Organizaciones Civiles	% Organizaciones Populares
Primaria completa (PC)	11	16
Primaria incompleta (PI)	5	6
Secundaria completa (SC)	13	23
Secundaria incompleta (SI)	4	4
Bachillerato completo (BC)	10	12
Bachillerato incompleto (BI)	8	11
Carrera técnica completa (CTC)	4	3
Carrera técnica incompleta (CTI)	1	3
Licenciatura completa (LC)	22	11
Licenciatura incompleta (LI)	10	5
Posgrado completo (PST)	11	2
Sin instrucción (S/I)	1	4
Total	100	100

Referente al nivel educativo alcanzado por la población entrevistada se puede señalar que para las organizaciones populares es de secundaria completa y para las organizaciones civiles es la licenciatura. Los miembros de las civiles tienen mayor nivel educativo que los de las populares.

Ocupación

Ocupación de los entrevistados	% Organizaciones Civiles	% Organizaciones Populares
Ama de casa	14	23
Empleado	49	43
Comerciante	5	13
Director	1	1
Estudiante	5	5
Profesionista	19	6
Trabajador (a) por su cuenta	4	7
Desempleado	1	1
Pensionado	1	1
Otro	1	0
Total	100	100

En ambas organizaciones, la mayor parte de los entrevistados se ocupan como empleados. Se observan diferencias con profesionistas en organizaciones civiles y en las populares con comerciantes. En ambas se observan amas de casa.

Ingresos Mensuales

Ingresos mensuales familiares de los entrevistados	% Organizaciones Civiles	% Organizaciones Populares
Sin ingresos	13	13
Un salario mínimo	15	23
De dos a tres salarios mínimos	23	30
Más de tres salarios mínimos	49	34
Total	100	100

Dentro de las organizaciones civiles, la mayoría de los integrantes perciben mayores ingresos en comparación con las organizaciones populares, aunque se observa que en ambas organizaciones la mayoría de los integrantes perciben más de tres salarios mínimos. Las amas de casa son las que se manifiestan sin ingresos.

3.3. Estructura Organizativa

Estructura de la organización

Cargo que desempeñan los entrevistados en la organización	% Organizaciones Civiles	% Organizaciones Populares
Director	8	0
Mandos medios	13	0
Equipo profesional de trabajo	20	2
Participantes/ Miembros	59	81
Líder o dirigente	0	17
Total	100	100

Existe una diferencia importante en las estructuras de las organizaciones populares y civiles. Las primeras tienen un líder o representante y no cuentan con directivos, mientras que las civiles basan su trabajo en los directores. El equipo de profesionales del trabajo se encuentra en las OSC e integran los mandos medios, estos son los que definen las actividades y dan vida a la organización. En ambas la mayoría de los integrantes son miembros o participantes, la base es el sector más amplio y es donde se apoya el trabajo.

Formas de ingreso a la organización

Llegó a la organización	% Organizaciones Civiles	% Organizaciones Populares
Por medio de algún conocido	53	54
Por su propia voluntad	34	41
Otros	13	5
Total	100	100

Las formas de ingreso a la organización son similares predominando el acercamiento a estas a través de una persona conocida.

Tiempo de pertenencia

Tiempo de pertenecer a la organización En años	% Organizaciones Civiles	% Organizaciones Populares
Menos de 1 año	37	5
De 1 a 5 años	57	47
De 6 a 10 años	0	24
De 11 años en adelante	6	24
Total	100	100

El tiempo de permanencia en ambas organizaciones presenta diferencias importantes, se observa que en las organizaciones populares, poco menos de la mitad de sus participantes tienen más de seis años de actividad en la organización, mientras que mas de la mitad de los integrantes de las organizaciones civiles tienen de uno a cinco años de ser miembros activos.

3.4. Participación

Participación de los miembros en asuntos políticos

	% General	%Masculino	%Femenino
NUNCA	22	20	23
POCAS VECES	7	8	7
ALGUNAS VECES	20	20	20
MUCHAS VECES	14	13	15
SIEMPRE	37	41	35
Total	100	100	100

Fuente: Elaboración propia basada en la investigación **"Cultura de Participación, construcción de ciudadanía y liderazgo en la Cuidad de México. CEM. 2006".**

El 37% de la población general indican que en su organización los integrantes participen en asuntos políticos, concuerdan con esta información un poco más los hombres que las mujeres.

Se respetan los derechos ciudadanos en la organización

	% General	% Masculino	% Femenino
NUNCA	7	6	8
POCAS VECES	7	7	7
ALGUNAS VECES	17	16	17
MUCHAS VECES	26	29	24
SIEMPRE	**43**	**42**	**44**
Total	100	100	100

Fuente: Elaboración propia basada en la investigación **"Cultura de Participación, construcción de ciudadanía y liderazgo en la Cuidad de México. CEM. 2006".*

En cuanto a los derechos ciudadanos, menos de la mitad de los integrantes de las organizaciones refieren, que siempre hay respeto por los derechos ciudadanos al interior de la organización, una cuarta parte indica que muchas veces se respetan esos derechos. Por lo cual se puede definir que cerca de las tres cuartas partes de la población entrevistada refiere el respeto a sus derechos ciudadanos en sus organizaciones.

La organización establece relaciones con instituciones de gobierno

	% General	% Masculino	% Femenino
NUNCA	13	11	14
POCAS VECES	11	11	11
ALGUNAS VECES	24	25	24
MUCHAS VECES	25	**28**	23
SIEMPRE	**27**	26	**27**
Total	100	100	100

Fuente: Elaboración propia basada en la investigación **"Cultura de Participación, construcción de ciudadanía y liderazgo en la Cuidad de México. CEM. 2006".*

Una cuarta parte de los hombres y mujeres consideran que su organización si establece relaciones con instituciones de gobierno.

Relaciones con partidos políticos

	% General	% Masculino	% Femenino
NUNCA	33	23	**38**
POCAS VECES	15	15	14
ALGUNAS VECES	25	**29**	23
MUCHAS VECES	13	15	11
SIEMPRE	15	17	14
Total	100	100	100

Fuente: Elaboración propia basada en la investigación **"Cultura de Participación, construcción de ciudadanía y liderazgo en la Cuidad de México. CEM. 2006".**

La mayoría de las mujeres entrevistadas indican que su organización no tiene relaciones con partidos políticos, los hombres señalan en poco mas de una cuarta parte que algunas veces su organización si tienen relaciones con partidos políticos.

Las mujeres de las organizaciones conocen sus derechos

	% General	%Masculino	%Femenino
NUNCA	5	5	5
POCAS VECES	7	8	6
ALGUNAS VECES	18	22	16
MUCHAS VECES	23	26	21
SIEMPRE	48	40	53
Total	100	100	100

Fuente: Elaboración propia basada en la investigación **"Cultura de Participación, construcción de ciudadanía y liderazgo en la Cuidad de México. CEM. 2006".**

Poco más de la mitad de la población femenina y poco menos de la mitad de la población masculina coinciden en que las mujeres de la organización conocen los derechos como ciudadanas.

La organización capacita sobre los derechos de las mujeres

	% General	% Masculino	% Femenino
NUNCA	9	7	10
POCAS VECES	12	14	11
ALGUNAS VECES	26	29	24
MUCHAS VECES	19	20	19
SIEMPRE	**34**	**30**	**36**
Total	100	100	100

Fuente: Elaboración propia basada en la investigación **"Cultura de Participación, construcción de ciudadanía y liderazgo en la Cuidad de México. CEM. 2006"**.

En ambas organizaciones un tercio de la población percibe capacitación sobre los derechos de las mujeres.

La organización se exige el cumplimiento de los derechos de las mujeres

	% General	%Masculino	%Femenino
NUNCA	11	9	13
POCAS VECES	8	9	8
ALGUNAS VECES	16	17	15
MUCHAS VECES	20	22	19
SIEMPRE	**45**	**44**	**45**
Total	100	100	100

Fuente: Elaboración propia basada en la investigación **"Cultura de Participación, construcción de ciudadanía y liderazgo en la Cuidad de México. CEM. 2006"**.

En ambas organizaciones casi la mitad de los integrantes hombres y mujeres indican que siempre se exige el cumplimiento de los derechos de las mujeres.

Las mujeres participan en foros de opinión

	% General	%Masculino	%Femenino
NUNCA	2	2	3
POCAS VECES	7	6	7
ALGUNAS VECES	18	18	19
MUCHAS VECES	27	32	24
SIEMPRE	**46**	**42**	**48**
Total	100	100	100

Fuente: Elaboración propia basada en la investigación **"Cultura de Participación, construcción de ciudadanía y liderazgo en la Cuidad de México. CEM. 2006"**.

La percepción de casi la mitad de los integrantes coincide en que las mujeres siempre participan en los foros de opinión.

En general se observan diferencias significativas entre las respuestas de organizaciones civiles y populares respecto a:

- La participación de los miembros y/o participantes en asuntos políticos.

- En la demanda de los participantes y/o miembros sobre el cumplimiento de sus derechos ciudadanos.

- En el establecimiento de las relaciones con instituciones del gobierno.

- En la relación con los partidos políticos.

- Con respecto a los vínculos de la organización con partidos políticos.

- Con respecto a las relaciones con instituciones del gobierno.

- Con relación a la capacitación sobre los derechos de las mujeres.

- Con relación ala participación de las mujeres en foros de opinión.

- **Con relación a las relaciones entre las organizaciones y los partidos políticos**

- En cuanto a si en la organización las mujeres conocen sus derechos ciudadanos existen diferencias significativas en las respuestas por género.

- Existen diferencias significativas entre ambos tipos de organización en lo referente a la capacitación sobre los derechos de las mujeres.

- Con respecto a si en la organización las mujeres son apáticas en foros de opinión existen diferencias significativas en las respuestas entre el género masculino y femenino. Existen diferencias respecto a la opinión de que las mujeres ignoran sus derechos ciudadanos en las respuestas por género.

Las respuestas a las interrogantes de investigación son:

¿Cómo se construyen las formas y mecanismos para la participación y para el ejercicio de la ciudadanía de las mujeres y de los hombres desde las organizaciones populares y civiles?

- En las organizaciones populares se generan formas de organización basadas en el compromiso, cooperación y responsabilidad e involucramiento factores que indican que en la organización se cumplen los objetivos y las expectativas de sus integrantes, aunque aún no se generan elementos de una cultura de participación democrática.

- En las organizaciones civiles el desarrollo de estos factores es incipiente y de menor relevancia, a pesar de que su objetivo es promover la democracia y la participación social.

- En las organizaciones populares y civiles se fomenta la capacitación y los derechos civiles y sociales de las mujeres, sin embargo no se observa un ejercicio de ciudadanía integral, lo cual se debe a que esta categoría se interrelaciona con factores externos relacionados con los procesos democráticos y no es sólo una tarea de las organizaciones. Se percibe una incipiente cultura ciudadana en ambos tipos de organización.

¿Cómo inciden las estructuras organizacionales de los procesos de organización para el desarrollo de una cultura de participación, en las organizaciones populares y civiles?

- La participación de los miembros y el reconocimiento de los líderes en las tareas diarias de la organización son elementos fundamentales para que una organización alcance sus objetivos y metas.

- El funcionamiento adecuado de la organización y el cumplimiento de las actividades se basa en la cohesión de sus integrantes y en un liderazgo fuerte y efectivo

- La toma de decisiones como un proceso de vital importancia en cualquier organización requiere del compromiso, colaboración e identificación por parte de todos sus miembros. En este sentido la toma de decisiones se puede democratizar con participación de las bases, sin embargo el papel de líder, ya sea el directivo o el representante, sigue siendo una figura determinante y en algunos casos autoritarios por lo cual la toma de decisiones es incipiente.

- Para que una organización logre sus objetivos requiere de la participación de todos sus integrantes en las tareas y actividades cotidianas y en la toma de decisiones.

A manera de conclusión

La participación social se conforma como un hecho sociopolítico, que permite a las sociedades expresarse y manifestarse en la exigencia de sus derechos humanos y ciudadanos, en la construcción de una ciudadanía con objetivos primordiales para el incremento de la calidad de vida. Así es como la democracia, la participación socio política y la ciudadanía adquieren una visión compleja e integral, con la finalidad de definir procesos sociales y formas de vida acordes al momento histórico.

La difícil tarea de construir y ejercer la ciudadanía no puede ser resultado de una acción individual, sino que es la suma de esfuerzos, de organización colectiva y movilización por resolver problemas u objetivos comunes. Y es aquí donde las organizaciones sociales adquieren relevancia, puesto que son actores en la construcción de la democracia, de la ciudadanía, y de la participación.

Las organizaciones sociales pueden contribuir en acciones que permitan afirmar la democracia, establecer condiciones para el ejercicio de la ciudadanía, a través de la convivencia colectiva y la politización de la vida cotidiana. Existe una interrelación entre construir la ciudadanía y ejercerla, puesto que construir la ciudadanía implica el ejercicio de los derechos, y viceversa, en la medida en que se ejercen los derechos se avanza en la construcción de la ciudadanía y la cultura de participación.

La construcción de la ciudadanía se refiere a un proceso histórico, político y social entre el Estado y la sociedad que coadyuva en la generación de prácticas y valores democráticos para el ejercicio de la vida cotidiana.

La ciudadanía es un proceso dinámico, hombres y mujeres participan activamente dentro de las organizaciones y en la sociedad, donde construye marcos interpretativos, acerca del alcance del ejercicio de su ciudadanía, en el espacio público, contribuyendo al cambio social y a la defensa de los derechos sociales y humanos.

El ejercicio de la democracia y de la ciudadanía es la puesta en práctica y ejercicio efectivo de los derechos ciudadanos, en los espacios tanto público como privado en los cuales lo cotidiano es también parte de la democracia. Este enfoque del ejercicio democrático se define en los ámbitos masculinos y femeninos.

Por lo tanto las organizaciones civiles y populares de la Ciudad de México, determinan y establecen acciones para el proceso de construcción de la ciudadanía desde la cotidianidad, por lo cual promueven y fomentan los derechos de las mujeres y los hombres.

En síntesis, la democracia, la participación, la construcción y ejercicio de la ciudadanía son productos de la actividad humana, de la dinámica de las relaciones sociales, de las acciones y los consensos que se han estructurado a partir de la relación Estado – Sociedad, con el objetivo de lograr una calidad de vida y un desarrollo social acordes al momento histórico, desde la perspectiva de género, en un marco de igualdad y de equidad.

Referências Bibliográficas

AQUÍN, Nora. (coord.) *Ensayos sobre ciudadanía. Reflexiones desde el Trabajo Social*. Espacio editorial. Argentina. 2003.

ARREDONDO, Ramírez. (coord.) *Ciudadanía en movimiento*. México. 2000.

BABIANO, José. **Ciudadanía y exclusión**. En, PEREZ Ledesma.

BENDIX, Reinhard. *Estado nacional y ciudadanía*. Amorroutu editores. Buenos Aires. Argentina. 1974

BOBBIO, Norberto. *El futuro de la democracia*. Fondo de Cultura Económica. México. 2003.

CHÁVEZ CARAPIA, Julia. **Redimensión de la Participación Social**. Edit. UNAM- Plaza y Valdés. México, 2002

CHÁVEZ CARAPIA, Julia. Coordinadora, **Perspectiva de Género**. Edit. UNAM-Plaza y Valdés. México, 2004.

COMISIÓN ECONÓMICA PARA AMÉRICA LATINA Y EL CARIBE (CEPAL). *Equidad, desarrollo y ciudadanía*. Tomo I, Visión Global. Editorial Alfaomega. CEPAL. Colombia 2001.

GARCÍA, Soledad y LUKES, Steven (comp.) **Ciudadanía: justicia social, identidad y participación**. Siglo XXI, España, 1999, p. 290.

IRIARTE, Alicia, VÁZQUEZ, Mariana y BERNAZZA, Claudia. **Democracia y ciudadanía: reflexiones sobre la democracia y los procesos de** *democratización en América Latina. Democracia y derechos humanos*. No. 4, Año 2003, Vol. 1.

MARSHALL, H. y BOTTOMORE, T. *Ciudadanía y clase social*. Editorial Losada. Colección Cristal del Tiempo. Serie Sociedad y política. 1ra Edición Inglaterra 1950. Argentina 2005.

PROGRAMA DE LAS NACIONES UNIDAS PARA EL DESARROLLO (PNUD). *La democracia en América Latina. Hacia una democracia de ciudadanas y ciudadanos.* EUA / Argentina. 2004.

ZAPATA, Barrero Richard. *Ciudadanía, democracia y pluralismo cultural: hacia un nuevo contrato social*. Antropos, España. 2001.

Vozes, percursos e transições educacionais de raparigas *ciganas* e *payas* à entrada do século XXI

Laura Fonseca [78]

Este texto tem subjacente uma pesquisa de natureza cultural biográfica em torno de experiências de raparigas lusas e ciganas, que frequentam uma escola básica pública do 3º Ciclo EB, coeducativa e cocultural, situada na periferia urbana da cidade do Porto, a Norte de Portugal. Nesta reflexão, que relaciona tanto a escola como as comunidades, procuramos visibilizar reflexivamente **vozes e percursos** trazendo à luz a problemática da reprodução da variedade educacional e social de transições de raparigas na escola, à entrada do século XXI.

Sem preocupações de generalizar, ou afirmar de que se fala de toda a diversidade feminina pensamos, contudo, que se exprimem aqui alguns dos modos de injunção e construção da variabilidade social dos grupos desfavorecidos, cujas experiências e sentidos nos ***percursos*** de escolarização acercam dominação, opressão e autonomias vivenciadas. Assim, apesar dos condicionamentos estruturais que vivem estas jovens, somos surpreendidas tanto por singularidades de cada uma delas como por actividades regulares e comuns a todas, assim como pela sua reflexividade e elaboração intelectual, estando todas, de modos diversos, em busca de espaços para si próprias.

---

[78] Docente da Universidade do Porto, Centro de Intervenção e Investigação Educativa, Faculdade de Psicologia e Ciências da Educação.

1. Introdução

1.1. O tema e debates: *vozes, percursos e transições* de raparigas sob a noção de justiça multidimensional e género

A reflexão que aqui se traz tem na base uma pesquisa cultural biográfica/etnográfica [79], cuja abordagem se inscreve no âmbito de um paradigma de intersubjectividade [80], destacando experiências e sentidos de raparigas *ciganas e payas* e seus **investimentos** escolares e educacionais, assim como os modos dados e produzidos de se *tornar rapariga*. Relacionam-se feminilidades com processos de escolarização, culturas e modos de (in)comunicação *presentes*, procurando compreender como as jovens estão a *crescer como raparigas*, no contexto duma escola e sociedade em profunda reestruturação e redefinição dos significados e práticas de cidadania. Os seus percursos são afectados por alterações socio-económicas, que interagem com enormes *déficits* de incumprimento de recursos e direitos materiais, culturais, sexuais e reprodutivos. **Tornar-se rapariga** assume assim várias experiências e significados, relaciona-se com políticas, condições sociais e com categorias de diferença; define-se e realiza-se no contexto *participado* das práticas sociais; é algo que está em mudança constante e é simultaneamente individual e colectivo.

A **conceptualização** presente encontra-se baseada na noção de Justiça social de Young – pragmática, crítica e contextualizada –, quando defende que só as instituições sociais têm condições para que *todas* as pessoas aprendam, usem e alarguem as suas capacidades, porque são os locais socialmente reconhecidos, que permitem que as pessoas comuniquem com outros/as e exprimam os seus

---

[79] Pesquisa que foi financiada pela FCT, inscrita em dois projectos – Projecto Ciganas e Payas: em busca de um encontro intercultural e Projecto Autonomia Visível das Raparigas e desconexão dos rapazes da escola? Foi desenvolvida no âmbito do Núcleo Cidadania, Género e Infância do CIIE.
Os projectos, embora com direccionamentos, objectos, empirias e metodologias diversas, trazem ambos abordagens e questionamentos particulares acerca da educação das raparigas, particularmente na sua multiplicidade de sujeitos sociais, experiências, investimentos e sentidos da escola.

[80] Além do paradigma da produção e da objectividade, existe um **projecto de intersubjectividade (Bárbara Marchall de teorização e epistemologia do sujeito/sujeito,** *sujeito*/**sujeitado e agente.**

sentimentos e perspectivas sobre a vida social, em contextos onde outros/as as possam ouvir" (YOUNG 2000). A preocupação é perceber as mudanças sociais e educacionais que ocorrem na escola, quando todos/as estão a ser educados/as, no contexto da construção simbólica de *novos sujeitos educacionais* (HEY 2003) e de lutas por *regulação* e *reconhecimento*; perceber também os efeitos que a escolarização permite ou estimula a ressignificação e modificação das comunidades de pertença e dos modos de vida adultos.

O **objecto** deste texto situa-se em torno da variedade de transições de raparigas, especificamente sobre os modos de (re)produção da variabilidade educacional no processo de se *tornar rapariga*, relacionando escola e comunidades. Procura trazer contribuição científica situada e problematizadora dos discursos públicos e «rumores» que emergiram nos anos 1990 acerca da *autonomia visível* das raparigas revelando como para além dos «rumores» existem também «clamores» de autonomia.

1.2. A busca de um filão de referências: justiça, juventude feminina e educação

Esta reflexão envolve problemáticas e enquadramentos conceptuais relacionados não só com *Justiça Social e desigualdade*, mas também com *Estudos da Juventude e de Género* e, ainda, com *Escolarização e vozes dos sujeitos educacionais*. Está comprometida com alguns dos mais importantes debates científicos da actualidade acerca das implicações da justiça social e da desigualdade face aos incumprimentos do paradigma normativo de justiça social redistributiva. Por isso, se enquadra no interior de uma conceptualização de *justiça social* capaz de constituir um desafio e uma oportunidade para analisar contextualizadamente dinâmicas e processos vividos pelas raparigas na educação escolar, em articulação com as suas comunidades. Este é o desafio proposto por Iris Young quando argumenta o conceito de justiça social como "processo estrutural, sistemático e institucional" que priva a pessoa de liberdade e dignidade e expressa a "eliminação da *opressão* e da *dominação*" (YOUNG 2000a: 75) ao mesmo tempo que impede os sujeitos de serem capazes de "participar na determinação da nossa acção e na condição dessa acção" (ibidem). Assim, a reflexão presente é, em grande parte, tributária da teoria política, procurando explorar esta perspectiva para o campo educacional. Assume-se, pois, na esteira de Young, Fraser e Lister, a par de um conjunto de autoras educacionalistas e/ou feministas (LYNCH e LODGE, ARNOT, HEY, WALKERDINE, ARAÚJO...), que a educação se relaciona com uma perspectiva de justiça social *pluralizada*, baseada numa "política da diferença" (YOUNG 2000, ARAÚJO 2005) e de "presença" (PHILLIPS 1996), que está para além do paradigma distributivo dominante em que tem assentado a política social e educacional – dominada pelos mitos normalizadores da modernidade de *igualdade* e *liberdade*.

Por isso, fundada num olhar de *justiça social multidimensional*, explora-se o objecto da educação das raparigas, adaptando a proposta de Lynch e Lodge (2002), propõe-se uma política educacional de justiça social que incorpora 4 dimensões – redistribuição, reconhecimento, poder, cuidado e solidariedade.

No intuito de **ouvir** as vozes e percursos das raparigas, pergunta-se como foram operacionalizadas estas dimensões e políticas de justiça multidimensional analítica e reflexivamente?

• A "**política de *redistribuição***" inclui os diversos processos e medidas de *acesso* a "bens", "fontes", "recursos" e "posições", ao longo do percurso educacional. Por exemplo, as políticas organizacionais e os modos de "governo"; os percursos e resultados académicos ou outros, as redes de interacção e sociabilidades e encaminhamentos presentes e futuros daí decorrentes. A redistribuição abarca, assim, o modo como a escola **toma** a realidade, **organiza** o acesso, **governa** e **redistribui** os bens e as aprendizagens (políticas compensatórias e organizacionais, turmas, horários, culturas profissionais estratificadas, escolhas de escola; polarização ou democratização do sistema educativo...), o que afecta as experiências de capacitação, posição e percursos, com implicações noutras esferas.

• A "**política de *reconhecimento***" e *respeito* pela diferença focaliza, neste caso, os processos culturais variados, atribuídos e produzidos, de re/construção de *feminilidades*, lusas e ciganas. O reconhecimento opera, pois, em sistemas de base *cultural* e simbólica e em "políticas de participação" dos sujeitos e de *"respeito"* pelas ***diferenças***. É explorado nesta pesquisa em termos de género e feminilidades construídas, na interface com classe e etnia, tocando também idade e o local. Abarca uma análise em torno das sociabilidades construídas e capacitadas, dadas e conquistadas, no conjunto das **(inter)acções** escolares, verticais e/ou horizontais, resultantes – entre adultos e jovens, dirigentes, administradores e alunos/as; entre rapazes e raparigas; e, finalmente, entre raparigas *ciganas* e *payas*.

• A **"política de poder", voz e *autonomia***, pensada não apenas como *disciplinas* e relações de hierarquização social e dos corpos presentes, mas também como capacitação e busca de *autonomias* inter/objectivas dos sujeitos no contexto. **Poder**, aparece aqui como dimensão no coração de justiça social na escola. Evidencia os processos vividos entre adultos/as e jovens, instituições e utentes; estado e cidadãos/ãs; rapazes e raparigas; lusas e ciganas; brancas e negras; nacionais ou estrangeiras; novas e velhas, etc. Diz, assim, respeito tanto às relações da dominação, controle e subordinação dos corpos e das mentes, de acordo com diversas categorias autorais, como também incorpora o lugar dos sujeitos sociais na transformação das condições dadas e/ou simplesmente em busca de um lugar para si próprios. Trata-se de visibilizar transições vividas e percepcionadas como poderosas, participantes e representadas, ou em vez disso, revelar os caminhos e experiências educacionais ou outras, que estão a ser estimulados, negados ou silenciados, em termos de uma variedade de vozes. Diz também respeito aos modos e sentidos em como as jovens em transição recebem ou são privadas do direito a uma educação como *cuidado de si* e como *hipótese repressiva*. Encerra por isso diversos modos de (des)empoderamento e caminhos de autonomia que estão a ser trilhados, articulados e re/produzidos.

• A **"política de atenção, cuidado e solidariedade"**, supõe a possibilidade de construção de uma escola como *espaço público heterogéneo* (YOUNG 2000) para os diversos *sujeitos sociais* (TOURAINE 1998), dimensão que envolve uma articulação e transversalização no interior de cada e entre as três dimensões anteriores no percurso de acesso a recursos, oportunidade de viver em condições de respeito, reconhecimento e participação, supondo a incorporação nos contextos educacionais de um clima e de políticas de atenção e cuidado solidário, que desenvolvem e capacitam (ou não) os vários sujeitos – políticas explícitas de cuidado regenderizado.

Não se trata de opções punitivas e/ou cuidadoras *genderizadas* (recriminação, cuidado orgânico, cuidado mecânico prestado pelas mulheres, mas de educação no interior de uma ética de justiça e de cuidado regenderizado e «mais paritário», presente ou ausente, nos percursos educativos das/os jovens em transição.

É neste filão do poder e autonomia da justiça social produzidos no campo escolar que procuro concentra-me neste artigo, revelando algumas facetas das transições de jovens raparigas. Assim, num contexto contraditório e conflitual de constrangimento, capacitação, autonomia e comunicação, associo escuta das *vozes* com *acção* criativa quotidiana, ao mesmo tempo que ressalto a variabilidade de percursos de transição.

A reflexão está também marcada por um **segundo debate teórico,** na actualidade de «loucura do corpo», em torno dos **estudos culturais da juventude**, particularmente sobre *feminilidades* e *masculinidades*. Neste âmbito, o simbolismo e o «fixismo» das velhas dicotomias e estereótipos genderizados e *naturalizados* confrontam-se hoje com outras realidades. Emergem novas injunções de *feminilidades* e *masculinidades* mais complexas, no contexto num contexto de uma profunda mudança social e remodelação global das culturas de trabalho, família, comunidade, corpo, educação, lazer, sexualidade, tecnologias de informação, modificação/*aperfeiçoamento* dos corpos... Tais feminilidades cruzam, tanto percursos mais tradicionais e «fixistas» duma feminilidade própria da classe média, como pânico face a novas identidades ameaçadoras das *Outras/os*. Surgem, assim, visões identitárias novas de tipo **girl power** e **glamour** (AAPOLA *et al.* 2005) ou "identidades transgressoras" de "experimentação" e/ou de "estranheza" (MATOS 2006), por exemplo, de «chavalas» experimentadoras e «*p'ra frentex*», cuja presença de um modelo de corpo *glamoroso* e com visibilidade social denota como estão a aprender a interpretar o corpo feminino como sexual, cada vez mais cedo. Quando falamos na produção de uma variedade de feminilidades relacionamos isso particularmente (embora não só) com modelos educativos de compromisso pragmático, dilemático, alienação ou emancipatório. Estas novas feminilidades mostram tanto o *fascínio* como a *crise* do tempo presente – perplexidades e articulações dinâmicas (geracionais, género, nacionalidade, etnia, etc.) e os «novos» modos de se construir como mulheres, trabalhadoras, mães, amigas, consumidoras. Apesar de não termos uma perspectiva fatalista do mercado, também não cremos na sua radicalidade emancipatória. Um conjunto de novos discursos e práticas estão presentes, cuja finalidade é a busca de recuperação e resignificação de resultados e lutas por direitos conseguidos, através da presença e recuperação de "aversões inconscientes" não problematizadas que persistem nos contextos institucionais.

Por isso, perguntamo-nos: como são as novas perplexidades geracionais de género e os modos de se construir e ser construídas como mulheres? Como é que estas mudanças se ligam com as velhas reformulações binárias das «femininas» e das *Outras*?

Na verdade, estamos hoje mais lúcidas de que as visões e direitos conseguidos não permanecem para sempre nem constituem um património intocável e consagrado. De forma reformulada continuam a vir à luz velhos domínios naturalizados e invisibilizados, o que permite perceber como há aspectos mais opacizados e «discretos» do mundo social. Também, categorias mais *autorais* como a classe e a redistribuição, ao serem mais salientes, tornam-se mais interactivas na produção das desigualdades, através de processos e discursos com outras roupagens (autonomia, respeito, homogeneidade, maturidade e feminilidade...). Esta pesquisa torna claro como as diferenças são relacionais e são vividas como questões afectivas e emocionais, e como isso é importante de um ponto de vista sociológico. A educação é uma arena que envolve muito trabalho emocional tanto para estudantes como para docentes.

Uma **outra linha de contribuições teóricas** presentes diz respeito à **reflexão educacional** para *nomear* o problema e reconciliar narração académica com vozes dos sujeitos educacionais. Trata-se de focar nos processos de realização de uma "cidadania ampla onde a aprendizagem e a educação possam ter lugar para todos/as, o que exige a presença justa de *recursos* e *condições*, para ajudar a *compor* um *novo tom* de confiança, determinação e *aperfeiçoamento* das raparigas. Diz também respeito, à ênfase num discurso teórico-analítico capaz de *nomear o problema* da desigualdade e da transformação social (LYNCH e LODGE 2002). Promover a igualdade é um exercício de poder que requer mudanças no modo como é exercido e estimulado com e entre os/as estudantes, designadamente em termos de género. O diálogo estabelecido aqui, entre vozes e conceitos, ciência social e política de justiça, evidencia um conjunto de modos pelos quais as jovens não exercem a mesma influência, nem lhes é dado o mesmo estatuto, frequentemente experienciados como desigualdade e opressão. Claro que tal não nos pode cegar quanto aos significados e à crueldade de muitas culturas informais, nem romantizar as vidas de muitas jovens, sob pena de introduzir facilidades de linguagem que podem ocultar dificuldades de análise.

Por tudo isto este artigo um desafio subjacente, o de dar conta das experiências, subjectividades e *formulações* dessas mudanças pelas próprias raparigas (seus modos de *negociação*, investimentos, aproveitamento de oportunidades, pressões de feminilidade fixistas, resistências e reconfigurações subjectivas) e, ao mesmo tempo, teorizá-las, reconciliando a **narração** académica com as **vozes** dos sujeitos femininos.

A abordagem revela uma complexidade dinâmica de focalização na escola. Esta é concebida como sendo constituída e atravessada por múltiplos **planos** na construção de *sujeitos educacionais* – "escola formal", "escola não formal", "escola física" (GORDON et al. 2000), onde ocorrem simultânea e respectivamente variados níveis de investimento feminino, isto é, em direcção ao *conhecimento* e às *disciplinas,* construindo o *sujeito* **conhecedor** e **disciplinado**; em direcção à *cultura*, sociabilidades e a identidades femininas, *compondo* **sujeito** educacional **cultural**; em direcção ao **poder**, corpo e autonomias todas elas atravessadas por modos de prestar atenção e cuidado às necessidades, direitos e responsabilidades (colectivos e solidários), constituindo **sujeitos incorporados** marcados, dilemáticos ou emancipados.

Nesta segunda linha de contribuições sobre a Educação há, também, a mobilização duma diversidade de **níveis** de **investimento** e **sujeitos**, direccionados para um percurso metodológico, cultural biográfica/etnográfico, de natureza compósita, operacionalizado em narrativas e diálogos educacionais singulares[81]. A pesquisa desenhada é complexa e multifacetada tendo-se trabalhado sobretudo com discursos das estudantes e explorado, a partir deles, a vida no interior da escola em diversas áreas, ciente de que

---

[81] Trata-se, pois, de uma abordagem triangular de escuta e «observação», com recurso a *conversas* educacionais, a duas pessoas ou em *grupos de discussão focalizada* ou, ainda, diálogos e observações cuja natureza anda próxima da observação participante.

se está longe de aceder a toda a diversidade da experiência. Todavia, captar a complexidade das transições jovens focalizando nesta multiplicidade de planos, níveis e metodologias de escuta permite alcançar modos de **re/produção da *variabilidade educacional*** de raparigas, *ciganas e payas,* com poucos recursos.

2. Transições escolares: *vozes* de raparigas lusas e ciganas

Argumenta-se que, a escola co-educativa na actualidade em contexto de "democracia fraca" exprime uma tensão complexa entre tornar-se um *Espaço Público Homogéneo* e *Espaço Público Heterogéneo*, cuja complexidade pode ser compreendida através das transições jovens que estão a ser produzidas. Os processos de se tornar rapariga, expressam uma **variedade** de **vozes** e **percursos** (pro)/(e) nunciadas, o que interpela «os rumores» existentes e os discursos dominantes de "sucesso" e de "autonomia visível" das raparigas. Mostra-se como há outras autonomias visíveis e invisíveis, que ficam opacizadas no discurso da «excelência jovem» (GRÁCIO 1994). Por isso, se procura agora retratar a variedade dessas experiências jovens *ciganas e payas* que estão a ser educadas; as lutas, constrangimentos e injustiças que enfrentam, mas também os caminhos de autonomia que estão a tentar percorrer e trilhar, na busca de um espaço para si próprias.

As vozes que são (pro)/(e) nunciadas e forjadas exprimem noções de justiça multidimensional, onde poder falar, ser escutado/a, ter voto, ser tomado/a em consideração, são os modos e mecanismos «internos» pelos quais as raparigas apreendem e compreendem o (des)igual tratamento e a (in)justiça do governo da escola. As diversas vozes são produzidas no seio de recursos, estatutos e relações desiguais educacionais existentes (permitidos, estimulados, ou silenciadas). Dizem respeito, também, aos procedimentos que asseguram que os grupos sejam incluídos com voz por direito próprio, o que implica falar e ser escutado, estar e falar por si próprio, uma política de representação e participação dos grupos. Assinala-se, assim, a existência de uma interacção dinâmica entre as *vozes educacionais institucionais* valorizadas, aceites ou recriminadas, de par com as *vozes resultantes articuladas* produzidas e vividas (inter)(sub)(ob)jectivamente pelas/s estudantes.

Usar o conceito de **voz** pode ser heurístico para pensar a realidade educacional feminina e agir contra a discriminação e injustiça. **Dar voz** uma forma de reconhecer as diferenças; diminuir no espaço público as políticas de «aversão inconsciente», estereótipos... a neutralidade do privilégio. A razão porque as vozes das/os estudantes não são ouvidas, não é simplesmente por falta de poder institucional, é sobretudo por serem incluídas como subordinadas em termos de estatutos. Ora, nestes contextos e condições geram-se **vozes, silêncios e ruídos** que estimulam, potenciam, impedem ou silenciam as vozes, a cidadania e o agir comunicacional.

2.1. "Isto é tudo escolha... tudo *conhecimentos*. Eles *sabem*... e escolhem": mecanismos e produção diferenciada de *vozes*

Apresentamos agora alguns dos mecanismos que influenciam a produção de vozes: Em primeiro lugar, a constituição de **categorias atributivas**, através e ao longo dos processos múltiplos de *incorporação* institucional, onde há vozes e comunidades que estão sob escrutínio do *poder diferencial*. Em segundo lugar, a constituição dos **novos sujeitos educacionais**, a partir da segunda metade do século XX, com base num "reconhecimento material e discursivo diferencial" vs *reconhecimento* e *respeito recíproco* dos/as estudantes e numa nova (re)formulação da vantagem estrutural das hegemonias e categorias hierárquicas. A escola aparece como um lugar com vários sujeitos em contenda, negociação, conflito, fugindo à subordinação, infantilização, classização, genderização, etnicização, sexualização etc. Em terceiro lugar, a existência de **polifonia desordenada** (D. HARAWAY 2002) no sistema educacional racionalizado e normalizado, quando todos os/as estudantes estão na escola, o que força "escolhas" e ambientes que incluem rebelião, silenciamento, acomodação, luta, determinação, transformação – conferindo aos contextos e modos de vida educacionais conflitualidades onde se trava, por vezes, uma verdadeira «luta campal». Geram-se dinâmicas complexas entre desiguais e estranhos, face às *vozes escolares institucionais* escutadas, «conhecidas», «escolhidas», «desinvestidas», «aceites» v/s vozes silenciadas, subordinadas e/ou negadas – "sem voto", "sem razão", "que não contam". Por fim, em quarto lugar, uma educação feminina (e não só) construída em dilemas e sob discursos e modelos pouco poderosos. Trata-se de uma cultura escolar fundada em critérios de poder desigual. A política de mera acessibilidade, para além da rebelião, tem gerado esta «educação em dilemas», com implicações na formação da «**dupla consciência**»[82]. Esta produz impactos emocionais e práticos enormes, percursos e sentidos de vida e de educação baseados em fuga, rebelião, dupla voz, silêncio, abandono escolar... como expressão de subordinação e falta de voz[83].

2.1.1. Sinopse das *vozes* escolares resultantes nas redes femininas emergentes

As ***vozes escolares resultantes*** são múltiplas. As condições e articulações resultantes de acolhimento dos sujeitos no contexto, na injunção dinâmica das várias dimensões de justiça produzem diversos tipos de vozes de acordo com as quatro redes de jovens identificadas, como se vai referir.

---

[82] Está compreendida no quadro da inclusão de grupos com menor poder; surge quando o sujeito oprimido, em resultado de processos de assimilação, se descobre definido por duas culturas – dominante e subordinada. Forma-se na tentativa de se resistir a coincidir com visões marcadas, desvalorizadas, objectivadas e estereotipadas.
[83] A educação em dilemas é experimentada como resultado de opressão face à existência dum poder simbólico de «conhecimentos» sobre as famílias com mais recursos, expressas, frequentemente, em noções de «ter educação» e «receber educação». Os «alunos ideais» são os/as verdadeiros/as estudantes, os «conhecidos», os que «têm educação» e/ou os que estão dispostos a «receber a educação». Também Walkerdine *et al.* (2001: 128), ao assinalar a posição de vantagem da classe média no contexto educacional, argumentam que ela é favorecida pelos «conhecimentos» com professores e outros agentes do sistema social e estatal, aliados naturais destas crianças. Argumentam, assim, a existência de uma "comunicação numa base igual" entre os professores e a escola com os pais da classe média, havendo "um accionamento implícito por parte de estratégias de apoio a estas crianças "ao mínimo deslize" (ibidem) sentindo que o "seu estatuto é visto ao serviço da família" (ibidem), sendo estes/as os/as verdadeiros/as estudantes, que "querem aprender" e os que «têm educação», enquanto os/as outros/as e suas famílias são patologizadas e precisam de «receber educação» (ibidem: 128). Assim, para as primeiras, as interacções casa/escola caracterizam-se pela "continuidade" e "reconhecimento" (cf. Stoer e Araújo 1992). Para as segundas, a relação escolar é de "ajuda às mães para apoiarem os seus filhos de forma correcta" (ibidem). Assim, as mães da classe trabalhadora, aquelas cujos filhos recebem educação, tentam ultrapassar e negociar "barreiras emocionais", mas "falta-lhes a certeza do direito" e do poder (Reay cit. Walkerdine *et al.* 2001). Também as nossas jovens referem, neste sentido, a noção de «conhecimentos».

• REDE de jovens «menos académica» – "*nós* as raparigas rebeldes", lusas e ciganas – *sujeitos educacionais* que constroem percursos académicos desmobilizados do saber. Os canais da articulação de vozes não são estimulados, antes impedidos. Por isso emergem *vozes de transgressão* (resistentes emocionalidades complexas), a par de vozes de *silenciamento* (o "silêncio que se lhe impôs", isto é, vozes que não têm contexto para serem ditas nem escutadas, amordaçadas).

• REDE de jovens «académicas do meio» "*nós* também transgredimos mas «*somos* educadas»", *sujeitos educacionais* que constroem percursos com alguma proximidade e bem-estar com o conhecimento, identidades e feminilidades *mixité* e em *transição* «para cima» ou «para baixo». Emergem nesta rede de raparigas quer vozes *adequadas* («educadas», «silêncio», «respeito»), quer vozes negociadoras e de *intermediação*.

• REDE «mais académica», "somos «civilizadas» e «desportistas»", *sujeitos educacionais* em transição e mobilidade ascendente, cujos percursos são de *mobilização* pelo saber, identidades e feminilidades *persistentes*. As suas vozes são civilizadas, vozes estilo *dupla voz*, vozes *determinadas* e vozes *transformadoras – girl power*.

• REDE de jovens «académica» – "as «femininas» e «betas», *sujeitos educacionais* visíveis na «escola formal» e invisíveis na «escola física», muito ocupadas com várias agendas. Constroem percursos escolares longos e pensam em carreiras ocupacionais, identidades e feminilidades de *sucesso* mas *stressadas*. Trata-se de vozes femininas «distintas» das *Outras*; identidades de tipo *girl power*, e *glamour*... ou vozes de *estranheza*.

2.1.2. *Vozes de transgressão ou conformação?*: "*nós* não temos voto na matéria", "eles têm sempre razão, mesmo não tendo"

Geram-se, pois, **vozes de transgressão e resistência** que, em situações extremadas se caracterizam por «irritação», «rebelião» ou «resistência», próprias dum contexto de interacção de **polifonia desordenada**, em que os/as estudantes sentem que não têm voto e uma percepção de pertença à base da pirâmide, sempre que professores/adultos/as recriminam, silenciam, anulam, *desis-*

tem ou *desinvestem* delas, como refere uma das jovens mais académicas, quando falava sobre as *Outras,*

> **Se os alunos não mostram vontade, os professores também não mostram... não fazem mais nada... e desistem.**
>
> *Narrativa da Inês, 9º ano*

Revela-se também grande mal-estar e des/gosto, pela forma como se sentem tratadas numa altura em que estão a tornar-se mais adultas e buscam autonomias e distinções, que, ao serem negadas, tal é visto e vivido como abuso de poder, arbitrariedade, ausência de lugar e de voz.

> Aqui na escola, falo por esta porque é nesta que ando, **o que *nós* dizemos não significa nada. Nós aqui não temos voto** na matéria... É mesmo que se pode dizer! Estou a referir-me ao conselho directivo, para quem **só os professores** contam e têm razão, mesmo não tendo! Os alunos nunca têm mesmo voto, nem levam em conta o que dizemos...
>
> *Narrativa da Vânia, 8º ano*

Algumas são **visivelmente** resistentes e operam numa lógica distinta, fora do conceito de autoridade racional, na falta de fóruns e contextos democráticos, onde as suas questões possam ser consideradas. Por isso, criticam e contestam, de forma emocional e rebelde, as autoridades (e quem as representa), quem subordina, "erradica" ou "marca" pelas diferenças. Sentem-se duplamente subordinadas, por um lado, como **estudantes**, onde as suas vozes não são reconhecidas nem ouvidas; por outro, como **jovens** são acantonadas pelas condições e governo institucionais, sendo tomadas como pouco académicas e adequadas, pessoas de fraca reputação, pouco interessante e gente a evitar. Sentem **revolta** por, em contraste, haver a tentativa de as silenciar, disciplinar e tornar obedientes cegas, sentindo-se recriminadas e expostas a tentativas de imposição de silêncio, mesmo quando tentam dialogar, reclamar e participar. Sentem que, nos conflitos, nunca lhes é dada razão, sendo sempre a parte penalizada. Estão conscientes deste *arbitrário poder diferencial* entre professores e estudantes, cujo pedido é o de *respeito diferencial* abstracto, não lhes sendo bem visto o direito a reagir. De facto, em geral, têm a percepção de que a escola as exclui e as tenta remeter ao silêncio e à subalternidade. Reconhecem que "a turma é péssima", mas entendem que isso ocorre em resultado das relações de poder e "mando" e do desrespeito de que são alvo – "ele põe-se aos berros", ou "insulta-nos", ou "pensa que manda". Mas estas raparigas, posicionadas nas margens, **não resistem apenas**. Elas também se esforçam por criar espaços e canais para articulação das suas vozes e lugares no interior do sistema. Revelam experiências onde investem actividade, dinâmicas e procuram autonomia, para ultrapassar de forma positiva constrangimentos, mobilizando os seus saberes, labores e interesses… embora, finalmente, não reconhecidas. Por isso, revelam igualmente a aprendizagem de fracas expectativas em relação à escola e às/aos professores. Afirmam que **são raros os/as docentes que as tratam bem**, pelo que há uma crítica a professores específicos, numa tentativa defensiva de os isolar e, assim, realçar o seu lado «horrendo».

> Só tínhamos reclamações daquela professora (…)
> **Ela é a única** que tem reclamações nossas. **Os outros não se queixavam**… mas o mesmo está **a acontecer este ano**.
>
> *Vânia, Grupo A, 8º ano*

"Nós não gostamos de ser mandadas": «luta campal» e emocionalidades complexas

Em contextos de poder desigual e de falta de diálogo, por vezes, na «resolução» das contendas, extremam posições, emergindo, *emocionalidades* que, por vezes, dão à escola um contexto de *luta campal*, com marcas para todas as partes. Moldadas por um sentimento de não reconhecimento, não aceitam de todo a sua subordinação e operam em premissas culturais diferentes da autoridade e poder (LYNCH e LODGE 2002: 163). Assim, nestes contextos escolares resistente e de "imperialismo cultural", na ausência de medidas educativas pensadas para os transformar, tornam-se eles próprios geradores de condições de opressão cumulativa, vertical e horizontal, locais insuportáveis, tanto para aquelas/es jovens que não vêem nesta cultura feminina um lugar adequado para si, como inclusivé para muitos/as docentes, muitas vezes com pouco poder.

Também as interacções horizontais entre pares são atravessadas por relações e noções hegemónicas que, em conjunto com as relações verticais, produzem fracturas, conflitos, resistências, autonomias e silenciamentos de pares, só possíveis no contexto complexo destas culturas de desigualdade, onde a participação raramente é considerada condição de bem-estar. Frequentemente o processo de construção da exclusão assenta em *intriguinhas* e *rivalidades* entre as próprias raparigas, envolvendo, por exemplo, **nomeação** e **policiamento** *de género*, compreendidos em contexto de inclusão institucional com base na "*neutralização* das diferenças"[84].

2.1.3. *Vozes de silenciamento*: o silêncio que se lhe impôs: «não posso dizer...»

Nestes contextos de rebelião e de cultura contra-escolar, eles próprios de tornam contextos geradores de opressão e profundo sofrimento de pares femininos. Ora, raparigas "sensíveis" como a Bruna, sem o suporte das amigas e famílias, inserida num contexto rebelde, o que se segue é, um profundo mal-estar, solidão, opressão, desconexão escolar. Parece que uma solução para sobreviver com algum poder é através de «esquemas» de adesão à rebelião (o que traz riscos às raparigas); ou outra solução é a **fuga** de mudança de turma, o que supõe a existência de canais para poder falar e ser escutado; ou, ainda, a outra solução mais comum é o **abandono** escolar. O **percurso e a transição de abandono**, acontece numa **espécie de "pacto de silêncio"** da escola.

Existe, pois, muitas vezes, uma dupla injunção entre as políticas educacionais que *ghetizam*, não cuidam nem reconhecem os/

---

[84] Daniel Iriarich 2005 em entrevista à Antena 2, 23 de dezembro de 2005.

as estudantes e as que geram culturas de rebelião, elas próprias implicadas em processos de opressão e silenciamento sobre quem não adere ou não se identifica com esses contextos ruidosos, como aconteceu com a Bruna. Este silêncio que se lhe impôs... talvez seja o motivo próximo que a levou a renunciar à escolaridade, entalada entre opressão, hostilidade, solidão e falta de poder.

> Ent – A razão porque tens dificuldade em gostar da escola é teres-te separado das amigas?
> Bruna – Pode ser um motivo, mas agora **não posso dizer...**
>
> Bruna, 8º ano

Na realidade, esta narrativa mostra muitos dos dilemas e confrontos das raparigas e mulheres incluídas educacionalmente em condições de sujeição e suspeita, que impedem o autodesenvolvimento e autodeterminação e ensinam silenciamento, dependência, dupla voz, desvalorização e secundarização de si, em vez de liberdade, respeito e inserção segura e tranquila. A inclusão escolar da Bruna opera no cruzamento de vários poderes verticais emergentes, horizontais, hegemónicos e poderes-contra. Assim, torna-se uma *Outra* pela cultura dominante, ao mesmo tempo que se torna «outra-Outra» pelas culturas contra. Ser «Outra-outra» é uma espécie de identidade feminina híbrida, indefinida, ambígua, subordinada, insustentável num contexto de conflitualidades exacerbadas e extremadas entre pares. Implica, pois, ansiedade e isolamento, fonte de insegurança e hesitação nas alianças e alinhamentos, de que é difícil escapar ileso – uma **voz anulada e de silenciamento**. Estas questões interrogam e desestabilizam muitas noções dicotómicas hegemónicas do património recente do pensamento social, incluindo o lugar de mulheres na dominação de outras mulheres.

Ambas estas vozes de rebelião ou silenciamento desenvolvem-se e decorrem das articulações resultantes duma escola racional hierarquizada, dos modos de incorporação e *posicionamento* redistributivo, e dos **modos** de ***não/reconhecimento*** e **respeito** – "não gostam de nós", "não nos ouvem", "querem mandar em nós", "nunca temos razão, mesmo tendo". Mas, como elas próprias argumentam, como "nós não gostamos de ser mandadas", hostilizadas e silenciadas, produzem-se vozes em contexto de cidadania parcial, desigualdade e "respeito diferencial", sob um imaginário de suspeição e negatividade. Ora, tal produz aprendizagens e educação em resistência, dupla consciência, revolta, fatalismo, resiliência, abandono, desistência, mentira, etc.

2.1.4. Para além das vozes de resistência e de silenciamento: *vozes* mais «adequadas», *vozes* negociadoras e de intermediação

Existe um outro grupo das raparigas da classe trabalhadora, mais académicas, que situa a transgressão juvenil num patamar diferente. Estas consideram um tipo de *acção humana* que permite a busca de uma voz situada numa lógica "mais" *negociada*, tanto entre pares como com as hierarquias sociais e adultas, «reagindo» à autoridade «com *silêncio*, educação», ou procura de alternativas. Estas reacções de aceitação são a pedra de toque que as distingue da *rebeldia* das *Outras/os* que, na opinião destas, não aceitam a crítica, resistem e contestam, por vezes, com «má-educação», cujas condutas são, nas suas palavras, «indisciplinadas» e produzem vozes que «barafustam» e «mentem». Emerge assim, uma voz feminina de *silêncio*, pensada como a *voz* «adequada» e «de respeito» para com a hierarquia escolar

Nós somos mais obedientes... *Nós* também falamos como eles mas, se nos mandarem calar, nós calamos. E eles não. Começam a barafustar! Dizem logo: "Eu não estava a falar"! Mesmo estando, começam a ser mal educados, muitas vezes! Nós somos mais obedientes. A gente também fala, só que se eu estivesse a falar e a professora me **mandasse calar**, *eu não dizia nada* porque, de facto, estava a falar. Tem a ver com a *educação de cada um*!

Fátima, GDF D2, 9º ano

Algumas raparigas procuram *negociar* a sua situação de aprendizagem com os/as discentes, evitando ficar distantes da escola. A Júlia, jovem emigrante africana, na sua função de «delegada» duma turma considerada académica, face à rebeldia em algumas aulas, procura desempenhar o seu cargo com grande sentido de compromisso colectivo e, por isso, se propõe, frequentemente, praticar uma posição e *voz de intermediação e negociação* entre os/as discentes e entre pares femininos e masculinos. Contudo, esta sua *voz iniciadora* da negociação, com legitimidade formal, mas revela-se pouco reconhecida e com pouco poder na escola (talvez por ser uma voz de jovem, aluna e feminina), quer pelos professores, quer pelos pares masculinos, que votam os seus esforços ao quase insucesso, onde as raparigas vão aprendendo, no meio dos/as pares escolares, o seu pouco valor, assim como a falácia de poder e representação escolar, desenvolvendo-se concepções fatalistas.

> Tivemos uma conversa com a professora de Geografia para nos dar aulas diferentes! Mas ela disse que o problema é da turma, porque estão distantes e sempre a falar.
>
> *Júlia, GDF C, 9º ano*

Como referimos, esta negociação da interacção e dinâmica escolar é realizada tanto verticalmente com professores/as como horizontalmente entre pares rapazes e raparigas onde as relações de poder são visíveis, impondo, para algumas, a necessidade de mobilizar a voz da negociação e do diálogo, muitas vezes, com resultados reduzidos, apesar de serem iniciativas importantes.

> Também já falamos com os rapazes por causa das aulas de Matemática... Mas eles dizem que sim, vão estar com mais atenção, mas depois é só barulho... sobretudo quando entra o Victor... **Com eles, não adianta**...
>
> *Júlia, GDF C, 9º ano*

2.1.5. «O estilo dupla voz»

É uma voz que tem sido considerada «adequada» para as mulheres por "saber" lidar com vários lugares e economias sociais, exibindo-se como não conflituosas, e revelando «harmonia» e respeitabilidade. Barrie Thorne (2002), notou que este estilo também se encontra em muitos homens. Contudo, ideologicamente, corresponde a uma «noção idealizada de feminilidade», que impõe constrangimentos mas que "evita reputação" e traz alguma respeitabilidade e segurança. Algumas das vozes «educadas» podem ser pensadas neste enquadramento.

2.1.6. Vozes determinadas e transformadoras

Poderíamos ainda falar numa voz *transformadora*, quando se produz uma voz *determinada*, comprometida e em busca de espaços alternativos para os seres humanos, incluindo um lugar em «reciprocidade assimétrica» para as raparigas, como sujeitos que contam tanto na determinação das suas vidas como da colectividade. Todavia os discursos conformistas parecem continuar a dispor de mais espaço do que os discursos transgressivos e transformadores. Raparigas como a Joana propõem o enfrentamento por exemplo da ordem de género, como forma colectiva de ganhar aprendizagem, *empowerment* e construir interacções mais paritárias... A injustiça social e a *ordem de género* atravessam toda a sociedade, não se localizam apenas na escola. A escola pela *inclusão educacional* que frequentemente é feita na base de hierarquias, subordinações e noções de maturidade, ou de silêncios, o que tem como resultado uma interpretação e marca das raparigas, cujos corpos presentes são vistos como sexuais e "recreio" masculino. Por isso, enquanto jovens são motivo de atracção em casa, trabalho, rua, etc.

Em síntese, esta análise evidencia uma variedade de vozes construídas no seio das diversas redes – vozes de rebelião, silenciamento, silêncio, educação, intermediação, determinadas ou transformadoras. Estas vozes inscrevem-se em percursos variados, que exprimem condições e modos de re/produção da variedade social, que se dará conta

3. Transições, percursos, caminhos *e sentidos de autonomia*: dois modos de configurar autonomia feminina

Pretende neste segundo eixo de análise destacar alguns dos caminhos e percursos de *transição* e busca de **autonomia** que estão a ser forjados, impedidos e estimulados, neste processo de *se tornar rapariga na escola*. Estou consciente da **complexidade** que significa invocar o assunto da autonomia de um ponto de vista sociológico e educacional. Refiro-me, nomeadamente, às suas **apropriações educacionais psicologizantes ou neoliberais** de «escolha», que procuram dar ao conceito uma visão individualista e de auto-responsabilização e ónus dos/as estudantes pela decisão social, como modo de afastar as implicações estruturais da desigualdade e da injustiça social, os processos institucionais desiguais de inclusão. A proposta é focalizar autonomia no interior de uma análise sociológica, de modo a dar conta das mudanças contextualizadas que estão a ser vivenciadas por este colectivo de raparigas.

Confronta-se também o conceito de autonomia, com dois dilemas da escolarização das raparigas. Por um lado, o fenómeno da exclusão social e o distanciamento precoce do *trabalho escolar*; por outro, arrolamos para a autonomia relações e compromissos com o saber, posições sociais e mudanças transformadoras e direitos dos sujeitos. Assim, no tocante às raparigas com poucos recursos lida-se na tensão entre duas versões de autonomia: uma concepção de autonomia mais relacionada como o aproveitamento das potencialidades da escola, enquanto lugar de realização dos direitos sociais (versão de tipo distributiva, onde se podem cruzar riscos de *assimilação* e *inclusão subordinada;* uma outra versão de autonomia mais articulada com percursos de *autonomia solidária e mecânica,* baseada na distribuição de oportunidades e condições, envolvendo agência e *recomposição* dos sujeitos, instituições e comunidades.

Abarca-se, por isso, neste texto dois modos de configurar autonomia: um que busca "escolhas" e caminhos de autonomia mais interindividuais e colectivos, resultantes de injunções e *redes* educacionais de maior intersocialidade e intersubjectividade; outro, que dá conta dos processos e *figuras* de autonomia dos sujeitos sociais femininos, cujas subjectividades resultam da posicionalidade simbólica e histórica singular com o mundo e com os outros (CHARLOT, 2000).

3.1. Caminhos e percursos de autonomia educacional

Focalizamos nesta análise as diversas *redes* de estudantes tendo encontrado vários sentidos, *caminhos e percursos de autonomia*, que sintetizamos em quatro olhares:

• "Autonomia visível", que significa percursos educacionais longos e selectivos das novas elites de classe média em luta pela separação e distinção de outros grupos sociais, distanciando-se da domesticidade e perspectivando para si uma carreira profissional pública – modelo de autonomia numa lógica do privilégio na vida pública.

• Autonomia como 'empenho' num percurso educacional longo: 'adiando' a lógica do trabalho (ainda que o realizem), distanciando-se da domesticidade perspectivando uma carreira profissional – modelo de autonomia na lógica da educação.

• Autonomia significa 'libertar-se' da escola precocemente: ligação a cursos técnicos, aproximação à lógica do *trabalho*; "chegando" à adultez e à autonomia de vida, particularmente familiar – modelo de autonomia na lógica do trabalho e da economia.

• Autonomia significa para "outras" desistir do percurso educacional, distanciando-se das suas gramáticas e dos direitos sociais, voltando e (dês)vinculando-se pragmaticamente às suas comunidades, excluídas da realização dos direitos educacionais básicos – modelo de autonomia na lógica da comunidade e da experimentação.

Há, assim, claramente, sentidos vividos diferentes. Em primeiro lugar emerge um **empenho num caminho de escolarização longo a caminho de uma carreira profissional** e **social de elite**. Trata-se de um percurso educacional competitivo e de sucesso, das novas classes médias, subordinado a uma lógica de preservação do privilégio, na luta pela «separação» e «distinção» *das Outras*, percurso que é muitas vezes realizado *em stress* devido ao receio de uma mobilidade descendente face às/aos novos/as "invasores" e às vários pedidos como mulheres. Trata-se de um modelo de *autonomia (in)visível*, na medida em que sendo raparigas «betas» são visíveis na sala de aula e na ostentação de adereços e artefactos, ao mesmo tempo que são invisíveis no espaço fora da sala de aula, dada a sua agenda e ocupações e actividades extra-escolares. Perspectivam um futuro em **posições sociais/ culturais de privilégio na vida pública** e distanciadas da casa.

"Estou muito ocupada... aqui na escola quase só vou às aulas... tenho muitas actividades e muito que estudar (...) Quero ser boa aluna... estou a pensar em ir para medicina (...) Sempre que posso saio [da escola].... almoçamos aqui *snack bar* com os amigos... às vezes, também o meu pai vem cá (*diário de bordo*).

Em segundo lugar, emerge o empenho num percurso de escolarização longa, embora com diversas tonalidades, inserida num percurso de mobilidade e transição social das jovens, aparecendo a escola como o único modo de construir uma carreira profissional, distanciando-se dos modos convencionais de família e trabalho precoce. Perspectivam também a possibilidade de participação cívica e pública activa, no interesse pelo colectivo, para além dos horizontes educacionais, laborais, políticos; aventam-se também horizontes de mobilidade geográfica para fora do país, se isso for importante e necessário para lutar pela sua realização. O *aperfeiçoamento* para estas raparigas não se restringe prioritariamente no corpo, tem um sentido *integrado* de corpo e mente. Centra-se primeiro na mobilidade social, nas credenciais intelectuais e culturais, no estatuto económico e social de um trabalho bem remunerado e capacitador de auto-realização – modelo de autonomia pessoal na lógica da **educação instrumental,** que ajuda a distanciar da família, diferenciar escolhas, aumentar oportunidades e maior controle das suas vidas. Aponta para uma *independência* (económica, emocional, cultural, emocional, sexual, por vezes política e colectiva). Escola como lugar estratégico incontornável para as raparigas, de distinção do mundo adulto, em relação à domesticidade subordinada. Através da escolarização abre-se a possibilidade de desafiar a igualdade social, de género, aceder a qualificações, emprego, maior poder na esfera pública e privada; mobilidade geográfica para locais e profissões menos expandidas em Portugal. Pais, comunidades e professores podem estar a dar um maior incentivo a aproveitar a escola.

Estudar é para nos realizarmos e permite ter cargos mais importantes na sociedade. Além disso, metida em casa ia ser seca... é para termos realização.

Fátima GDF D, 9º ano

Agora, as raparigas estão a pensar muito, e têm o gosto, de ter liberdade, de se sustentarem a elas próprias, terem a casa delas e terem a vida delas. E, de facto, com mais estudos, a gente pode conseguir um trabalho melhor. E, portanto, um trabalho melhor pode trazer um salário que nos possa ajudar a alugar um quarto, a ter a nossa casa, o nosso dinheiro, a nossa vida particular, sem estar a pedir ajuda aos pais (...).

Há certas profissões em Portugal que não estão desenvolvidas, não estão postas em prática. No meu caso, por exemplo, quero seguir investigação, em Física ou Matemática. Então, noutros países essa é uma profissão já muito avançada... quem sabe se um dia até quero correr esses riscos... e talvez arranjar trabalho noutros países!

Quanto mais investir na escola melhor estou a preparar o futuro (...) se a gente continuar até à universidade e tirar um curso (...) Uma pessoa se quer continuar, tem que suar e lutar muito por aquilo que quer...

Narrativa da Joana, 9º ano

Em terceiro lugar afirma-se um terceiro **caminho** de autonomia menos ambicioso em termos de percurso educacional. As raparigas sentem que se estão a tornar adultas, aspiram libertar-se de várias amarras, incluindo a **libertação da escola** e o investimento em **alternativas mais curtas de formação** que se articulem com trabalho. Esta opção baseia-se numa aprendizagem de abaixamento de expectativas e numa avaliação pragmática do percurso académico vivido, onde se deparam com muitas dificuldades e com poucos recursos para as ultrapassar. Por isso, realisticamente sentem o horizonte educacional vedado. Procuram inserir-se em cursos de formação profissional – caminho tomado como noção de autonomia baseada na provisão de recursos económicos e do trabalho como forma de induzir mudanças noutras esferas da vida pessoal, incluindo a familiar. Aparece agarrado ao paradigma "decadente" industrial de produção. Existem obstáculos ao sucesso tanto académico como educacional, o que acontece é que o esquema de formação profissional tem estado muito fragmentado sendo desmobilizador da opção jovem (cf. FONSECA 2001). Funciona mais a nível ideológico do que resposta articulada. Parece servir mais para empurrar para fora do sistema educativo, do que para seguir uma educação diversificada. Há uma consciência de que as credenciais intelectuais se encontram estratificadas interna e externamente, sendo que os grupos mais desfavorecidos, embora em mudança não parecem estar a sair para fora dos destinos de classe, etnia e género – Modelo de autonomia na *lógica do trabalho* e da economia, que induz as outras mudanças. As raparigas mais académicas (em transição) revelam a consciência de que muitas vezes estes encaminhamentos são uma fraude, porque só *à posteriori* é que se sentem defraudadas, uma vez que os cursos muitas vezes não existem, são ténues, pouco estruturados, representam aprendizagens da «ciência» social, doméstica, sexual e do serviço, para áreas de trabalho social e sexualmente segregadas, mal pagos e sem autonomia – cuidar de crianças, velhos, técnicas administrativas, vendas, costura, culinária, etc.

É uma forma de se **libertar** daqui da escola, porque a gente já anda na escola desde os 6 aninhos e é **sempre esta coisa** de vir para a escola de manhã, ter aulas até ao fim da tarde, ter que estudar e fazer os trabalhos de casa. Sempre todos dias e anos, **sempre a mesma coisa. Ir para um curso técnico é diferente**, é já estar **ao mesmo tempo** que estamos a estudar, já estamos a estagiar. Então, é diferente. É **um passo mais**, **já crescemos um pouco**, já estamos a **pensar no trabalho**.
(...)Elas também pensam que depois se calhar não conseguem, não têm capacidades e assim escusam de andar a perder tempo.

Narrativa da Joana, 8º ano

Em quarto lugar temos um **caminho** perseguido por raparigas que "não querem" continuar por percursos educacionais ou profissionais. Muitas estão na escola a aprender percursos de distanciação e desvalorização destes caminhos, baixando de expectativas, pondo de lado desejos que acalentavam para o futuro. Muitas raparigas acabam por abandonar a escola sem qualificações básicas, encontrando justificações subjectivas para transitar para casa como ajuda à família, ou preferir o caminho do trabalho. Acompanhamos e ouvimos este abaixamento de expectativas, ao ouvir as mesmas raparigas em tempos diferentes do trabalho de campo.

> Gostava muito de **seguir a tropa**, mas não vou continuar [a estudar] mais. Já estou cheia da escola (...) Pode ser que ainda um dia vá fazer o 9º ano no ensino recorrente, que é mais fácil, e depois ainda possa ir para a tropa. Agora já tenho emprego, vou trabalhar para uma lavandaria. Preciso de ajudar a minha mãe, pois o meu pai é toxicodependente, está separado, e ela não aguenta com tudo sozinha.
>
> *Narrativa da Carla, 8º ano*

Estas jovens já distanciadas das gramáticas da escola, cuja transição é de abandono e exclusão educacional, de volta pragmática às comunidades. Trata-se de um caminho de autonomia de subordinação à lógica da comunidade. Este percurso é mais problemático em termos de autonomia porque resulta grandemente da relação conjugada entre exclusão social e exclusão educacional. São tecidas culturas de rebelião educacional, ou de silenciamento, que desafectam as jovens do trabalho e da relação com o saber e inscrevem-se, muitas vezes numa **lógica da experimentação e /ou de fantasia romântica**. Fogem ou são puxadas para a comunidade, família ou trabalho local muito precário. Contudo, será que estas jovens se vêem neste percurso em completa sujeição? Autonomia, neste quarto caso, parece significar resistência, distanciamento e "experimentação", enquanto se está na escola, através da luta, (re)negociando e (re)significando os termos para novos percursos e espaços, com as suas comunidades e vidas familiares, ou com o mundo do trabalho subterrâneo e desregulamentado. Muitas destas jovens desenvolvem percursos e 'transições' visíveis ou silenciosas de sobrevivência no interior da escola (timidez, experimentação e hipervisibilização, fuga) até ao abandono final.

Estes percursos exprimem contudo a universalidade dos mesmos direitos, justiça e possibilidades duma vida democrática, familiar, trabalho e participação na vida pública. O que acontece é que neste último caminho a possibilidade de abertura de perspectivas educacionais não se vislumbra ou é muito reduzida; ou enreda-se em *fantasias*, pela distância pragmática da possibilidade; ou entrincheira-se em *fatalismo* pela consciência da impossibilidade; ou moldam-se *identidades de «irritação»* e *«terrorismo»* como modo de acção.

3.2. Sentidos e figuras de autonomia: *autonomia subordinada, autonomia resistente, autonomia desistente, autonomia solidária*

Resistir, "desistir" e "aproveitar" a escola: Estado, comunidades e sentido de si

A escuta das sete narrativas das raparigas (4 com ligações ciganas de um ou ambos os ascendentes e 3 lusas) podemos considerar que, em termos de poder e autonomia, são várias as articulações e sentidos de acção humana destas figuras escolares. Claro que essas múltiplas formas de *acção humana* referem-se tanto às subjectividades construídas e imaginadas, como à actividade dinâmica institucional resultante da simples "presença", "interacção", "resistência", "produção da diferenciação", "crítica" ou "participação transformadora". A dimensão política permite, por exemplo, ver a situação das jovens ciganas, abandonando a escola como **saída** das raparigas por *imposição* das comunidades ciganas muito pauperizadas, para preparar a entrada precoce na vida familiar e na cultura e "destino" cigano. Perceber a injustiça multidimensional, experienciada pelos/as estudantes ciganos/as como sujeito educacionais não reconhecidos, contribui para a reprodução social e identidade étnica defensiva, de múltiplas formas e para a não realização do direito à educação. Por isso, sair da escola representa para estas raparigas ciganas, um percurso de *autonomia/subordinação,* em parte, desafiando um caminho tradicional através da educação, em parte, mantendo solidariedade e família.

Por sua vez, as "jovens rebeldes", jovens com identidades, experiências e ligações de hibridez cultural e étnica, ao mostrar mais resistência na escola, tal parece reverter em forças para prosseguir academicamente. Este é um aspecto que se tornou surpreendente porque na sua rede foram as únicas que concluíram a escolaridade obrigatória e prosseguiram o ensino secundário ou formação profissional. Algumas das estudantes com ligações ciganas, narravam-se "portuguesas" e cada uma apresentava um olhar peculiar sobre a sua experiência e perspectivas de vida, numa confluência e sentido de si, de autonomia como rebeldia – **autonomia resistente**. Ambas vieram a prosseguir percursos educacionais – uma no ensino secundário, outra num curso de formação profissional – "aprendizagem".

O abandono escolar, sem concluir escolaridade obrigatória, está muito presente tanto nas jovens *payas* da classe trabalhadora, como nas jovens com ascendência cigana, sendo que das sete biografias ciganas e *payas* apenas metade concluíram a EB. Expressam a *sua própria* vontade de *desistência* da vida de estudante, transitando para um lugar de trabalho, ganhando mais autonomia, ao mesmo tempo que apoiam a família – **autonomia desistente** – relacionada com **classe, mercado e individualização** – mérito. Vários pontos podem, então, ser sublinhados quando pensamos nos sentidos de si e de autonomia expressas por estas jovens, que apontam tonalidades de autonomia relacionadas com poder, mas significam lutas em que tentam algum controlo: umas sentem-se *pioneiras,* embora com estatuto de sobrevivente. Está presente no seu discurso uma noção de autonomia através da *educação* e da *ruptura* com a tradição das mulheres ciganas, caminho difícil e emocionalmente complexo; outras, desinvestem da escola, não lhe reconhecendo utilidade face aos caminhos e fortes pressões destinados às raparigas ciganas, cuja noção de autonomia é encontrada na imersão na aprendizagem na *comunidade*; outras estudantes lusas revelam uma noção de autonomia através da entrada no *trabalho* (e apoio da família), distanciando-se ("desistindo") da escola; outras ainda têm uma noção de autonomia que significa apostar e *lutar* pela educação escolar, mesmo tendo que conciliar educação, trabalho, vida afectiva, etc.

Finalmente, outras empenham-se na escola e no tempo educacional como forma de transitar e encontrar um boa ocupação no futuro. Para os novos sujeitos educacionais da classe trabalhadora, prosseguir educação pode não significar as etapas autónomas clássicas – estudar, trabalhar, construir família. Com o progressivo alargamento da escolaridade, o adiamento do trabalho e da vida familiar, para algumas destas raparigas, mesmo durante a escolaridade básica, coloca-se o problema da conciliação entre vida educacional e familiar, trabalho e vida afectiva pessoal. A Joana tem um sentido de si interessante, que interroga muitas das pré-suposições sobre a diversidade de famílias, pessoas e locais de vida. Vê essa diversidade experienciada, não como vítima e desestabilização, mas como enriquecimento. Considera, pois, que a diversidade de famílias lhe trouxe oportunidades, a familiaridade e possibilidade de aceder à cultura e livros, a poder ter longas conversas com o pai e com a "mãe com quem vive", fazem com que não veja a educação como algo que é um "dom especial", mas algo que tem de ser lutado com "determinação", incompatível com desânimos e vitimizações. Ambiciona e luta por uma carreira estimulante e sucedida, se possível projectando-se internacionalmente. Se, nalguns casos podemos falar num investimento afectivo e sexual que concilia com trabalho e estudo, sendo mesmo ganha-pão familiar, estamos a falar de *autonomia económica* e *pessoal*. Apesar de ser uma jovem adolescente da escola básica, para completar a proposta de Arnot *et al.* 1996, apenas está ausente uma terceira dimensão, a possibilidade de participação política, que está no seu horizonte – a *autonomia política*.

No caso de outras jovens da classe trabalhadora em transição, que se perspectivam sob um percurso educacional de nível superior, com sucesso e estatuto, o modelo de autonomia presente consiste numa *concentração educacional* e numa feminilidade saudável e civilizada, de modo a perspectivar uma boa carreira profissional que garanta **independência económica, emocional e pessoal**. A directriz da educação familiar é o empenho e realização académica superior - "o meu trabalho é estudar para poder vir a ser alguém". Perfila-se, nestes dois últimos casos valores mais igualitários e justos – a escola torna-se uma possibilidade viável e esperada de vida melhor e mais autónoma. Neste contexto consideramos a possibilidade de várias *figuras e sentidos* de autonomia **de raparigas com poucos recursos face à subordinação escolar**, construídas nos caminhos, conexões e desconexões educacionais com as outras esferas da vida.

- Autonomia **resistente** e rebelde
- Autonomia **desistente**

- Autonomia *sobrevivente*

- Autonomia *persistente negocial*

- Autonomia *conflitual/determinada*

- Autonomia *crítica/transgressora*

- Autonomia na *comunidade* (lusa e cigana)

- Autonomia na *concentração* educacional e distanciação da domesticidade

Que implicações terão estes diversos sentidos e experiências vividas pelas jovens, umas centrando-se mais na família e comunidade, outras na escola, ou no trabalho, ou no indivíduo e/ou no mérito? E que implicações tem isto para a escola em termos de construção de escola democrática e de lugar de realização de maior justiça?

Percorremos e exploramos possibilidades de analisar as autonomias dilemáticas e incompletas, umas mais voltadas para olhar os percursos singulares dos sujeitos sociais, balanceando as várias estruturas, outras mais voltadas para olhar as regularidades dos três grupos identificados. Estes colectivos são focalizados a partir dum olhar da educação escolar como um *bem* que pode trazer mobilidade social, sendo que umas se orientam para prosseguir percursos educacionais, outras para percursos e modos convencionais e subordinados, na impossibilidade de acesso aos bens e direitos da modernidade, o que nem sempre significa completa marginalização. As figuras e sentidos educacionais perfiladas são por isso de "*autonomia visível*" não apenas para jovens mais académicas e sucedidas como acentua o discurso público, mas também se estende às jovens menos académicas cuja visibilidade é feita na resistência e rebelião, em parte como sobrevivência e "cultura viva" numa escola hierárquica que as recrimina e tenta anular. São, também, figuras de "*autonomia invisível*" numa escola que as amordaça, silencia ou limita a sua participação.

Destacar tópicos em jeito conclusivo

Para finalizar tecemos algumas considerações conclusivas a que fomos chegando, tendo como pano de fundo uma nova agenda de género para as raparigas. Sublinhamos dois vectores de análise acerca das **transições educacionais. Um primeiro vector** articulando **transições** e ***vozes* femininas** diversas. Trata-se de vozes que tanto ***dizem*** stress, «irritação» como empenho, compromisso e *gosto* pelo «vivido», ambos fonte de *novas* ressignificações jovens e comunidades. Igualmente são também vozes que ***falam*** mais de um «reconhecimento» em fase de *autorização* e/ou *deferimento* e menos de reconhecimento *respeituoso* e em *reciprocidade assimétrica*. Mostra-se particularmente como as raparigas ciganas, são incluídas por *tolerância,* estando ainda em luta por ***autorização*** para sair da clausura. Igualmente muitas das raparigas lusas com poucos recursos estão em luta por ***deferimento***. Por sua vez, um grupo cada vez mais significativo de raparigas sentem que a escola tem, para si próprias, um significativo grau de **reconhecimento**, apesar da ***fraca*** democracia e participação que encerra. Com efeito, muitas jovens sentem que lhes é devolvida uma imagem de *opressão,* com diversos graus e intensidades. Por isso, produzem **vozes femininas autónomas** umas caracterizadas de resistência/rebeldia, «irritação» e «guerra», ainda que subordinadas e com poucos recursos, contendo valores de dominação, a par de algum poder para desestabilizar as hierarquias existentes, para além do poder definir, marcar e silenciar outras vozes femininas, muitas vezes, em consonância masculina ou em autonomia e distinção. Estas jovens não ficam passivas, tal como outras/os, reagindo ao que consideram no seio da estrutura escolar a falta de voz, infantilização e/ou prepotência para com os/as estudantes, sentindo que se constituem nos últimos elos da cadeia hierárquica escolar. **Uma segunda voz**, difícil de ser "dita" como voz, na medida em que é resultante dum ***silenciamento e dominação*** de quem vive oprimido e entalado entre aderir e distanciar e/ou participar e resistir à rebelião. É a voz de silenciamento e subordinação própria da opressão por *imperialismo cultural*. Trata-se duma voz que não tem contexto para ser dita e, por isso se move para a desistência, por abandono e marginalização, mas que pode sob outras condições vir a ser dita. **A terceira voz** seria uma ***voz de "silêncio"***, que tanto pode significar pouco poder para falar, como opção estratégica, entendida no distanciamento do interesse de participação face às hegemonias dominantes. Trata-se de uma voz, muitas vezes apelidada de "dupla voz", podendo ser vista como inteligência, quando em contexto de poder desigual, se avalia a impossibilidade de usar uma voz autónoma. As experiências vividas de opressão são complexas e dinâmicas, oscilando, muitas vezes, entre uma e outra voz. Discutimos ainda mais dois tipos de vozes: **as vozes educadas** e **civilizadas,** caracterizadas por serem sobretudo vozes de raparigas **em transição e intermediação** entre pares e discentes, frequentemente, baseadas num *ideal de respeitabilidade* de não contestação do poder institucional, uma voz pouco reconhecida e, por isso, com pouco poder nas decisões da escola. Trata-se de vozes que, porque «têm educação», são silenciosas, iniciadoras e civilizadas, cujos modos culturais integram respeitabilidade e capacidade de *negociação*. São *vozes civilizadas e educadas* que tomam iniciativa e só mais raramente ousam interrogar a ordem da escola, não ultrapassando as margens de tolerância e aceitação. Finalmente, **uma quarta voz** mais poderosa que chamamos de ***voz derminada e/ou* e *negociadora*** entre pares e discentes, capaz de induzir algumas mudanças na escola. São vozes *energéticas e mais poderosas* procurando satisfação consigo próprias, «lutando» e «suando» para vencer e prosseguir. São vozes *determinadas,* sem fazerem conluio, mas de forma educada e/ou transgressora e positiva, desafiam e ousam o diálogo, a crítica, a derrogação ou a mobilização. As vozes educacionais femininas diversas têm em comum o facto de geralmente serem vozes com pouco poder, onde as raparigas investem muito e, por vezes, retiram pouco. São as articulações possíveis resultantes, num contexto de presença específica de *poder e respeito diferenciais*.

    Mais distante da narrativa feminista essencialista clássica esteve em foco neste artigo, **um segundo vector** das transições de raparigas – **percursos e figuras de autonomia,** indo além dos «rumores» da *autonomia visível,* em direcção a «clamores» de *autonomia* «educativa» nos seus próprios termos, emergentes/presentes nos quotidianos educacionais, visíveis ou mais invisibilizados. Destacamos assim, percursos de *autonomia educativa* pensada sobretudo como mais espaço social na vida pública; mais escola; mais formação/ trabalho; mais *retirada* para trabalho/comunidades.

Configuram-se, pois, em ambos os vectores, vozes, percursos e *figuras de "autonomia* visível" e pública de sucesso, *stress* ou por rebelião e desconexão a par de vozes, percursos e *figuras de* autonomia invisível, pelo silêncio, insucesso, distanciação e abandono escolar, reproduzindo assim uma variedade de percursos e de sujeitos educacionais femininos. Evidencia-se todavia como as vozes e os percursos de jovens com poucos recursos, revelam atracção pelo conhecimento, informação e credenciais, modificação das vidas femininas para além da domesticidade e ao lar, deixando agora a vida de ser perspectivada fora dos ganhos da escola. Apesar disso, **as jovens menos académicas** são cépticas quanto a estes alargamentos prometidos, recriminadas que têm sido pela *hipótese repressiva* que lhes tem sido dirigida. Por isso, em contexto de exclusão educacional e de democracia fraca aprendem rebelião. **As jovens académicas do meio** estão a fazer transições em contexto de *"risco"* de exclusão/inclusão educacional «para cima» ou «para baixo» no sistema educativo. Por sua vez, **as jovens mais académicas** têm maiores expectativas de transição e *mobilidade* social da escola e vivem sucesso. Diríamos pois que as **transições educacionais** encerram vozes, silêncios e ruídos na educação das raparigas, em que muitas jovens tiram proveito e satisfação mas muitas outras apresentem inúmeras dificuldades. Em contexto escolar de democracia fraca, as culturas estratificadas e diferenciadas estão presentes e são toleradas, mas muitas vezes estão de costas voltadas, distantes de uma intercomunicação cultural. As raparigas ciganas ao serem incluídas como um estatuto educacional mínimo de mera *tolerância*, são incorporadas como «marcadas» e «separadas». Isto quando elas à entrada da adolescência, estão ainda em luta por autorização, *produz vozes e identidades recusadas, negadas, exacerbadas, envergonhadas* e, mais pontualmente, *aderidas*, de presença curta na escola. No seio de uma realidade educacional de culturas estratificadas e de costas voltadas, há ainda uma distância enorme de uma comunicação intercultural. As ciganas estão a ser educadas em conjunto com raparigas e rapazes resistentes e em rebelião, genericamente distantes da escola.

Na verdade, muitas raparigas ciganas são membros da escola co-educativa mas a realidade ainda nada tranquilizadora – as aproximações são frágeis e geraram distanciações pela sobrevalorização da ciganeidade e subestima das relações genderizadas. Todavia, estas raparigas estão já a ser educadas fora da completa "habituação", embora ainda muito condicionadas. A escola revela alguma capacidade de acolher, embora sob condições de «estranheza» e de algum entrincheiramento cultural. As paredes da comunidade começam a aparecer menos rígidas. Assim, diríamos que elas começam a estar na escola, embora sob **stress** e sob **suspeita**, em parte em resultado de uma comunidade que as puxa e de uma escola que não as agarra. A escola é ainda funcional à etnia. É preciso que se **diga** da necessidade, direito e responsabilidade da educação para as ciganas.

A reflexão realizada evidencia também como as raparigas continuam a ser educadas em percursos que as incitam à *conciliação de* vários discursos e tarefas, que no seu caso, o trabalho pago não dispensa. Elas estão a ser incentivadas a manter-se na escola, interrogamo-nos se como *mobilidade* ou como resposta à *desocupação* e falta de trabalho. Além disso, mostra-se como o conceito de *mobilidade* é ampliado quando é incluída a experiência das raparigas. Mobilidade alarga-se para conter "transformação da intimidade". Ora, num contexto de *justiça fraca* da escola como *espaço público homogéneo* parece permitir às raparigas como mais recursos agarrar a oportunidade e recuperar da situação de exclusão e discriminação, construindo percursos de acesso às credenciais. O desejo de se *aperfeiçoar educacionalmente* direcciona-as, numa primeira fase, para realizar percursos escolares longos e, numa segunda fase, incita-as a *diversificar* e *alargar* progressivamente as suas escolhas, de modo a *acederem* a carreiras profissionais e a superar a discriminação que caracterizava a experiência colectiva passada. Contudo, a nossa análise também evidencia como, na luta pela *diversificação de escolhas,* as raparigas se confrontam com dilemas de escolhas "pragmáticas", muitas vezes por "defeito", talvez mais como resposta à **consciência da dominação social masculina, do que como independência** (ARNOT *et al.* 1999), o que ao mesmo tempo explica, de alguma forma, a persistência e as remodelações da desigualdade. Os percursos de *aperfeiçoamento* e investimento educacionais exprimem o compromisso das mulheres em ultrapassar os caminhos convencionais, esperando efeitos de *transferibilidade* democratizantes e re/des/genderizados noutras esferas da vida, nomeadamente o distanciamento das "tarefas domésticas e privadas" e independência como mulheres (económica, emocional, pessoal e política).

Para finalizar esta análise diríamos que as jovens *ciganas e payas*, frequentando a mesma escola e no mesmo tempo histórico, apresentam uma **variedade e uma diversidade de percursos de crescer como rapariga**. Por isso, apresenta alguma viabilidade para o argumento defendido de que as raparigas da classe trabalhadora e da etnia cigana estão longe de ser uma homogeneidade e que a reprodução da variabibilidade social é produzida também através da produção da **variabilidade educacional**, ligada a critérios de diferença social distributiva, a modos de governo hegemónicos, a «conhecimentos» que circulam na escola, que subordinam uns e privilegiam outros. A diversidade de experiências mostra a reprodução desta variabilidade social e cultural é também genderizada.

Referências Bibliográficas

AAPOLA, Sinikka, GONICK, Marnina e HARRIS Anita (2005) *Young Femininity, Girlhood, Power and Social Change*. New York: Palgrave Macmillan.

ARAUJO, Helena C. (2005) "Cidadania na sua Polifonia – Debates nos estudos de educação feministas". *Provas da Agregação*, FPCEUP (*texto policopiado*).

CHARLOT, Bénard (2000) *Da relação com o saber, elementos para uma teoria*. Porto Alegre: Artmed Editora.

GORDON, Tuula, HOLLAND, Janet, LAHELMA, Elina (2000) "From pupil to citizen", in Madeleine Arnot e Jo-Anne Dillabough (ed.) *Challenging Democracy*. London e New York: Routledge Falmer, 187-202.

Grácio, Sérgio (1991) "Crise Juvenil e Invenção da Juventude. Notas para um Programa de pesquisa" in Stoer (org.), Porto: Afrontamento.

HEY, Valerie (2003) "Dançando à Roda das malinhas de mão: re-imaginar a cidadania através da amizade enquanto forma de luta", *ex aequo* n°7, 49-69.

LYNCH e LODGE (2002) *Equality and Power in Schools – redistribuition recognition and representation*. London e New York: Routledge Falmer.

MATOS, Manuel (2006) "O Ensino Secundário, esse desconhecido" (IV). Jornal A Página: 8 de janeiro de 2006.

THORNE, Barrie (2002) "Do Girls and Boys have different cultures?", in Stevi Jackson and Sue Scott (ed.) *Gender a Sociological Reader*. London: Routledge.

TOURAINE, Alain (1998) *Iguais e Diferentes – Poderemos viver juntos?*. Lisboa: Instituto Piaget.

YOUNG, Iris Marion (2000) *La justicia y la política de la diferencia*, Universitat de València: Ediciones Cátedra.

O silêncio das inocentes: o lugar simbólico do corpo das professoras na produção social da memória e da revalorização da profissão docente no Estado Novo

José Manuel Resende [85]

Este artigo explora com outra profundidade as questões discutidas na comunicação apresentada no III Colóquio Internacional que decorreu em Cabeceiras de Basto nos dias 25 e 26 de outubro de 2002 intitulado «Em busca da História das Mulheres Portuguesas» e que foi integrado no 6º Encontro realizado pela Associação Portuguesa de Investigação Histórica sobre as Mulheres. A construção deste artigo baseia-se em passagens incluídas na tese de dissertação de doutoramento em Sociologia discutida em 25 de setembro de 2001 na Faculdade de Ciências Sociais e Humanas da Universidade Nova de Lisboa. Apesar de a maioria das referências deste texto não serem mais do que traduções directas de alguns capítulos integrados na referida investigação designada «O Engrandecimento de uma Profissão. Os Professores do Ensino Secundário Público no Estado Novo», o artigo que agora se torna público não deixa de levantar outras questões ou fazer outras referências suscitadas por esta análise. A investigação efectuada entre

---

[85] Sociólogo, Investigador e Professor Auxiliar do Departamento de Sociologia da Faculdade de Ciências Sociais e Humanas da Universidade Nova de Lisboa. Para desenvolver a discussão científica entre os investigadores interessados nestas questões de uma forma mais rápida e mais cómoda há que fazer um uso mais intenso das potencialidades proporcionadas pelas novas tecnologias. Para concretizar este desejo torna-se público o endereço electrónico do autor deste artigo – josemenator@gmail.com

setembro de 1997 e novembro de 2000 e que está na origem tanto da dissertação como deste artigo foi integralmente apoiada pelo programa do PRODEP que apoiou a formação dos quadros do Ensino Superior. A história destas professoras ocorre num período temporal de cerca de 48 anos – 1926 a 1974 – marcado por um regime político corporativo e ditatorial. Como se tece esta história profissional? Os itinerários são múltiplos e compósitos. Os personagens e contextos também são distintos e plurais. O trabalho social da memória como dimensão importante para preservar as linhas de força desta história foi um dos caminhos escolhidos na investigação de maior fôlego entretanto concluída (RESENDE: 2003). Neste trabalho de conservação dos quadros da memória, as professoras do Ensino Secundário parecem não estarem dispostas a investir publicamente na profissão, ao contrário do que acontece com os professores. Estes monopolizam este trabalho de conservação dos quadros da memória social do professorado português. O que leva a este desinteresse por parte dos docentes do género feminino em investir numa profissão que se vai tornando a partir de meados da década de 50, num ofício em que as mulheres acedem cada vez em maior número? Por que é que a história desta profissão é escrita no masculino, em particular nos textos encontrados numa revista dirigida e animada por profissionais da mesma corporação? Neste texto levantamos algumas hipóteses e buscamos algumas pistas interpretativas com o propósito de responder a todas estas interrogações gerais.

1. O legado da memória do corpo profissional e o engrandecimento de uma profissão.

Num registo conceptual globalmente diferente das questões levantadas por Durkheim sobre a constituição da «consciência colectiva» [86], Maurice Halbwachs questiona na sua obra Os quadros

---

[86] A importância acordada por Durkheim à «consciência colectiva» revelou um entendimento sobre aquilo que Augusto Santos Silva designou como «uma tentativa de explicar toda a actividade racional, enquanto tal, pelas representações que cada sociedade fabrica» (Silva,1988:25). Para o sociólogo francês, a consciência produzida por uma colectividade política não se podia reduzir à soma das consciências individuais, isto é, a consciência colectiva sobrepunha-se a cada uma das suas componentes particulares, em virtude da sua função reguladora e integradora. Com o propósito de aprofundar a análise realizada por Durkheim sobre o conceito de «consciência colectiva» sugerem-se, entre outras, as seguintes leituras: DURKHEIM. E. (1970, 1ª edição 1924) – Sociologia e Filosofia, Rio de Janeiro, Forense Universitária e DURKHEIM. E. (1996) – As formas elementares da vida religiosa, São Paulo, Livraria Martins Fontes.

sociais da memória, escrita em 1925, quais os contributos realizados pela produção social da memória individual e colectiva para a perpetuação dos agrupamentos humanos e das sociedades modernas. O questionamento sobre as «representações» faz-se através da mediação do conceito «quadros da memória», referido nesta obra como representações recordadas pelos seres humanos por intermédio de pontos de referência reconhecidos pelas interacções desenvolvidas com outros seres humanos nos diferentes espaços de pertença desde a família, aos grupos profissionais e às classes sociais.

O recurso a este conceito não acontece por acaso. As tentativas de demarcação do espaço de intervenção científica da Sociologia como ciência mais bem preparada do que a Psicologia e a Psicologia Social para o estudo dos factos e fenómenos sociais contribuem para o desenvolvimento desta problemática. A articulação entre os actos de compreensão, reconhecidos por Halbwachs como factos psíquicos, e as representações que se expressam pela linguagem como forma de lhes conferir, num dado momento da história da sociedade, um determinado sentido particular, não é um movimento que possa ser explicado com a intervenção das categorias psicológicas. Aliás, a oposição, descrita pelo autor, entre a percepção dos objectos materiais exteriores aos indivíduos e os estados de consciência sentidos por estes, reforça a sua tese de que o fenómeno dos «quadros da memória» era uma problemática virtualmente sociológica. Em resumo, transformava-se num problema a ser estudado pela Sociologia.

Logo, o primeiro aspecto a ser definido quando se aborda a produção dos «quadros da memória» é o lugar central da percepção [87]. Sem a sua constituição actuante torna-se impossível o reconhecimento das recordações humanas. Em seguida, é preciso integrar este fenómeno no interior dos agrupamentos humanos, porque a expressão destas memórias só é feita com a intervenção das palavras e da linguagem. Por último, o seu raciocínio assegura

---

[87] Para confrontar estas reflexões desenvolvidas por Halbwachs sobre o trabalho realizado pela percepção dos indivíduos na sociedade e o seu contributo para a perpetuação da memória social com outros olhares sociológicos sobre o lugar da percepção no questionamento levado a cabo por esta disciplina, sugere-se a leitura da seguinte obra: CHATEAURAYNAUD, F., BESSY, C. (1995) – *Experts et Faussaires. Pour une sociologie de la perception*, Paris, Métailié.

que «os quadros sociais da memória» sejam efectivamente um produto social, isto é, sejam entendidos como parte integrante de um pensamento social. Para que tal se concretize na prática são necessárias convenções organizadas em sistemas que se apresentem articuladas aos referidos quadros.

Neste sentido, os «quadros sociais da memória» funcionam como os instrumentos usados pelos indivíduos para representarem as suas relações com outros seres humanos, representações expressas de diversas maneiras de acordo com o contexto histórico das sociedades humanas onde se encontram inseridos. «Mas», interroga-se Halbwachs, «como conceber que as nossas recordações, imagens ou conjuntos de imagens concretas, possam resultar de uma combinação de esquemas, ou de quadros?» (HALBWACHS, 1994, 1.ª edição, 1925: 279).

Responder a esta questão exige que se recorra ao conceito de representação, porque por seu intermédio é possível «explicar a produção ou a reprodução dos estados de consciência individuais, e em particular as recordações» (ibidem: 281). Neste sentido, as representações estão incluídas nos «quadros da memória colectiva»[88].

Por sua vez, os «quadros» integram ingredientes «encarados como noções mais ou menos lógicas, e logicamente encadeadas, que dão ensejo à reflexão, e como representações metafóricas e concretas de acontecimentos ou de personagens, localizadas no tempo e no espaço» (ibidem: 281). Os pontos de referência existentes e reconhecidos pelos indivíduos nos seus diversos espaços de pertença, da família às classes sociais, permitem que os sujeitos possam localizar, ou melhor, recolocar as suas recordações

---

[88] No âmbito do trabalho de investigação realizado sobre o engrandecimento da profissão docente no Estado Novo, tivemos a oportunidade de confrontar a definição do conceito de representação social que segue, em certo sentido, a perspectiva durkheimiana e maussiana - DURKHEIM, E., MAUSS, M. (1981, 1ª edição 1968/1969) – "Algumas formas primitivas de classificação" in Marcel Mauss (org.), *Ensaios de Sociologia*. São Paulo, Editora Perspectiva, 399-455 –, com as novas questões suscitadas pelas investigações realizadas pela Psicologia Social Para isso recorremos à proposta de Denise Jodelet (1997, 1.ª edição 1989), que define o conceito de representação social «como uma forma de conhecimento socialmente elaborado e partilhado, detendo uma visão prática e concorrendo para a construção de uma realidade comum a um conjunto social» (JODELET, 1997:53). As representações sociais como forma de conhecimento exigem que se esclareça qual o entendimento atribuído ao fenómeno cognitivo contemplado na sua definição. Se a produção de representações sociais se exprime pelo significado que é possível atribuir aos valores produzidos pela *hexis* corporal dos actores, a sua significação tem de ser procurada simultaneamente nos mecanismos que possibilitam a sua construção e a sua recriação prática.

integradas, tanto nos quadros da memória colectiva, como nos quadros da memória individual.

Quanto maior é a segmentação social nas sociedades humanas, característica imputada às sociedades urbanas e industrializadas, mais se multiplicam os pontos de referência e, como consequência, mais complexos são os quadros sociais da memória. Porém, a irregularidade da fixação dos pontos de referência no tempo, assim como a sua distribuição aproximada no espaço contribuem decisivamente para a divisão da temporalidade, e, ao mesmo tempo, alimenta «também o seu pensamento» (...) (ibidem:282), o que impõe àqueles quadros uma complexidade acrescida, isto é, a sua expressão integra no seu interior representações metafóricas, concretas e múltiplas.

No entanto, por mais complexa que seja a actuação dos pontos de referência na produção e reprodução das suas representações, estes possibilitam que os indivíduos desloquem o seu passado mais ou menos remoto para a sua vida no presente como duração temporal mais imediata. Nas transferências da memória de um passado mais ou menos longínquo até ao presente, as tradições ou as recordações colectivas acumuladas nas suas histórias contextualizadas desempenham uma função muito importante.

Na história recente das sociedades industriais, as classes sociais de constituição mais recente parecem não estar em melhores condições para a produção social da memória do que as classes mais tradicionais. O peso da história de umas, com as suas marcações mais vincadas por causa das trajectórias mais longas, e, por isso, mais ricas em pontos de referência, joga a seu favor relativamente ao que acontece com as classes mais «recentes».

Neste ponto, Halbwachs recorre à Antiguidade no espaço das classes sociais como critério de medida da riqueza dos quadros sociais da memória de cada uma delas. Assim, o quadro social de uma classe que reenvia para um passado de maior duração temporal permite afirmar que a memória de classe correspondente seja equivalente em termos da sua grandeza histórica.

No caso presente, a grandeza dos meios nobiliárquicos permite indicar estes grupos como «grandes», isto é, superiores em relação aos meios operários aqui classificados como «pequenos», isto é, inferiores. A grandeza hierárquica estabelecida pelo autor, sobrepondo e opondo os grandes e os pequenos, encontra no critério da duração histórica das respectivas classes a legitimidade para adoptar a idade como medida para aferir cada uma das memórias colectivas. A classe nobiliárquica sobressai pelos feitos das suas respectivas linhagens, histórias cheias de memórias; a classe operária recentemente formada ainda não possui uma grande espessura histórica, e ainda com a agravante de ter sido deslocada das zonas rurais para as zonas urbanas.

Apesar do êxodo do campo para a cidade não ser uma deslocação geográfica imputada exclusivamente às populações camponesas, que com a sua entrada no trabalho industrial mudam de estado social, a mobilidade espacial dos homens da corte não determina, em geral, uma alteração no valor social do seu *status*. Aliás, a memória objectivada na forma de os nobres se apresentarem, na sua postura corporal, e também nos objectos que habitualmente transportam quando mudam de local de residência permitem pensar que estas deslocações apresentam um significado distinto quando as relacionamos com os membros de uma ou de outra das duas categorias aqui mencionadas.

Então, como é que os indivíduos a viver em sociedades com múltiplos pontos de referência ligados aos seus diversos espaços de pertença se representam habitualmente? Os quadros de memória colectiva dos indivíduos, enquanto representações imaginadas ou concretas, articulam-se com os pontos de referência que são considerados por cada um e pelos grupos como os mais relevantes, isto é, aqueles que se conservam, passando a ser os seus pontos cardeais.

A relevância atribuída àqueles pontos varia historicamente. Antes, os títulos aristocráticos apareciam no espaço das classes sociais como indicadores relevantes nos quadros sociais da memória ali representados. Hoje, as qualidades ou as virtudes relevantes para os mesmos quadros de memória deslocam-se dos títulos para o género de actividade que as classes exercem e, simultaneamente, aquilo que demonstram ser capazes de exercer no âmbito daquela mesma actividade. Deste modo, a tradição e o costume dá lugar às capacidades técnicas e literárias enquanto referências destacadas nas categorias profissionais e respectivos espaços das classes.

O pensamento social não é, apenas, nem um pensamento baseado numa determinada lógica que se orienta exclusivamente de acordo com as convenções produzidas em cada presente histórico dum povo ou dos seus respectivos agrupamentos, nem um pensamento puramente tradicional, fechado sobre si mesmo, sem se deixar abrir às ideias e convenções estabelecidas ao longo da vida dos indivíduos. É por isso, que as «as crenças, qualquer que seja a sua origem, têm um duplo carácter. São tradições ou recordações colectivas, mas são também ideias ou convenções que resultam do conhecimento do presente» (ibidem: 295). Como corolário, o pensamento social, sendo memória, combina no seu interior uma multiplicidade de conteúdos oriundos de diversas matrizes.

Ao invés de Durkheim, para o qual as representações sociais assumiam uma natureza imanente face à transcendência da consciência colectiva [89], os quadros da memória de Halbwachs resultam da história interactiva dos grupos e da colectividade, onde o pensamento social ali enunciado resulta de uma combinação entre o passado e o presente.

Por outro lado, os atributos conferidos pela perspectiva durkheimiana às representações e à consciência colectiva nas suas relações com o todo social não são aceites por Halbwachs. Para este autor, existe uma multiplicidade de quadros da memória, correspondendo, aliás, à própria segmentação das sociedades urbanas e industriais.

De qualquer forma, a memória é um facto, um instrumento utilizado pelos indivíduos e pelos grupos para salvaguardarem o seu passado, isto é, para lutarem contra o esquecimento, recolocando no presente as principais referências transportadas pelas recordações e tradições já ocorridas, e que se articulam com as ideias e convenções presentes que, por sua vez, contribuem para reconstituir aquele mesmo passado.

Como facto, as memórias evoluem por fases, sempre de acordo com a antiguidade dos grupos aos quais pertencem [90]. Para uns,

---

[89] No sentido de se aprofundar o sentido imanente e transcendente atribuído por Durkheim ao conceito de representação social sugere-se a leitura da seguinte obra: GURVITCH, G. (1986, 1ª edição 1968) – A vocação actual da Sociologia, Volume II, Lisboa, Edições Cosmos.
[90] Neste sentido, Halbwachs continua ligado à perspectiva evolucionista desenvolvida, quer por Herbert Spencer, quer por Durkheim. É preciso notar que o significado atribuído por estes autores ao conceito de evolução social não pode ser confundido com o significado atribuído por Norbert Elias a este mesmo conceito. Cf. ELIAS, N. (1989) – *O Processo Civilizacional – Investigações sociogenéticas e psicogenéticas I Volume – Transformações do comportamento das camadas superiores seculares do Ocidente*, Lisboa, Publicações Dom Quixote; ELIAS, N. (1990) – *O Processo Civilizacional - Investigações sociogenéticas e psicogenéticas II Volume – Transformações da sociedade esboço de uma teoria da civilização*, Lisboa, Publicações Dom Quixote.

a memória é de uma grandeza elevada, para outros a sua grandeza é da espessura da sua recente história. Por outro lado, as classes sociais e a religião concedem à sua memória o estatuto de história.

Ao contrário, os quadros da memória das famílias reactualizam, no presente, aquelas memórias, possibilitando-lhes a sua deslocação para cada um dos seus membros, isto é, assumindo a natureza de um quadro de memória individual. Esta natureza adequa-se às funções socializadoras das famílias e, consequentemente, aos quadros afectivos produzidos no seu interior entre os adultos e as crianças. Resultantes das interacções ali consumadas, nos quadros familiares são possíveis maiores liberdades e negociações na reactualização e vivência do pensamento social inscrito na sua memória.

Daqui resulta uma diferença substancial entre o carácter dos quadros da memória familiar e os quadros da memória das classes e da religião. No primeiro caso, assiste-se a uma singularização da memória ao ser-lhe dada maior liberdade de actuação âmbito de cada indivíduo. No segundo, assiste-se a uma des-singularização da memória, estando a memória individual completamente asfixiada pela memória colectiva. Daí que a história colectiva se sobreponha às histórias individuais.

Com a singularização garantida na expressão da memória familiar, através das palavras e da linguagem, o «seu duplo carácter (lógico e afectivo) é unificado por uma ética da memória» (NAMER in HALBWACHS, 1994:339). Ao invés, nos quadros da memória colectiva das classes, o seu carácter era triplo: «ela é lógica, afectiva e avaliadora. O valor serve subjectivamente de sistema ético no interior e objectivamente de princípio de conhecimento da hierarquia exterior» (ibidem:340).

Em resumo, o atributo avaliador conferido por Halbwachs à memória colectiva dos agrupamentos classistas acaba por aparecer como medida de distinção entre as classes. A partir dessa medida, reconhece-se a legitimidade das assimetrias existentes entre as classes de acordo com a maior ou menor grandiosidade da sua respectiva história, isto é, de acordo com a maior ou menor grandiosidade das suas tradições e recordações recuperadas por cada uma delas no seu presente.

A sobreposição do todo às suas partes, da memória colectiva à (s) memória(s) individual (ais), não contribui apenas para a inexistência da negociação e correlativa liberdade, mas também contribui para a salvaguarda da sociedade global. Essa é uma das funções principais dos quadros da memória colectiva e socialmente partilhados por todos os cidadãos, nos amplos espaços de pertença constitutivos da colectividade, excluindo, obviamente, a singularidade das famílias.

Tendo presente a análise do trabalho de representação do corpo de professores do Ensino Secundário oficial – ciclo preparatório, liceu e escola técnica – e o modo como aquele mesmo trabalho se encontra objectivado em formas de julgamento e modelos de justificação diversos (BOLTANSKI, THÉVENOT: 1991, 1ª edição 1987) (BOLTANSKI: 2001), que têm por função fundamentar a acção desses profissionais, os ensinamentos recolhidos das reflexões realizadas por Durkheim e Halbwachs são muito importantes para este estudo [91].

Das reflexões sociológicas recolhidas de Halbwachs, o contributo analítico que este pensador desenvolve sobre a produção dos quadros da memória social das classes e das famílias é fundamental para compreender a possível acção que possa ter existido entre os professores, no sentido de estes tentarem, pela via da guarda da memória do seu corpo, preservar vivas as características fundamentais que conferem à docência um lugar de destaque no universo das profissões. Na verdade, esta hipótese tem todo o sentido de ser levantada, uma vez que o estudo procura analisar o trabalho de representação efectuado sobre o professorado do Ensino Secundário oficial, ao longo de um arco temporal de quase meio século.

Ao tentar apreender o objecto num arco temporal com esta dimensão, aquele trabalho de representação atravessa sucessivas conjunturas e contextos sociais distintos, uma vez que em cada

---

[91] A importância assumida por estas duas perspectivas não significa que tenhamos adoptado na investigação sobre o engrandecimento do professorado do Ensino Secundário público, os conceitos de representações sociais e quadros de memória definidos ora por Durkheim ora por Halbwachs de uma forma acrítica. Aliás, o cruzamento operado entre o trabalho de perpetuação da memória dos colegas mortos ou aposentados e os modelos de justificação avançados pelos subscritores dos elogios fúnebres denota uma preocupação em conferir ao conceito de «quadros de memória» um sentido menos linear, mais flexível, adequando-o deste modo ao significado dado na referida investigação (RESENDE: 2003) aos conceitos de actor e de acção social.

um destes períodos é muito provável não se observar uma dinâmica da procura – escolar e do ingresso de docentes – com ritmos de crescimento muito semelhantes [92]. Além disso, esta análise não fica circunscrita à tentativa de apreender o processo de representação da profissão efectuada exclusivamente por um dos ramos do Ensino Secundário. Ao pretender, em certo sentido, compreender o que acontece em cada um dos ramos deste grau de ensino – liceal e técnico – no domínio da produção social da memória do corpo profissional, faz todo o sentido dirigir a observação, em cada conjuntura, para este tipo de trabalho, com o propósito de captar qual o sentido e qual a intensidade desta actividade, entre os docentes do liceu e do técnico mais envolvidos na preservação das características deste professorado [93].

Em que sentido, os professores, em particular os professores mais comprometidos com a profissão se envolvem neste trabalho de preservação da memória do corpo em cada conjuntura que atravessa este estudo? Haverá alguma relação entre este trabalho de preservação da memória social realizado pelos membros das classes, no sentido atribuído por Halbwachs – nos planos lógico, afectivo e avaliador – e o trabalho de preservação da memória social do professorado desenvolvido pelos docentes do liceu e do técnico profissionalmente mais empenhados?

---

[92] Definimos três conjunturas para o estudo efectuado sobre o engrandecimento da profissão docente no Estado Novo. A primeira conjuntura envolve o período que decorre desde a criação da Ditadura Militar em maio de 1926 e a consolidação do Estado Novo em meados dos anos 40 (1947/48). A segunda conjuntura inicia-se na 2ª metade dos anos 40 e termina no final da década seguinte. A terceira e última conjuntura delimita o período que atravessa a década de 60 até ao fim do Estado Novo que acontece em resultado do êxito político conseguido com o golpe militar ocorrido em 25 de abril de 1974.

[93] Num primeiro olhar rápido por estas páginas é possível que se produza no leitor uma certa estranheza ou mesmo perplexidade, uma vez que neste artigo não se dá a conhecer o trabalho de produção da memória do corpo realizada por docentes do Ensino Técnico. Na verdade, a invisibilidade pública dos professores do Ensino Técnico que iam morrendo ou que solicitavam a passagem ao estado de aposentado é notória, apesar de se ter encontrado alguns exemplos que confirmam esta regra geral. Ao contrário do que acontecia com os professores dos liceus – que engrandeciam o corpo do professorado do Ensino Secundário falando dos seus colegas ou dos mestres da universidade, em particular os professores da Faculdade de Letras de Lisboa – os professores das escolas técnicas não se pronunciavam sobre os feitos académicos, cívicos, socializadores ou técnicos deixados no baú da memória dos seus colegas ou de mestres que leccionavam no Instituto Superior Técnico ou nas Faculdades de Ciências (RESENDE: 2003).

2. Recordar é viver: perpetuar o que está vivo por intermédio da memória dos que morreram.

Os anos dourados do trabalho de perpetuação da memória do corpo: 1926/50

O testemunho profissional deixado por muitos professores distinguidos pelos seus pares foi sempre encarado pelos docentes mais empenhados em pontear a definição desta profissão como um instrumento fundamental para justificar a existência do professorado como ofício de prestígio (HALBWACHS, 1994 1.ª edição, 1925). Todo este trabalho de qualificação das virtudes ligadas ao exercício da docência nunca deixou de estar presente na revista *Labor* ao longo da sua existência [94]. Marcada por uma continuidade editorial longa, os responsáveis por esta publicação preocuparam-se entre 1926 e o início dos anos 50 em dar grande relevo ao trabalho de perpetuação da memória do corpo profissional através da publicação de notícias que engrandeciam a profissão docente.

A morte – prematura, ou o desaparecimento físico como sinal de fim de um ciclo natural de vida biológica –, ou ainda o retiro por intermédio do estado de aposentado – por terem atingido o limite de idade, ou o limite do número de anos estabelecidos para oficiar esta profissão –, eram os dois ingredientes habitualmente explicitados para trazer a público o exemplo de vida profissional dos seus colegas. Os colegas, então, recenseados pelas publicações animadas pelos seus pares ainda vivos, ou tinham alterado o estado da natureza biológica com a morte, ou tinham alterado o estado da categoria profissional, por intermédio da aposentação.

---

[94] A revista *Labor* inicia a sua publicação no ano de 1926 meses antes do golpe de Estado que ocorre em maio do mesmo ano. Desde o início da sua publicação até à sua extinção, a referida revista é dinamizada por um grupo restrito de professores efectivos do Liceu de Aveiro. Entre as figuras que se destacam, quer na fundação da *Labor*, quer na continuidade deste trabalho editorial, contam-se os professores Álvaro Sampaio e José Tavares. Estes dois professores foram os grandes animadores deste projecto editorial e os dois assumiram, em períodos distintos, a responsabilidade de dirigir a revista. Por outro lado, é preciso referir que a *Labor* só interrompeu a sua actividade na década de 40, num momento perturbador para o País e para o governo, quer em virtude dos acontecimentos ocorridos no exterior – em que se destaca a II Grande Guerra Mundial –, quer em virtude de ocorrências verificadas no interior – em que se destaca uma maior intensidade da conflitualidade social tanto nas cidades como no campo (ROSAS: 1994).

Os docentes aclamados nas páginas das revistas de e para professores eram entendidos por quem os seleccionava como entidades de elevado potencial profissional, académico, educador e cívico. Quem é que os elegia para serem nomeados de professores de primeira grandeza [95]? Que significava essa eleição nos registos da memória do corpo dos professores dos liceus?

Na maioria dos casos, a escolha era feita pelos editores das publicações. Outras vezes, a selecção era feita sob proposta dos autores que habitualmente colaboravam com os editores dessas publicações. Com menor frequência, a escolha era proposta por algum notável exterior a esse mundo editorial.

Todos os acontecimentos da sua vida pessoal – por exemplo, a carreira académica –, ou os eventos principais da sua vida profissional – por exemplo, as publicações académicas ou os cargos assumidos durante a carreira –, ou ainda as posições políticas assumidas publicamente a propósito de qualquer questão que envolvesse a vida do professorado como classe – insatisfação manifestada por causa dos parcos vencimentos auferidos, ou as insatisfações manifestadas em relação a questões definidas no Estatuto, como, por exemplo, as diuturnidades, a contagem de tempo de serviço, a abertura de quadros, a lentidão no processo de profissionalização, etc., – eram critérios mais do que suficientes para que os docentes lembrados pelos colegas vivos fossem contemplados com um lugar de destaque nesta galeria da memória colectiva do corpo de professores do Ensino Secundário.

O testemunho deixado por estes profissionais era cuidadosamente recordado pelos guardiões da memória do professorado. O espírito de corpo (DUBAR, TRIPIER: 1998) justificava completamente esta acção meticulosamente desenvolvida pelos responsáveis destas revistas. A sua perda era lamentada, mas as qualidades

---

[95] Na verdade, a formação destas grandezas fazia parte do trabalho de modelização efectuado durante a pesquisa, cuja formatação conceptual seguia as regras estabelecidas por Boltanski e Thévenot nas suas reflexões a propósito *De la Justification. Les économies de la grandeur* (1991, 1ª edição 1987). Tendo como referência os modelos de justificação propostos por estes autores e as correspondentes *cités*, as grandezas então traçadas, por um lado, resultavam das relações estabelecidas com os alunos – concebidos com a dignidade de seres em estado de pequeno –, mas por outro lado, resultavam das relações estabelecidas com outros actores, em particular com os colegas – concebidos umas vezes em estado de grande outras vezes em estado de pequeno.

pessoais, profissionais e cívicas destes entes queridos sublimavam a ausência física do corpo de cada um que ia desaparecendo do mundo da profissão de professor.

As recordações deixadas por estes profissionais eram vistas como heranças de alto valor patrimonial [96]. A medida do seu valor patrimonial não resultava de nenhum padrão-medida estabelecido arbitrariamente pelos seus medidores responsáveis. A prova de demonstração que fundamentavam as escolhas reproduzidas nas páginas da revista – *Labor* – decorria directamente dos critérios anteriormente aduzidos: a riqueza ligada à história da sua vida pessoal, profissional e cívica.

A rica experiência acumulada por estes profissionais alimentava o espírito de corpo. A publicação destas memórias – notícias curtas, mas de tonalidades épicas e estilizadas, resvalando algumas vezes para uma relativa heroicidade ali exaltada (BOLTANSKI: 1982) – socorria-se daquela experiência, algumas vezes contada com a emoção contida de quem conseguiu manter uma relativa distância entre o narrador e a vida da pessoa descrita, ou, outras vezes, narrada com as emoções nada contidas de quem manteve ao longo da vida profissional uma forte afectividade com o amigo ou a amiga que acabava de desaparecer (BOURDIEU, SAINT-MARTIN: 1975).

A expectativa e a crença depositadas na força objectiva e subjectiva das vidas exemplares moviam os seus autores na definição do professorado como profissão, associando na sua fundamentação (retórica ou experimentada) diversos modelos de justificação, em particular os modelos de justificação inspirada, cívica e doméstica. Não estava em causa, de um modo exclusivo, nem a singularidade dos itinerários de cada docente, nem o elevado valor social a que cada professor gostaria de aspirar, caso conseguisse conservar a exemplaridade da profissão que abraçara no início da carreira.

---

[96] A simetria aqui estabelecida entre o trabalho de memória produzido pelo docente proponente e o valor das heranças deixadas por quem era objecto de recordação decorria do facto de haver entre estes profissionais o reconhecimento do valor acrescentado pelos professores em resultado do serviço que prestavam à comunidade a que pertenciam. Apesar da diversidade das justificações que fundamentavam o valor deste serviço prestado aos outros, o valor do seu trabalho aparecia sobretudo traduzido em duas tarefas fundamentais: a educação e a conversão das condutas dos alunos – num movimento do interior para o exterior –, por um lado, e a instrução ou a potenciação das capacidades dos alunos – num movimento semelhante ao anterior.

No entanto, as expectativas aqui em jogo não ficavam circunscritas aos casos individuais aqui citados com pompa e circunstância. O mais importante era traduzir a singularidade no colectivo da classe. Para isso, a operação fundamental era a de usurpar (PARKIN:1990) a singularidade das vidas dos professores eleitos, e transformá-la numa propriedade de todo o corpo de professores dos liceus, como um valor acrescentado para a conservação da notoriedade desta profissão, quer na sua relação com todos os poderes socialmente implantados pelas elites, quer na sua relação com os outros professores, quer ainda na sua relação com os alunos e os seus agregados domésticos.

Recordar já não era viver? O contexto da produção da memória nos anos 50

Nos anos 50, os responsáveis por esta revista mantiveram a página de necrologia [97]. Esta iniciativa pretendia transmitir aos seus leitores a notícia da morte de um colega. Na maior parte das vezes, a fonte de informação era exterior ao Liceu de Aveiro, escola onde estavam colocados os professores que dinamizavam esta publicação. Colegas integrados nos quadros de outros estabelecimentos de ensino, e conhecedores da existência da revista, informavam os responsáveis da redacção da *Labor* do falecimento do colega (ou da colega).

Com a passagem do tempo, esta página de necrologia foi perdendo o seu impacto. Por um lado, porque as notícias do falecimento de colegas não chegavam com tanta facilidade como acontecia nos anos 20 e 30. A paragem forçada da revista nos anos 40, também podia ter contribuído para atenuar os laços anteriormente estabelecidos entre a publicação e os seus leitores. Esta situação era também extensível às fontes de informação existentes nos outros liceus.

O amolecimento dos laços também podia ser estendido aos colaboradores frequentes da revista. Muitos professores, que anteriormente animavam a revista com os seus artigos, deixaram de es-

---

[97] Na verdade, o elogio fúnebre aparecia frequentemente como o tipo de notícia utilizado pelos professores do género masculino para destacar a vida e a obra dos colegas que morriam. As referências aos docentes que se aposentavam, destacando a sua vida e obra, eram muito menos frequentes.

crever, ou porque não pertenciam ao professorado, ou porque aquela colaboração tinha perdido algum sentido dez anos depois [98].

Por outro lado, o corpo de professores dava sinais de transformação interna com algum significado. A entrada de novos professores na profissão significava que parte do contingente dos docentes em actividade podia desconhecer a revista, ou, pelo menos, podia desconhecer os seus objectivos editoriais e a sua história passada.

As transformações morfológicas operadas neste período no corpo de professores podiam ter contribuído, também, para atenuar o sentimento de coesão, eventualmente sentido pelos docentes em décadas anteriores. Os congressos pedagógicos não voltaram a ser organizados e nenhuma outra organização ou outro acontecimento destinado aos membros da classe foram idealizados para os substituir, permitindo a mobilização do professorado.

Com o crescimento do professorado feminino, as candidatas ao estágio começaram a ser em maior número, e esta situação reflectiu-se também nos concursos abertos pelo Estado para o preenchimento de lugares disponíveis nos liceus. Com o aumento de candidatas a concurso, muitas delas acabavam por ficar colocadas em liceus destinados a albergar exclusivamente alunos do género masculino [99].

---

[98] A redução do número de notícias sobre a morte de colegas da profissão aumentava à medida que a morfologia do corpo dos docentes do Ensino Secundário tendia a crescer em valor numérico. As razões do referido decréscimo eram diversas e resultavam de um cruzamento de processos e de dinâmicas que não dependiam directamente de uma exaustiva caracterização das situações ou dos quadros de interacção recriados pelos professores nos liceus. Recair a análise sobre o envolvimento proporcionado pelo tipo de sociabilidade ou de ambiente que envolvia a pluralidade de experiências ou de vivências experimentadas pelos docentes nas escolas pode ser aqui entendida como uma dimensão analítica a destacar em próximas investigações centradas em reflexões sobre as gramáticas accionadas pelos actores modernos (MARTUCCELLI: 2002).

[99] Apesar de um maior número de candidatas em condição de entrar com aprovação nos estágios que funcionavam nos liceus normais, o seu recrutamento em valor numérico nunca correspondeu, em termos estatísticos, ao valor real do professorado feminino, em valor absoluto, existente no corpo dos professores, quer dos liceus, quer do Ensino Secundário em geral (RESENDE: 2003). Aliás, a partir dos anos 50 até ao consulado do Ministro de Educação do período marcelista – Veiga Simão – a questão da constituição de cotas masculinas, tanto para os estágios nos liceus normais como para os concursos destinados a preencher o número de quadros disponíveis, passou a constituir, cada vez com mais intensidade, como um dos pontos da agenda de discussão política, quer no Parlamento, quer no Executivo, quer ainda nas páginas de diversas publicações. Com a fuga do ensino dos potenciais professores do género masculino, o debate em torno da figura do docente «homem» acentuou-se, uma vez que a sua ausência da escola era sentida, por alguns dos seus protagonistas – talvez os mais próximos da linha doutrinária do regime – de uma forma equivalente à ausência da figura de pai no interior dos agregados domésticos.

Com a entrada de professoras nos liceus masculinos, deu início a uma viragem morfológica no interior deste corpo. A feminização do professorado jamais deixou de crescer, mas o tipo de relações entre os dois géneros parecia não ter sofrido grandes alterações.

A representação do lugar da mulher na profissão de professor só serviu, aparentemente, para colmatar a falta de professores que, pouco a pouco, deixaram de se candidatar aos lugares abertos e definidos pelos concursos autorizados pelo Ministério da Educação Nacional. Neste sentido, era possível admitir que, ao nível da administração escolar, os cargos de chefia continuavam a ser preenchidos por professores do género masculino [100].

Os níveis de participação escrita das professoras nas revistas de professores não eram muito significativos. Na sua grande maioria, os artigos publicados na revista *Labor* eram assinados por professores.

O que podia revelar este indicador? Do nosso ponto de vista, revelava ainda uma determinada representação da mulher fundamentada pelo recurso ao modelo de justificação doméstico. Tudo indicava que a representação pública do trabalho das professoras estava a cargo dos seus colegas masculinos.

No entanto, era raro encontrar uma referência explícita ao seu trabalho concreto. A própria escrita dos registos não fazia qualquer referência ao universo feminino, quer do lado das professoras, quer do lado das alunas. O silêncio público sobre o lado feminino na educação estatal assinalava o lugar subalterno da mulher, tanto neste domínio como na própria sociedade.

O contínuo crescimento, embora lento e irregular, do número dos edifícios construídos para instalar os liceus, acentuou a dispersão dos professores, quer no interior das cidades de Lisboa e Porto (e dos seus arredores), quer nas outras províncias da metrópole. A referida dispersão geográfica, e a dificuldade em organizar eventos destinados a congregar os membros do professorado dos liceus terão contribuído ainda mais para reduzir as representações construídas sobre o espírito de classe profissional.

---

[100] Esta era a regra geral sobretudo nos liceus frequentados tanto pela sub-população estudantil masculina como pela sub-população estudantil feminina. Os liceus femininos eram a única excepção porque os cargos de chefia eram preenchidos por docentes do género feminino.

O silêncio sobre as professoras não se verificava exclusivamente quando o objecto do relato da notícia era a sua trajectória e o seu desempenho profissional. A indiferença era mais profunda, porque as atingia, quer na situação de destinatárias destas homenagens, quer como emissoras destas homenagens.

As homenagens eram redigidas, na maior parte das vezes, por um professor do género masculino. Os homenageados eleitos pela revista também pertenciam ao mesmo género e, por isso, a justificação da notícia e do seu emissário aconteciam com a naturalidade de quem era presenteado com um convite da direcção desta publicação para escrever umas linhas sobre a vida desse professor.

Tal naturalidade não parecia estranha a ninguém, uma vez que a referência sexual, tornava-o mais capaz de captar as características pessoais e de trabalho do professor homenageado, com a precisão necessária, o equilíbrio e a ponderação exigida pelas circunstâncias, que qualquer professora, mesmo que ela fosse colega do mesmo grupo disciplinar, e, simultaneamente, fizesse parte do círculo de amizades do docente que acabava de morrer.

A apresentação do eu do professor fazia parte da lógica das relações naturais desenvolvidas entre pessoas do mesmo género. Era absolutamente natural que o convívio profissional fosse pautado segundo estas regras.

O contrário parecia mal, ou, no mínimo, estranho [101]. Porém, esta condenação social aparecia como justificação mais severa se fosse a mulher a romper com esta regra geral, estabelecida para regular o convívio são entre os dois géneros.

Aliás, esta convenção social das relações entre os géneros era traduzida na convivência escolar. Na verdade, através da existência de liceus destinados ao género feminino – os liceus femininos – interditos a alunos e a professores do género oposto, e através da existência de liceus destinados ao género masculino – os liceus masculinos – interditos a alunas do género oposto, embora a entrada de professoras nestes estabelecimentos de ensino resultasse

---

[101] Sobre a análise do lugar do estranho nas sociedades modernas ou melhor sobre a análise da forma como a figura do estranho é trabalhada nas sociedades modernas – sociedades marcadas pelo projecto imaginado de modernidade – sugere-se a leitura da seguinte obra: BAUMAN, Z. (1998) – *O Mal-Estar da Pós-Modernidade*, Rio de Janeiro, Zahar Editor.

mais da redução do número de candidatos masculinos ao professorado do que de qualquer alteração a esta regra de carácter universal, a referida convenção social mantinha-se com uma força acrescida de sentido para todos os actores.

Mesmo nos liceus mistos, a co-educação não era uma prática autorizada, uma vez que os alunos se encontravam integrados em duas secções distintas do liceu, com um território próprio que marcava a fronteira física entre o sexo feminino e o sexo masculino. Todo este ambiente escolar marcava a sociabilidade entre os dois géneros, contribuindo para reforçar as fronteiras simbólicas entre uma grandeza elevada dos professores e uma outra grandeza mais reduzida das professoras. Por outro lado, é preciso não esquecer que já nesta altura se erguiam vozes – quase sempre do género masculino – a clamar pela institucionalização de cotas destinadas a proteger a carreira dos professores no Ensino Secundário. Esta tomada de posição cada vez mais frequente entre os actores mais próximos do universo escolar, surgia num contexto marcado por uma diminuição crescente do recrutamento de professores do género masculino, tanto nos liceus como nas escolas técnicas.

Por que passou a ser difícil, nos anos 60 e 70, a apreensão do pulsar da actividade dos profissionais, através da recordação do trabalho dos colegas desaparecidos?

O trabalho de representação da memória de uma profissão pode nunca desaparecer. A história que os seus profissionais transportam ao longo do tempo que percola (SERRES: 1996) é sempre suficientemente rica para deixar material de natureza diferente e para poder, em qualquer momento, ser trabalhada como objecto de representação.

Experiências vividas por diferentes gerações de profissionais, eventos marcantes nas histórias individuais e colectivas, objectos com diversas marcas do tempo e indicativas de outras formas e modalidades de julgar o lugar da profissão e dos seus profissionais, etc., constituem o abundante material sobre o qual é sempre possível laborar a memória de um ofício. Então, porque desfalece esse desejo de trabalhar o sentido dessa memória, através do relato das vidas e das experiências partilhadas com os colegas de uma mesma profissão? O desejo talvez não desapareça, as condições, os contextos de trabalho e das relações entre colegas do mesmo ofício, é que se alteram ao longo da história de uma profissão. E, com aquela modificação, promovem-se outras prioridades e outros sentidos distintos. Estes sentidos e estas prioridades, transportadas por professores mais jovens, não têm outra alternativa que não seja a de cooperar, questionar ou disputar no espaço da escola o lugar detido, naqueles locais, por outras prioridades e por outros sentidos já estabelecidos pelos membros instalados há mais tempo na profissão.

Foram justamente as modificações dos contextos, das condições de trabalho e das relações entre os professores dos liceus que tornaram mais difícil a expressão pública da representação da memória destes profissionais. O crescimento morfológico do corpo podia ser uma razão não desprezível, para a ocorrência do facto atrás relatado. Na verdade, com o aumento do número de profissionais tornava-se mais difícil a operação de seleccionar as figuras que representavam melhor a herança deixada pela geração anterior e que precisava de ser mantida viva para as gerações futuras.

As tentativas de preservar a dignidade da profissão e dos seus profissionais apresentavam melhores resultados quando as figuras distintas eram numericamente mais escassas. O crescimento do número de potenciais personalidades a serem objecto de distinção por membros do grupo tendia a reduzir as probabilidades de ganhos para a profissão, quer em termos absolutos, quer em termos relativos.

Se a escolha dos eleitos se tornava num trabalho cada vez mais penoso, a decisão dos critérios que deviam presidir a essa selecção era ainda uma tarefa mais complicada. As experiências partilhadas pelos profissionais multiplicavam-se e acompanhavam a percolação do tempo (SERRES: 1996).

Os contextos e as situações primárias de aprendizagem e de convivência nos bancos das universidades também já não eram os mesmos. O número de estabelecimentos de ensino liceal e técnico crescia, umas vezes mais lentamente, outras vezes mais aceleradamente (GRÁCIO: 1986), (NÓVOA: 1992). Estas transformações contribuíam para alterar as disposições e as expectativas, quer dos futuros profissionais, quer dos profissionais já provisória ou definitivamente instalados.

A probabilidade de continuarem a manter um contacto frequente nem sempre era um projecto possível de concretizar. As situações e as experiências locais podiam revelar, em cada contexto, valores com sentidos diferentemente valorizados, tanto por aqueles que tinham a oportunidade de as partilhar entre si, como por aqueles que, distantes desse contexto, se aventuravam a estabelecer pontos de comparação entre os vários sentidos prováveis em jogo.

3. O silêncio das inocentes ou a tentativa de explicar o processo histórico de naturalização de uma ordem entre os géneros assente num trabalho de representação distinto do lugar detido por cada um tanto no espaço público como nos contextos de trabalho? Algumas pistas para prosseguir uma investigação agora iniciada.

Chegados ao fim desta análise convém traçar algumas pistas interpretativas no sentido de contribuir para a compreensão de um processo de representação profissional no mínimo paradoxal. Na verdade, não deixa de ser curioso verificar que com o crescimento morfológico do corpo docente, sobretudo a partir da década de 50, deu-se a entrada de mais mulheres no professorado.

O ingresso em massa de mais mulheres no ensino parecia revelar-se no próprio momento em que os seus colegas masculinos se desinteressavam pelo trabalho de representação da memória desta profissão. Por outro lado, este desinteresse dos docentes do género masculino, medido pelo decréscimo do número de referências necrológicas na revista *Labor*, no trabalho de reavivar a memória do seu corpo profissional e dos seus profissionais, não era substituído por um investimento da mesma natureza, e com a mesma intensidade, agora realizado pelas professoras. Por quê?

A resposta a esta questão, aparentemente simples, não era tarefa fácil. Ousadamente, avançaremos com algumas hipóteses de resposta possível àquela interrogação.

Desde o início da pesquisa verificámos que competia aos professores do género masculino o controlo da publicação (a *Labor*) [102], em que eram apresentados os personagens eleitos como figurantes da lista dos representantes dos professores a figurar na galeria destinada a preservar a memória deste corpo profissional. Sob a alçada deste grupo de professores do quadro, em maioria nos anos 20 e 30, o trabalho de representação da memória professoral privilegiou, em particular, a figura do mestre universitário ou o liceal masculino.

E a razão desta escolha não derivava, num primeiro e decisivo momento, de qualquer julgamento natural sobre a diferença de capacidades ou de virtudes entre as professoras e os professores. A selecção resultava, directamente, do trabalho de representação do lugar detido por cada um destes dois géneros no universo das profissões ou dos ofícios.

E na origem daquele trabalho de representação estava um outro trabalho de representação referente ao lugar dos dois géneros na família e no mundo laboral. A partir daqui surgia com mais autoridade, porque justificada pela experiência e pela natureza da sociabilidade típica desta época (MARTUCCELLI: 2002), toda uma construção naturalista sobre as virtudes ligadas às diferenças entre os dois géneros.

O lugar de chefe de família destinado ao género masculino conferia-lhe a responsabilidade de proteger, em todos os aspectos, a vida de todos os membros da família. Por isso, uma das primeiras tarefas do chefe de família era procurar trabalho para poder sustentar o seu agregado familiar.

Nesse sentido, no mundo do trabalho o lugar da mulher era então naturalmente colocado num plano secundário ou mesmo

---

[102] Convém salientar que as reflexões que se apresentam neste texto resultam de uma análise de conteúdo a um conjunto de notícias publicadas ao longo das duas séries – 1926/40 e 1950/1972 – da revista *Labor*. Como já mencionámos os elogios fúnebres analisados podem ser consultados em «O Engrandecimento de uma Profissão. Os Professores do Ensino Secundário Público no Estado Novo», trabalho realizado entre 1997 e 2000 e que está na origem da dissertação em doutoramento defendido na Faculdade de Ciências Sociais e Humanas da Universidade Nova de Lisboa em setembro de 2001. Não sendo possível transcrever neste artigo partes retiradas das referidas notas biográficas e dos elogios feitos ao docente que desaparecia, a nossa opção foi incluir na bibliografia um conjunto de documentos consultados durante a investigação acima mencionada.

num plano não referenciado, ou intencionalmente esquecido. A doutrinação política e o trabalho ideológico reforçavam ainda mais aquelas crenças naturalistas, desdobrando-se em fundamentações de toda a espécie para colocar cada um dos géneros no seu devido lugar, ou melhor, no lugar que lhes estava há muito tempo destinado.

Com o crescimento do número de professores, não entraram só mais mulheres. A transformação morfológica contribuiu também para um rejuvenescimento do corpo, com ritmos diferenciados entre os diferentes ciclos e ramos de ensino, mas que se foi acelerando nos anos 60 e 70. (RESENDE: 2003)

O ingresso de mais professores jovens de ambos os sexos trouxe para os estabelecimentos de ensino um outro conjunto de problemas e questões. Com esta massa de jovens professores entraram nas escolas outros estilos de vida, outras preocupações, outras expectativas, outras experiências, outras prioridades relativas ao trabalho que ali realizavam diariamente, em suma, outras disposições e julgamentos práticos que revelavam outras formas de sentir, de julgar, de gostar, de percepcionar e de agir perante a profissão.

Entre as experiências marcantes para muitos destes jovens professores contavam-se aquelas que tinham sido vividas durante a sua passagem pela Universidade. Ali, os jovens estudantes confrontavam-se, desde o início dos anos 60, com uma situação de convulsão quase permanente com o poder instalado nas universidades e fora delas. (RESENDE, VIEIRA:1992)

Contudo, a representação dessas experiências de luta política variou no interior daquele vasto grupo de jovens. Para alguns deles, aquela experiência não trouxe qualquer consequência acrescida para o seu modo de agir face a uma situação política e governamental particular, no contexto dos países democráticos europeus. Para outros, ao contrário, aquela experiência conferiu-lhes a oportunidade de se envolverem politicamente nas questões do dia a dia, incluindo as questões partilhadas na profissão de professor.

Para estes últimos, a experiência do compromisso político então realizado, também não assumiu, entre todos, o mesmo sentido. Uns envolveram-se em causas eminentemente políticas, integrando-se em agrupamentos já organizados, ou que estavam a tentar criar uma estrutura organizacional.

Outros comprometiam-se com causas de natureza cultural destinadas a questionar os costumes e os estilos de vida estabelecidos. Embora tais confrontos assumissem também contornos políticos, a sua condução era menos organizada, uma vez que as suas preocupações não visavam seguir um projecto de luta estruturado em torno de objectivos macro políticos concretos que, em última instância, pretendiam constituir uma nova sociedade e um homem novo, libertos de qualquer sujeição económica e social.

Todos estes processos combinados entre si podem ter contribuído para reforçar a percepção naturalizada do lugar subalterno da figura feminina nos diferentes contextos, mas particularmente no contexto ligado ao trabalho de engrandecimento da profissão de professor. Este retrato parece alterar-se nos anos 70, ainda antes do derrube do regime político vigente durante o Estado Novo. Na verdade, outras publicações – por exemplo o «Diário de Lisboa» – começam a dar destaque à figura feminina na docência através da convocação presencial de professoras em entrevistas e mesas redondas, tal como aconteceu com a mesa redonda organizada por este jornal no início da década de 70. As referências ao universo feminino ligado a esta profissão é contudo ainda diminuto, uma vez que estas notícias tentam sobretudo explorar o descontentamento profissional latente e manifesto nas escolas – objectivado por exemplo pelo movimento dos «grupos de estudo» (RESENDE: 2003) –, decorrente tanto do crescimento numérico do número de professores [103] – sobretudo de professoras – como das transformações ocorridas no ambiente dos liceus e escolas técnicas.

---

[103] Muitos dos professores e professoras recrutadas para o ensino – Ciclo Preparatório, Liceus e Escolas Técnicas – não detinham as habilitações académicas e profissionais exigidas pelo Estado para o exercício da profissão de professor. A degradação estatutária, dos vencimentos e das condições de trabalho, a ausência de um estatuto profissional e de sindicatos ou de outro tipo de associações profissionais credíveis para a classe, constituíam os principais factores do mal-estar docente associado ao reconhecimento pelos professores – sobretudo pelos docentes mais jovens – da crescente desvalorização social da sua profissão.

Referências Bibliográficas

BAUMAN, Z. (1998) – *O Mal-Estar da Pós-Modernidade*, Rio de Janeiro, Zahar Editor.

BOLTANSKI, L. (1982) – *Les cadres. La formation d'un groupe social*, Paris, Les Éditions de Minuit.

BOLTANSKI, L., THÉVENOT, L. (1991, 1ª edição de 1987) – *De la justification. Les économies de la grandeur*, Paris, Éditions Gallimard.

BOLTANSKI, L. (2001) – «A Moral da Rede ? Críticas e justificações nas recentes evoluções do capitalismo», *Forum Sociológico*, nº 5-6, 13-35.

BOURDIEU, P., SAINT-MARTIN, M. de (1975) – "Les catégories de l'entendement professoral", *Actes de la Recherche en Sciences Sociales*, nº 3, 68-93.

CHATEAURAYNAUD, F., BESSY, C. (1995) – Experts et Faussaires. Pour une sociologie de la perception, Paris, Métailié.

DUBAR, C., TRIPIER, P. (1998) – *Sociologie des Professions*, Paris, Armand Colin.

DURKHEIM. E. (1970, 1ª edição 1924) – *Sociologia e Filosofia*, Rio de Janeiro, Forense Universitária.

DURKHEIM. E. (1996) – *As formas elementares da vida religiosa*, São Paulo, Livraria Martins Fontes.

DURKHEIM, E., MAUSS, M. (1981, 1ª edição 1968/1969) – "Algumas formas primitivas de classificação" in Marcel Mauss (org.), *Ensaios de Sociologia*, São Paulo, Editora Perspectiva, 399-455.

GURVITCH, G. (1986, 1ª edição 1968) – *A vocação actual da Sociologia*, Volume II, Lisboa, Edições Cosmos.

HALBWACHS, M. (1994, 1ª edição 1925) – *Les cadres sociaux de la mémoire*, Paris, Éditions Albin Michel.

ELIAS, N. (1989) – *O Processo Civilizacional – Investigações sociogenéticas e psicogenéticas* I Volume – *Transformações do comportamento das camadas superiores seculares do Ocidente*, Lisboa, Publicações Dom Quixote.

ELIAS, N. (1990) – *O Processo Civilizacional – Investigações sociogenéticas e psicogenéticas* II Volume – *Transformações da sociedade esboço de uma teoria da civilização*, Lisboa, Publicações Dom Quixote.

GRÁCIO, S. (1986) – *Política educativa como tecnologia social. As reformas do Ensino Técnico de 1948 e 1983*, Lisboa, Livros Horizonte.

JODELET, D. (1997) – "Représentations sociales: un domaine en expansion" in Denise Jodelet (dir.), *Les Représentations Sociales*, Presses Universitaires de France, 47-78.

MARTUCCELLI, D. (2002) – *Grammaires de l'individu*, Paris, Gallimard.

NÓVOA, A. (1992) – "A «Educação Nacional»" em *Portugal e o Estado Novo (1930-1960)*, in Fernando Rosas (org.) J. Serrão e A.H.O. Marques (dir.), *Nova História de Portugal*, Lisboa, Editorial Presença, Volume XII, 455-519.

PARKIN, F. (1990, 1ª edição 1982) – "Social closure and class formation" in A.Giddens e D.Held (ed.), *Classes, power and conflict. Classical and contemporary debates*, Houndmills, Basingstoke, Hampshire, London, Macmillan Education LTD, 175-184.

RESENDE, J.M., VIEIRA, M:M. (1992) – "Subculturas Juvenis nas Sociedades Modernas: Os Hippies e os Yuppies", *Revista Crítica de Ciências Sociais*, nº 35, 131-147.

RESENDE, J.M. (2000) - «As qualidades domésticas da arte de educar o povo nos anos 30. Uma primeira aproximação ao elogio feito ao modelo de justificação doméstico como fundamento para a função social desempenhada pela acção do professor do liceu», *Forum Sociológico*, nº 3/4 (2ª série), pp. 213-237.

RESENDE, J.M. (2003) – *O Engrandecimento de uma profissão. Os professores do Ensino Secundário Público no Estado Novo*, Lisboa, Fundação Calouste Gulbenkian/Fundação para a Ciência e Tecnologia.

ROSAS, F. (1994) – *O Estado Novo (1926/1974)*, in MATTOSO, J. (dir.), *Nova História de Portugal*, Lisboa, Círculo de Leitores, Volume 7.

SERRES, M. (1996) – *Diálogo sobre a Ciência, a Cultura e o Tempo. Conversas com Bruno Latour*, Lisboa, Instituto Piaget.

SILVA, S.S. (1988) – *Entre a razão e o sentido. Durkheim, Weber e a Teoria das Ciências Sociais*, Porto, Edições Afrontamento.

Documentos

AAVV (1928) "Doutor José Maria Rodrigues", *Labor*, Ano III, nº 11, pp. 5-6.

AAVV, (1928)"Dr. Júlio Henriques", *Labor*, Ano III, nº 14, pp. 209-211.

AAVV, (1938) "Necrologia Dr.ª Carmélia Nunes da Graça" *Labor*, Ano XII, nº 92, pp. 703-704.

ALMEIDA, Mário C. d' (1934) "Necrologia", *Labor*, Ano VIII, nº 55, pp. 518-524.

CANDEIAS A. (1957) "In Memoriam Dr. António Nicodemos de Sousa Pereira. Uma interpretação", *Labor*, Ano XXII, nº 170, pp. 96-98.

CARVALHO, Joaquim (1926) "D. Carolina Michaelis de Vasconcelos", *Labor*, Ano I, nº 2, pp. 72-73.

CORTESÃO, Jaime (1958) "Doutor Joaquim de Carvalho", *Labor*, Ano XXIII, pp. 117-119.

DACIANO, Bertino (1960) "Dr. Augusto César Pires de Lima (1883-1959)", *Labor*, Volume XXIV, pp. 302-305.

FÉLIX, Adelaide (1962) *"In memoriam* – José Saraiva", *Labor*, Volume XXVI, pp. 405-408.

GRADIL, Pedro (1928) "A um Mestre eminente. Homenagem merecida", *Labor*, Ano III, nº 11, pp. 13-15.

LIMA, Jaime de Magalhães (1926) "D. Carolina Michaelis de Vasconcelos", *Labor*, Ano I, nº 2, pp. 67-71.

LIMA, Jaime de Magalhães (1928) "Júlio A. Henriques. O seu saber, o seu carácter e a sua fidelidade", *Labor*, Ano III, nº 14, pp. 212-218.

LOFF, Abel (1931) "Dr. José Francisco Alves Barbosa de Bettencourt", *Labor*, Ano VI, nº 32, pp. 234-237.

MACHADO, Luís Saavedra (1938) "O Professor Abílio Roseira", *Labor*, Ano XII, nº 87, pp. 252-259.

MARQUES, F. Costa (1959) "Dr. António Correia de Almeida e Oliveira. Testemunho", *Labor*, Volume XXIV, pp. 113-118.

SAMPAIO, Álvaro (1931) "José Augusto dos Santos", *Labor*, Ano VI, n°s 35-36, pp. 447-448.

SAMPAIO, Álvaro (1966) " Há quarenta anos", *Labor*, Volume XXX, pp. 177-186.

SOARES, Armando Cirilo (1927) "Dr. António Joaquim de Sá Oliveira", *Labor*, Ano II, nº 8, pp. 250-255.

TAVARES, José (1926) "Prof. Dr. Elias Fernandes Pereira", *Labor*, Ano I, nº 3, pp. 220-222.

TAVARES, José (1927) "Carlos Duarte e a Labor", *Labor*, Ano II, nº 5, pp. 5-7.

TAVARES, José (1953) "Necrologia. Dr. António Augusto Pires de Lima", *Labor*, Ano XVIII, nº 134, pp. 137-139.

TAVARES, José (1957) "Necrologia. Dr. José Henriques Barata", *Labor*, Ano XXI, nº 164, pp. 406-409.

As vicissitudes da mulher japonesa: da submissão à força feminina

Elena Etsuko Shirahige [104]
Marília Matsuko Higa [105]

Um casal de japonês caminha: ele a passos largos e com postura altiva; ela, sua mulher, logo em seguida, mais especificamente três passos atrás, com andar miúdo e olhar ligeiramente voltado para o chão. O *kimono* não lhe permite a liberdade de movimento das pernas, por isso para acompanhar seu marido é preciso voltar ligeiramente os pés para dentro e colocar um pé diante do outro num movimento rápido, pequenino e contínuo.

Eis uma cena típica e familiar com a qual já nos deparamos em algum momento, seja em filmes, ilustrações, configurações emergentes das leituras ou até mesmo vista *in loco*, o que ilustra a hierarquia vigente do casal, ou seja, a autoridade do marido e a submissão da mulher.

Em contrapartida, no documentário "Sinais de Mudança"[106], exibido pela TV Cultura, intitulado "Japão – vida de solteira", cons-

---
[104] Psicóloga clínica e educacional, professora doutora pela Faculdade de Educação da Universidade de São Paulo.
[105] Psicóloga, professora doutora pelo Instituto de Psicologia da Universidade de São Paulo, professora-assistente do Departamento de Psicologia da Educação da Faculdade de Filosofia e Ciências da UNESP, Marília –SP.
[106] Produção da TV Trust for Environment, segundo a informação fornecida pelo Serviço de Atendimento ao Telespectador da TV Cultura.

ta a seguinte informação[107]: nota-se uma mudança no Japão: o número de mulheres que trabalham vem aumentando e sua visão de mundo vem sofrendo alteração. Nas grandes cidades, metade das mulheres na faixa dos 30 anos não está casada. São pessoas independentes financeiramente e que não moram mais com os pais. Elas saem, divertem-se e dizem que não sentem falta do casamento e sim de um companheiro para uma relação compensadora. Não querem depender financeiramente do marido ou ficar presas a ele. Essa atitude torna difícil a relação homem e mulher, por isso já existe uma escola de noivos, na qual um professor ensina como os homens devem se comportar para conquistar essa nova mulher.

O nosso imaginário é permeado pela figura de mulher japonesa tradicional apresentada na cena inicial, sendo a subserviência ou a submissão *aparente* (grifo nosso) sua característica marcante. Temos conhecimento também das rápidas transformações industriais do período após a II Guerra Mundial, o que culminou em grande crescimento econômico e em mudanças do panorama social japonês, ainda que algumas características da sociedade tradicional permaneçam. Daí, o estranhamento diante da informação sobre a nova figura feminina, urgindo respostas para algumas questões. Quais são essas mudanças? É algo que está ocorrendo em todos os locais ou trata-se de mudanças localizadas em grandes centros urbanos? Quem é essa nova mulher? Em que medida a tradição permanece? De quais mulheres podemos falar?

O presente texto visa a responder a essas questões, desvelando algumas facetas da dimensão da mulher japonesa a fim de compreender o seu universo e revelar os aspectos imutáveis e as transformações ocorridas.

Breve Histórico

O domínio do feminino faz-se presente na figura da deusa shinto do sol, *Amaterasu*, considerada ancestral mítica da família real do Japão. Seu nome completo *"Amaterasu-o-mi-kami"* significa "Gloriosa Deusa que Brilha no Céu", gerada por deuses criadores

---

[107] Sinopse fornecida gentilmente pelo Serviço de Atendimento ao Telespectador da TV Cultura.

Izanagi no Mikoto (Homem que convida) e *Izanami no Mikoto* (Mulher que convida), descendentes diretos dos céus e criadores das várias ilhas do Japão, além das montanhas, rios e mares que o cercam, para governar todos esses domínios.

Da mesma forma, em tempos remotos, a mulher era vista como tendo poder sobrenatural que permitia comunicação com o divino. Ademais, até o início da era Muromachi (1336), a sociedade japonesa era matriarcal (IWAO, 1993, p. 5). Entre os agricultores, pescadores e mercadores que compunham 80% da população total, a mulher desfrutava de liberdade, igualdade e poder e trabalhava sob as mesmas condições que o homem. As atividades como fabricação de tecido e plantio de mudas de arroz eram predominantemente femininas e fonte importante de renda dos camponeses.

Já as mulheres da elite, da classe abastada, raramente exerciam alguma atividade e praticamente viviam confinadas. Os casamentos eram arranjados, sendo o compromisso apenas um jogo de alianças políticas e a mulher mera moeda de troca ou uma peça no jogo de poder dos homens, cuja participação lhe era vetada. Sua vida foi, por várias centenas de anos, definida pela ética confuciana das três obediências: obediência ao pai (oya-koukou), quando jovem; ao marido, ao se casar, e a seus filhos, quando idosa.

A doutrina confuciana constitui a base do sistema patriarcal da família tradicional, cuja estrutura é a reprodução da hierarquia social reforçada por guerreiros e elite. O sistema social feudal apresentava as seguintes características, segundo Goode (1963): a posição social de um indivíduo era determinada e estava estreitamente ligada à classe em que nascia, o que o fazia permanecer nessa mesma posição ao longo de sua vida. Havia hierarquia de poder, de forma que a pessoa de posição inferior devia obediência à de posição superior, que, por sua vez, devia-lhe proteção. A distribuição de bens e de serviços era também baseada nessa hierarquia de poder e de responsabilidade. Essas mesmas regras básicas eram aplicadas à família, último elo dessa corrente de hierarquia, o que restringia os desejos e decisões individuais ou da família de confrontar ou entrar em conflito com a sociedade ou com o estado.

Na era Meiji (1868 – 1912), ocorre o início da modernização do Japão, quando a distinção rígida da cultura samurai de classes é abolida. No entanto, mesmo com a promulgação da Constituição em 1889, a ética confuciana permanece. O Código Civil adotado em 1898 mantém os ideais confucianos, o que alastra o nacionalismo familiar em toda a sociedade, ultrapassando a elite e as classes abastadas. Em vista disso, o japonês sempre considerava muito mais a perspectiva ética do que a religiosa. Possuir virtudes como lealdade ao estado ou ao Imperador, devoção filial, fidelidade a amigos e à família, respeito aos mais velhos era mais importante (MORISHIMA, 1988).

Cabe ressaltar que a doutrina confuciana prega fundamentalmente harmonia nas relações entre o indivíduo e os vários grupos ou comunidade, o que exige abnegação em relação às necessidades ou desejos pessoais, em detrimento da ênfase nos aspectos grupais e organizacionais, maximizando seus benefícios. Borthwick (1992) e Morishima (1988), por exemplo, afirmam que a habilidade do japonês em assimilar tecnologia e ciência ocidentais deve-se, em parte, a essa orientação confuciana.

O sistema de valor da família, também aplicado no processo de industrialização, cuja noção "firma como família", conceito político central da era Meiji, estende-se no período pós-guerra. Este conceito, contudo, tem se tornado menos expressivo na medida em que a família em si passa por mudanças ao longo do tempo. Não significa, entretanto, que tenha ocorrido uma desestruturação da família, mas apenas uma alteração, não tão gritante como a que ocorre no aspecto material da cultura japonesa, de forma gradual, a ponto de esses valores confucianos começarem a ser transformados devido ao avanço da industrialização e ocidentalização. (IZUHARA, 2000)

Do sistema tradicional da família (*ie*) à família democrática

O sistema *ie* constitui a organização tradicional da família, respaldado na ideologia confuciana de gratidão (IZUHARA, 2000).

A palavra *ie* tem múltiplos significados: família, casa, grupo doméstico, linhagem, lar e residência. É comum, no entanto, ser tomada como linhagem, ou seja, sucessão de geração a geração, pois para os japoneses a continuação da família é de suma importância. Trata-se de uma estrutura patrilinear, em que impera a regra de sucessão de apenas um filho, no caso, o primogênito. Como chefe do *ie*, é de sua responsabilidade a perpetuação da família enquanto grupo corporativo, por meio de seu nome, ocupação, bens e *status* social. Tipicamente, o herdeiro mora com seus velhos pais, sua esposa, filhos e, algumas vezes, com irmãos adultos não casados ou divorciados. É também de sua responsabilidade o cuidado com o *haka* (jazigo da família) e *butsudan* (altar budista em casa, com pequenas lápides, contendo o nome dos ancestrais mortos). Sendo essencial a continuidade da família, na ausência de filhos adota-se uma criança, que tenha, de preferência, alguma relação consangüínea ou recorre-se a *youshi* (adoção de marido) para as filhas, não somente para o marido adotar seu sobrenome, mas para suceder como chefe do *ie*.

No sistema *ie* predominam os interesses da família, sendo seus membros submissos, não lhes cabendo a escolha de companheiros para o casamento, nem a decisão de separação. Enfim, os desejos e decisões pessoais são completamente ignorados. Em geral, o pai mais velho possui poder legal de controle sobre os demais membros da família, mas também é responsável pela manutenção da honra da família, das riquezas, do nível social, a fim de passar isso para a geração futura.

O casamento, portanto, constitui sempre um arranjo entre famílias, não havendo conotação sentimental de amor e, para encontrar parceiros adequados para seus filhos, as famílias, em geral, recorrem aos padrinhos (*nakoudô*), cuja função é a de intermediador do processo de negociação entre elas. Os critérios adotados para a escolha do parceiro são a compatibilidade, em termos de riqueza, de nível social das duas famílias, da ocupação e de rendimento do homem ou a saúde e aparência da jovem.

Nessa perspectiva em que o casamento é uma parceria para servir às finalidades e necessidades da família, a alta taxa de divórcio ocorrida antes da guerra é relacionada à incompatibilidade da noiva com os padrões desejados da nova família, que a devolvia à sua família de origem. Mesmo com a democratização e a abolição do sistema *ie*, a taxa de divórcio permanece baixa. Em 1960, cerca de um em dez casamentos culminou em separação, constituindo apenas um terço da taxa de 1885 (VOGEL, 1965).

Cabe ressaltar que, sendo o casamento um contrato, as expectativas de satisfação emocional, conseqüentemente, também são mínimas para um casal tradicional.

Segundo Vogel (1965), o sistema *ie* foi estruturado para maximizar os recursos disponíveis da família e foi, especialmente, adotado no meio rural, cujo princípio de auto-ajuda familiar era crucial para a subsistência. Cabia à família a responsabilidade pelo apoio econômico, bem como pelo bem-estar de todos os seus membros, além de cuidados no caso de doenças ou de desemprego. Sob tais circunstâncias, a desigualdade entre seus membros, de acordo com o gênero, era inevitável.

Entre as crianças, principalmente as dos proprietários rurais, havia nítida diferença de tratamento entre o membro sucessor e os não-sucessores. O filho mais velho recebia melhor presente e mais atenções que os demais, pois sucederia ao pai como chefe do *ie* e, ao mesmo tempo, cabiam-lhe responsabilidades e obrigações onerosas. Nas famílias abastadas, era seu dever prover os outros filhos homens ou, na ausência de posses suficientes, procurar alternativas para ajudar os demais irmãos. Os membros não sucessores, por sua vez, eram acomodados na casa como trabalhadores, não tendo o mesmo *status* do primogênito. Com a expansão do estabelecimento industrial nas áreas urbanas, esses membros se tornaram assalariados e migraram para fora dessas áreas, o que provocou mudanças na estrutura da família da sociedade rural (IZUHARA, 2000). Ou ainda, quando possível, esses não sucessores eram encaminhados aos estudos ou casamentos, o que explica o fato de os intelectuais japoneses e técnicos de prestígios serem, tradicionalmente, em sua maioria, não-herdeiros.

Nesse contexto, a posição e os papéis da mulher variavam conforme a idade, o casamento e a posição social, sendo as das classes menos abastadas menos submissas que as da elite. As filhas não tinham a mesma posição na família como os filhos, pois eram consideradas membros temporários (ou propriedades) até o seu casamento. Mesmo após o matrimônio, a mulher não possuía direito de tomar decisões em casa devido à natureza da família tradicional, em que reinava o domínio masculino. A mulher recém-casada tinha uma posição muito baixa e requeria-se dela um enorme esforço para se adaptar às novas regras e costumes. Mesmo sendo esposa de um primogênito, era-lhe exigida obediência e subserviência ao marido e aos sogros. O termo *uchi no yome* (noiva de nosso *ie*), que se refere especialmente à noiva do primogênito, significa não apenas noiva de seu marido, mas de toda a família (VOGEL, 1965), pois, em lugar de criar uma nova família, a noiva usualmente mudava-se para o *ie* do marido, passando a cultuar seu nome e ancestrais e perpetuando a família através de seus filhos. A consangüinidade, muitas vezes, era mais forte que o vínculo marital, a ponto de uma filha solteira ou divorciada da casa ter mais privilégios do que a esposa recém-casada. A partir do momento em que seu marido se tornasse chefe do *ie*, sucedendo ao pai, a esposa adquiria considerável poder, principalmente na administração da casa e das finanças.

A mudança radical da posição de submissão para a de mandatária ocorria, portanto, quando se tornava sogra, figura incômoda, conhecida como tirânica e que atribuía defeitos a tudo que a nora fizesse. "Toda sogra detesta a nora que escolheu e transforma sua vida num inferno", esse provérbio corrente no Japão ilustra a força de seu poder que desfazia até o casamento se entendesse que a nora não estivesse correspondendo a sua expectativa, mesmo quando o jovem casal apresentasse boa relação. Não competia ao filho opor-se a ela, como também o chefe do *ie* interferir, pois era de sua responsabilidade lidar com essas pequenas questões internas. A jovem que desposasse um não-primogênito, por seu turno, desfrutava privilégios devido à ausência da sogra, usufruindo total autonomia e liberdade na administração do *ie*.

Com a derrota na II Guerra Mundial e a seguida ocupação americana, novas ideologias se infiltraram na sociedade japonesa, provocando mudanças nas relações e nos papéis desempenhados por diferentes membros da família. Isso não significou, entretanto, total abolição dos elementos tradicionais da família, os quais permaneceram arraigados em sua estrutura social. Segundo Izuhara (2000, p. 24), a influência americana foi decisiva na democratização da sociedade japonesa e, como parte de um processo, a ideologia do sistema *ie* foi abandonada oficialmente e removida da nova Constituição de 1946, do novo Código Civil de 1947 e da Lei da Família e Herança de 1948. A nova lei passa a enfatizar a importância dos direitos da pessoa e igualdade entre os membros da família. Dessa forma, perante a nova Constituição a concordância do casal constituía o alicerce do casamento, cuja responsabilidade legal consistia antes na proteção da esposa e dos filhos mais do que nos velhos pais do marido e, conseqüentemente, o sistema tradicional de *youshi* (marido adotado) tornou-se não válido. Percebemos uma redefinição do conceito de família, que passou da família extensa de linhagem paterna para a família nuclear, em que a esposa e os filhos passam a ser membros de importância fundamental, embora os filhos sejam ainda responsáveis legais pelo atendimento das necessidades de seus pais.

A extinção do sistema tradicional *ie* repercutiu amplamente em muitos aspectos da vida do povo japonês após a guerra, principalmente no casamento, pois a influência da autoridade dos pais sobre as decisões dos filhos foi reduzida e a escolha do parceiro tornou-se pessoal e não mais em benefício e continuidade da família, embora muitos jovens consultassem ainda seus pais. Dados recentes mostram que 70% dos casamentos são decisões pessoais, enquanto menos de 30% são arranjados (IZUHARA, 2000, p. 25)[108].

Outra conseqüência da democratização da família assinalada pela autora diz respeito ao aumento do número de divórcios de comum acordo e no caso em que a mulher toma iniciativa. A igualdade de direitos associada à independência econômica da mulher têm contribuído para esse fenômeno, havendo também acréscimo do número de divórcio baseado na incompatibilidade do casal ou infidelidade. A taxa de divórcio vem aumentando progressivamente desde a década de 60, atingindo seu pico no início dos anos 80, muito embora, quando comparada com outras sociedades industrializadas, tenha permanecido muito baixa, em uma proporção de 1,37 casos por 100 pessoas (1991) contra 4,83 dos Estados Unidos (1988), 2,86 da Grã-Bretanha (1989), 2,22 da Suécia (1990), 2,04 da Alemanha Oriental (1989) e 1,90 da França (1988)[109].

A extinção resultante da sucessão de um único filho afetou também a relação entre membros da família bem como a sua composição. Possibilitou às pessoas outras opções de convívio, além daquele com o primogênito casado, muito embora seja ainda o arranjo mais comum, aumentando também o número de idosos que vivem com as filhas ou com o segundo ou terceiro filho. Significou,

---

[108] A seguinte fonte foi consultada por Izuhara: Yazawa. "Family Issue in Modern-day Japan with Figures". (http//www.jinjapan.org/insight/html, 28 May 1998).

[109] A seguinte fonte foi consultada por Izuhara: Sugimoto (1997), Na Introduction to Japanese Siciety, p. 168.

conseqüentemente, uma ruptura na relação tradicional de nora e sogra a tal ponto que a incompatibilidade entre elas tornou-se um motivo comum para o divórcio, índice de que as jovens são mais intolerantes ao convívio familiar em moldes antigos.

O reverso da submissão (a submissão aparente)

Não obstante a democratização da família com o advento do novo Código Civil e a mulher tem adquirido muitos direitos, tais como direito à herança, ao exercício do poder parental, à independência financeira entre outros, isso não lhe assegurou igualdade de tratamento e mudanças efetivas têm ocorrido a passos lentos. A maioria das tarefas domésticas e cuidados com os filhos e idosos continua ainda a cargo das mulheres, enquanto seus maridos estão engajados em trabalhos remunerados. Significa, então, a perpetuação da submissão da mulher japonesa a tudo e a todos? A meiguice, a delicadeza e a subserviência continuam a ser suas principais características?

Vejamos, então, o significado da palavra mulher, que pode ser dita de diferentes formas na língua japonesa, cuja escrita, o ideograma, nos fornece diferentes idéias. Uma delas seria *yome* (esposa), definida considerando-se a casa, a família e não o marido, conforme já dito anteriormente. *Sai, tsuma* (esposa, mulher), ideograma em que se faz presente a partícula que indica o proprietário, aquele que possui. *Fu* (mulher no lar, dama), do ideograma mulher mais trabalho doméstico, contém a partícula [110] mão, significando a realização do trabalho com as próprias mãos. (HIRATA, 2002, p. 135)

Hirata ainda faz uma análise interessante acerca do significado que a palavra mulher pode tomar quando combinada com outros ideogramas. Se o ideograma mulher for colocado antes do ideograma que indica interior, tem-se um novo ideograma com o significado de empregada da casa (*jochu*). Ao adicionar a partícula que designa casa à partícula mulher, um novo ideograma se forma, significando algo barato, que não custa caro (*an*), obtendo-se

---

[110] Partículas correspondem grosso modo aos prefixos e sufixos da língua portuguesa, segundo a autora.

a idéia de que uma mulher sob o teto, em casa, significa economia. Pode-se acrescentar a essa partícula barato (*an*) o ideograma que designa coração (*kokoro*) e formar o ideograma que significa paz, tranqüilidade (*anshin*), representando a idéia de que uma mulher sob o teto, à qual se acrescenta o coração, passa a ser tranqüilidade. Se for acrescentada a idéia de totalidade à partícula barato, tem-se um novo ideograma com a noção de segurança (*anzen*), designando a idéia de que uma mulher sob o teto, se houver plenitude e se nada faltar significa segurança.

Os caracteres chineses evidenciam a associação da mulher com a noção de economia, de segurança, de tranqüilidade e permitem uma ligação imediata entre mulher e trabalho doméstico, a partir da qual Hirata refere-se à associação também com a idéia de esforço, de consumo de energia, sobretudo na casa. Para a autora, a reunião dos ideogramas mulher, força e casa representa a pessoa tanto do sexo feminino quanto o do masculino que se esforça muito (*doryokuka*), enquanto os ideogramas mulher e atividade remetem à noção de necessidade. "Porque uma mulher que faz, que realiza é a própria necessidade (*yô*): sem as mulheres, não há reprodução da espécie nem dos assalariados" (p. 135). Todos esses ideogramas expressam a idéia de reprodução sexuada, reprodução da espécie e divisão sexual de trabalho entre os sexos, questão central de sua investigação [111].

Iwao (1993, p. 4), em contrapartida, sublinha a valorização e a importância do papel da mulher no lar, o que eleva a sua auto-estima, pois o gerenciamento da família constitui o aspecto central de estabilidade e prosperidade da sociedade japonesa. A autora pondera que as mudanças tecnológicas e riquezas econômicas estejam ocorrendo em todas as sociedades industrializadas, engendrando, conseqüentemente, transformações nos comportamentos humanos. O mesmo se observa na sociedade japonesa em que, no entanto, a mulher ainda é fortemente moldada da forma tradicional, o que impede o acompanhamento do ritmo acelerado do advento de novos desenvolvimentos e das influências internacionais. Observa-se, contudo, que as transformações dos comportamentos

---

[111] Para mais informação, consultar HIRATA,H. Nova divisão sexual do trabalho? Um olhar voltado para a empresa e a sociedade. São Paulo: Boitempo Editorial, 2002.

e atitudes das mulheres têm ocorrido mais rapidamente do que as dos homens, fonte corrente de conflitos na sociedade japonesa, na atualidade.

Para Iwao, os desenvolvimentos que têm desencadeado transformações na vida da mulher estão também contribuindo para mudanças tanto na vida do homem, como nas empresas e instituições do Japão. A estrutura e as funções da família vêm sofrendo profundas alterações: a composição da força de trabalho tem sido integrada progressivamente, a economia está sustentada fortemente pelos consumidores predominantemente femininos e a agitação cultural está ocorrendo em resposta ao exercício da economia feminina e *outras liberdades* (grifo nosso).

A autora alega que a sociedade japonesa tem sido analisada por uma ótica preponderantemente masculina, deixando a mulher à margem. Sendo a metade da população atual do país composta por mulheres, é inconcebível compreender a sociedade sem consideração a elas e sem conhecer seus valores culturais, que serão apresentados, a seguir.

a) Estratégia de não confronto – abordagem pragmática

Segundo Iwao (1993), o sistema de valor que guia a mulher japonesa é reativa, ou seja, suas atitudes e respostas são determinadas pelas circunstâncias em que se encontra, portanto, predomina o pragmatismo.

Devido à forma de socialização, cujas normas estão centradas na família e no grupo, as mulheres, na infância, mais do que os homens, fracassam em aprender a pensar independentemente, o que constitui fonte interna insuficiente para a ocorrência de tal aprendizagem na fase adulta. Em lugar de independência, elas desenvolvem e mantêm um alto grau de sensibilidade às expectativas de seus pares e de outras pessoas significativas. A expressão *"nagare ni mi o makaseru"* (ir conforme a corrente ou fluxo) descreve o comportamento da pessoa sem autonomia e opção de escolha, mas que deseja, sobretudo, assegurar harmonia entre seus companheiros, comportamento considerado positivo, especialmente na mulher.

A abordagem pragmática permite também à mulher japonesa se adaptar apropriadamente às situações reais disponíveis, a partir das quais efetua suas opções de vida. Por outro lado, isenta-a da responsabilidade pelas decisões e escolhas que devem ser tomadas em suas vidas, levando-a à hesitação, à dificuldade de planejar suas vidas e de atingir objetivos. Nos dias atuais, embora existam mulheres mais conscientes de suas escolhas e mais ativas, permanecem ainda resquícios de passividade e certo grau de resignação diante de sua sina.

Na sociedade japonesa, em geral, há uma forte tendência ao não confronto e ao comportamento individual, especialmente entre mulheres, o que resulta na aversão ao absoluto. Entre as categorias ou valores dicotômicos, elas consideram uma vasta possibilidade de opções e não apenas uma única entre dois extremos, tais como bom/mau, feliz/infeliz, público/privado, ganhador/perdedor etc. Por exemplo, entre o absolutamente bom e mau existe uma área imensa que contém ambos. Da mesma forma, entendem que algumas dificuldades ou infortúnios fazem parte da felicidade e a infelicidade não é vista como algo inteiramente devastador. Uma pessoa pode ser ganhadora em um jogo e ser perdedora em um outro, levando vantagem em uma situação e desvantagem em outra. Eis o motivo pelo qual os japoneses persistem mesmo sob circunstâncias muito adversas, evitando confronto até a situação tornar absolutamente intolerável. Há uma crença de que a persistência torna a pessoa mais forte e melhor, o que é vantajoso na posteridade e essa perspectiva em longo prazo constitui um outro elemento da tendência ao não confronto no relacionamento humano japonês.

A felicidade da mulher japonesa está intimamente ligada à da família, o que a leva a se reprimir e a se abster de seus próprios sentimentos e desejos em detrimento da manutenção da felicidade e harmonia do grupo. Raramente age impulsivamente, tomando uma posição ou comportamento extremo, preferindo ajustar-se ao padrão e à referência de outras pessoas.

Assim, uma sociedade em que não ocorre confronto direto, que abre uma variedade de opções, que protege sentimentos humanos e preserva a estabilidade de relações humanas, coloca a mulher em posição de destaque, o que possivelmente seja um fator de permanência da figura feminina em seus papéis tradicionais, impedindo mudanças.

b) Concepção de igualdade

A questão da igualdade de direitos perante a lei é assegurada pela Constituição, mas, segundo Iwao (1993), não constitui sua essência. A igualdade é um ideal e o problema crucial é saber a que se refere essa igualdade.

Ainda que a opinião entre as mulheres japonesas seja diversa, compartilham a visão de que a igualdade deve ser considerada em um contexto mais amplo, envolvendo as diferenças sexuais inerentes, preferências pessoais e análise de vários fatores. Um deles diz respeito à dimensão temporal, ou seja, equilíbrio das vantagens e desvantagens ao longo da vida do casal, cuja estrutura está alicerçada em uma relação de confiança. A igualdade em termos de longo prazo permite a adoção de posições mais flexíveis requeridas na realidade complexa das relações humanas, condescendência e tolerância a questões de menor relevância.

As dimensões da responsabilidade e liberdade constituem também pontos de atenção das mulheres japonesas. Acreditam que são biologicamente melhor equipadas para criar filhos, especialmente na tenra idade, e que todas têm direito à licença maternidade e a outros benefícios especiais relativos à criação de filhos, sem apologia. Uma dona de casa, por exemplo, usa como critério para avaliar o *status* do casal, não só *status* social como também a disponibilidade econômica, liberdade para disponibilizar seu tempo e dinheiro, além do grau de realização pessoal. Caso ela valorize mais o tempo livre do que os desafios profissionais, pode optar por ser economicamente dependente de seu marido, embora continue sendo responsável pelo controle das finanças, através do qual mantém auto-estima segura e sólida, sem redução, todavia, da importância de sua função na família. Como as demais, lida com a relação da família com a comunidade, cuida dos assuntos da educação de seus filhos, administra a casa, enriquece a família com atividades culturais de diversos tipos. Assim, seu cotidiano encontra-se distante da realidade masculina, vivendo em um mundo totalmente diferente, o que para as mulheres nascidas antes de 1955, geração mais velha, era considerada situação confortável. E aos maridos, que dão suporte financeiro, concedem isenção às responsabilidades domésticas.

Sendo as mulheres japonesas extremamente pragmáticas no dia-a-dia, não se interessam em ser igual aos homens em termos de disponibilidade de tempo e energia ou mesmo em desempenhos e *status* resultantes de sua realização. Acreditam que o mais importante é ser capaz de atingir seus objetivos conforme suas preferências e, portanto, a questão da igualdade torna-se importante dependendo das circunstâncias. Estão mais atentas à vida do ser humano, aspecto que vem sendo focalizado no Japão, que transcende ao gênero. Por isso, ao fazer chá ou café para si e servir seus colegas homens no trabalho, o faz não pelo fato de ser mulher, mas por sentir satisfação em servir seus colegas, independentemente de sexo, situação interpretada apressadamente como indicativa de subserviência.

Em uma cultura que repugna confronto e acredita que isso impede o alcance de uma solução construtiva, as mulheres expressam suas insatisfações de forma indireta, como, por exemplo, diante das saídas noturnas freqüentes do marido, reduzem o dinheiro destinado a ele com pretexto de que a filha está tendo aulas de piano, portanto, necessita de dinheiro.

Outro fator de resistência da mulher japonesa à luta de igualdade sexual diz respeito ao significado que isso possa tomar. Se implica trabalho árduo, a ponto de ter que se privar dos prazeres individuais e realizações pessoais, as mulheres estão satisfeitas em não tê-la. Isso devido à vida dos homens da atualidade, que permanecem confinados e arregimentados ao extremo no trabalho, o que os leva à alienação da vida doméstica e à destituição do tempo para se dedicar a atividades culturais enriquecedoras, enfim, uma vida considerada não digna de imitação pelas mulheres. Ao contrário, um modo de assegurar a igualdade é dar aos homens as mesmas liberdades, direitos e opções nas três principais áreas da vida, trabalho, família e lazer, como as que as mulheres desfrutam. Dessa forma, as mulheres reduziriam seus afazeres domésticos e poderiam se engajar mais em trabalhos fora do lar, enquanto os homens contemporarizariam seu trabalho e se envolveriam mais nas responsabilidades do lar. O ideal seria ambos serem capazes de seguir o modo de vida do sexo oposto em algumas áreas e não em outras, item reiterado por Iwao em diferentes partes de sua obra.

Na realidade, pelo fato de a mulher japonesa ansiar menos pela igualdade sexual e por não querer ter as mesmas responsabilidades financeiras, esse direito tem sido utilizado de acordo com seu interesse e conveniência.

c) Mundos distintos: o do homem e o da mulher

Na sociedade japonesa não há separação formal de gêneros, mas os homens e as mulheres vivem em mundos distintos e distantes. Cada qual cultiva e constrói uma relação estreita de convivência social, sendo a comunicação entre membros do mesmo sexo muito intensa e mínima entre os diferentes sexos. Trata-se de uma estrutura social que envolve membros de gêneros semelhantes e ter amigos, ser respeitado e admirado por pessoas do mesmo sexo é mais valorizado do que o fato de impressionar o outro, do sexo oposto.

Esse fenômeno, de um lado, acarreta autonomia dos parceiros no casamento, condição que contribui para sua manutenção, principalmente na era da longevidade. Por outro lado, a autonomia excessiva da esposa no planejamento de sua vida inibe, algumas vezes, o estabelecimento de uma relação mais estreita do casal.

A ausência de comunicação entre os gêneros parece ser um dos fatores que ocasionam a falta de consciência do homem acerca das mudanças que vêm ocorrendo na mulher, mesmo quando ela desempenha funções e papéis comuns aos dos homens. O desconhecimento, a ignorância das vicissitudes da mulher é a característica mais marcante do homem japonês atual. Muitos homens ainda continuam tendo a mesma visão tradicional de mulher, da época do sistema *ie*, ou seja, consideram-na infantil não sendo totalmente crescida, daí incapazes de se posicionar perante diferentes assuntos como política, finanças, governo etc.

Em contrapartida, as mulheres, especialmente as que se encontram na faixa dos 30 e 40 anos, estão conhecendo a imensa opção de atividades, a possibilidade de determinar estilos diversos de vida, a riqueza cultural oferecida pelas cidades, tornando suas vidas mais dinâmicas e multifacetadas do que a do homem.

Podemos observar, no entanto, um ponto convergente entre gêneros no que tange ao casamento; mais especificamente, os japoneses não depositam todas as suas expectativas na união matrimonial. Buscam amigos, pais, parentes, colegas de trabalho, recepcionistas de bares e outras pessoas para satisfazer suas diferentes necessidades, tais como de diversão, de confidência e de apoio moral. Compartilham, de forma convincente e resignada, a crença de que o romance acaba com o casamento ou com o início da constituição da família, principalmente após o nascimento dos filhos, o que resulta na perda do prazer e da magia da relação.

Os aspectos culturais assinalados repercutem de distintas formas nas mulheres de diferentes faixas, como atesta Iwao em estudo que focaliza os seguintes grupos por idade: a geração antiga, composta de mulheres nascidas antes de 1935; a primeira geração pós-guerra, as nascidas entre 1946 a 1955 e a geração jovem, as nascidas entre 1960 e 1969. Vejamos, pois, alguns aspectos dessa repercussão, segundo a autora.

1. A geração antiga

A geração antiga foi educada nos moldes e valores tradicionais de manutenção do *ie*, acreditando na superioridade do homem e, conseqüentemente, na inferioridade da mulher, tendo como ideal o modelo tradicional "boa esposa e mãe sensata". O casamento era uma obrigação e constituía fonte de poder econômico.

São mulheres muito satisfeitas com o seu papel de esposa e mãe, cujos comportamentos e expectativas foram claramente prescritas. Muitas delas trabalham fora para auxiliar e apoiar seus maridos a desempenharem a função de provedor da casa e não como fonte de atualização e realização pessoais. De acordo com a sua concepção, as relações interpessoais importantes, como entre homem e mulher, marido e mulher, mãe e filho, são caracterizadas por uma estrutura vertical e não horizontal de poder.

A expectativa da mulher com relação a seu papel não difere daquela que o homem tem de forma que os conflitos são mínimos, ainda que o mundo de ambos esteja distante. Isso permite a mulher ter seu próprio universo e obter imensa autonomia e independência. A relação sem tensão se mantém devido à superioridade formal do marido estar equiparada à dominância informal da mulher. A maneira como o casal se trata ilustra o fenômeno de conformidade e aceitação mútua: a esposa refere-se a seu marido como patrão ou amo (shujin), enquanto o marido dirige-se a sua mulher como administrador do lar (kanai).

O relacionamento do casal está pautado na confiança, na compreensão e aceitação de que cada qual provém de ambiente familiar distinto, havendo incompatibilidade natural e conflitos em determinadas questões. O pressuposto das diferenças torna a relação menos tensa, mais tranqüila e leva à tolerância mútua. Assim, o casal passa a aceitar melhor as fraquezas, não só de seu parceiro, como também de outros. Aliado a isso, certos traços são considerados, culturalmente, como sendo especificidades de determinado gênero, portanto, o esquecimento seria a melhor medida.

Segundo a geração antiga, marido ideal é bom, saudável e ausente e um bom relacionamento marital é como o "ar", uma relação que permite respirar, pois o ar é vital para a sobrevivência de ambos, mesmo sendo sua presença imperceptível. A dificuldade de respirar ou sentir o peso da relação é um índice de crise séria, que foi se formando ao longo de vários anos de convivência fundada na aceitação mútua.

A estabilidade do casamento da geração antiga e da primeira geração pós-guerra deve-se a pouca consciência e esforço do homem em estabelecer vínculo mais estreito com a esposa. O casal não utiliza mais linguagem respeitosa entre si, raramente comenta ou elogia a aparência ou tarefas um do outro, sendo a expressão verbal de sentimentos e de afeição considerada tabu. A tensão e a formalidade da relação antes do casamento se dissipam completamente a tal ponto de, no lar, tanto o homem quanto a mulher se encontrarem totalmente à vontade, fato relevante e importante, já que contrapõe a outras relações sociais carregadas de tensão, formalidades e pautadas na aparência. Nesse quesito, por exemplo, a mulher japonesa não se preocupa em se enfeitar, vestindo roupas elegantes para agradar a seu marido, embora seja caprichosa e meticulosa no vestir, quando vai a um casamento ou a encontros com suas amigas, fato conhecido por seu parceiro. Ambos não sentem necessidade de provar sua ligação e fidelidade por meio de palavras ou de aparência, mas somente através de ações.

A comunicação verbal entre marido e mulher é mínima, como já assinalamos, os elogios e as expressões de afeto ocorrem indiretamente e, muitas vezes, os comentários negativos e críticas ásperas são dirigidos à terceira pessoa. Na presença de outros, um homem pode fazer considerações e queixas da esposa como um meio de demonstrar sua superioridade, atitude que ilustra a falta de sensibilidade e desconhecimento do tipo de tratamento que magoa a mulher. As mulheres sabem que seus maridos se preocupam com elas de sua própria maneira, e os homens, por sua vez, não compartilham e nem são sensíveis aos sentimentos femininos por considerar não condizente com a masculinidade, tratando-os como meros caprichos e mimos. Mesmo diante de algum comportamento desagradável de seu marido, predomina a visão de longo prazo, o que leva à aceitação e compreensão de que numa relação, como na vida, há momentos ruins e bons, altos e baixos. A frase *"shibaraku gaman sureba"* ilustra a perspectiva de que mesmo as coisas não estando bem, podem melhorar logo mais, na posteridade.

Para as mulheres japonesas, independentemente da faixa etária, sua casa e família são tão importantes quanto atividades fora do lar. Mesmo aquelas que trabalham fora se esforçam para conseguir um equilíbrio de suas diferentes identidades como mãe, esposa, profissional e como pessoa. Distribuem suas energias e investidas entre diferentes atividades, de tal forma que não sejam totalmente absorvidas por apenas uma única, concentram maior atenção àquelas que consideram básicas e essenciais e desempenham eficientemente as demais. Cabe reiterar que a família e o lar continuam sendo o centro de sua identidade como mulher, mesmo para aquelas muito bem educadas e profissionais extremamente competentes, a ponto de em caso de escolha entre trabalho e família, muito provável que a escolha recaia sobre o último, pelo menos para a maioria delas. Deve-se esse fenômeno ao fato de a casa constituir fonte de muitos poderes e realizações.

Na sociedade japonesa, lar e família estão associados com calor humano, aconchego e conforto, enquanto o mundo de fora é visto como frio, indiferente e competitivo, o que aumenta a importância da casa e, conseqüentemente, da figura feminina. A casa é local onde seus membros se deparam com aquilo que a sociedade não oferece e a sua manutenção sólida, que atenda às necessidades, atesta à mulher condições de realização pessoal. Há uma crença de que aquele indivíduo que não possui uma família estável não pode realizar seu potencial em qualquer ocupação.

Embora o homem diga que a família seja mais importante que o trabalho, seu comportamento manifesta distância desse discurso. Devido às condições de emprego, despende muitas horas com o trabalho e com atividades correlatas, o que torna o lar local de descanso, de recarregamento de energia e até de refúgio para satisfazer suas necessidades. Para a mulher, nesse contexto, é mais conveniente tornar-se um membro indispensável pela sobrevivência da família, pois isso lhe permite preservar certas prerrogativas que satisfaçam suas necessidades do dia-a-dia.

A casa torna-se, assim, território da mulher que tem total controle sobre tudo, desde a organização dos objetos, do espaço, das atividades dos filhos, do que cada membro deve fazer, ditando como deve ser feito etc. Mesmo quando a mulher trabalha o dia todo, não investe totalmente sua energia no trabalho e tampouco se esforça para ter desempenho 100% em ambas as situações. Como centro do lar, a mulher tem liberdade e estabilidade econômica garantida, podendo usufruir seu tempo livre como lhe aprouver. Constrói uma rede variada de estrutura social baseada na família, nos esportes, na recreação e, muitas vezes, no trabalho para assegurar suporte moral.

Após a II Guerra Mundial ocorre uma redução do núcleo familiar como também da interdependência e vínculos psicológicos resultantes entre seus membros, engendrando redefinição do papel da mulher no lar. A manutenção da estabilidade da família e dos vínculos é uma maneira de a mulher continuar a usufruir o poder e autonomia. O controle de *gamaguchi*, ou seja, das finanças tem lhe dado uma tremenda liberdade psicológica e uma posição forte no lar ao longo da história.

Durante o longo período agrário do Japão, aproximadamente há pouco mais de 100 anos, 80% da população encontravam-se no campo. Pela tradição, a dona de casa era responsável pela distribuição de alimentos e pela sobrevivência da família, o que significava estar preparada para qualquer eventualidade e situações emergenciais como pouca colheita e ainda garantir suprimentos nos períodos entressafras. Aprendeu, dessa forma, a ser comedida e extremamente econômica, enquanto ao homem eram permitidas extravagâncias na alimentação, nas mulheres e outras tentações. Essa tradição perpetua-se no período industrial e a mulher ainda é responsável pela administração financeira e pela alimentação. O marido entrega seu salário intacto a ela, que lhe fornece uma quantia pessoal e cabe a ela a responsabilidade de administrar. Em tempos difíceis, se o salário do marido for insuficiente, compete a ela fazer ajustes ou cortes necessários, obrigando-a a todo tipo de sacrifício ou até mesmo a completar o orçamento.

No dia do pagamento, o marido retorna diretamente para casa e a esposa o aguarda com uma refeição especial, recebe o precioso envelope perante os filhos e, num gesto de gratidão e reverência, ergue-o até a testa e agradece seu trabalho árduo. Com o advento da era eletrônica, esse ritual tornou-se obsoleto já que os salários são depositados diretamente na conta bancária, o que não permite que as crianças percebam o pai como provedor da casa. O pouco contato dos filhos com o pai em oposição à mãe, que está sempre cuidando das questões financeiras, reforça o poder econômico da mulher e acaba diminuindo o *status* da figura paterna dentro da família.

Entre as gerações mais jovens, a esposa começa a administrar finanças após o nascimento de filhos. Mesmo quando a mulher trabalha, sua contribuição no orçamento doméstico é restrita, pois a renda do marido é suficiente para cobrir todas as despesas, o que lhe permite dar outro destino à sua renda como viagens, comidas especiais, estudos extraclasse para os filhos e outras extravagâncias muito apreciadas pela família. Em momento algum, o marido solicita contribuição equiparada à esposa para manter a sua superioridade como provedor da casa.

2. A geração vanguarda

A primeira geração pós II Guerra Mundial foi criada e educada quando o ideário de igualdade sexual era enfatizado em oposição ao padrão tradicional, principalmente na escola. As mulheres dessa geração consideravam a igualdade como uma obrigação e procuravam se relacionar com seus maridos conforme esse pressuposto, ou seja, como amigos, e rejeitavam os valores e estilo de vidas de seus pais por considerá-los inadequados e anacrônicos. Iwao (1993, p.21) entende este fenômeno como sendo muito mais resultado da influência americana veiculada através de filmes de Hollywood do que uma diferenciação da maneira de viver de seus pais. Trata-se, porém, de uma geração muito bem preparada para articular suas dúvidas e argumentar frente a posições dos maridos ou da sociedade em geral do que a geração anterior.

Após o casamento, as mulheres dessa geração não se sentiam satisfeitas apenas com a função de mãe e de esposa e tentaram redefinir seu papel, principalmente após o ingresso dos filhos no ensino elementar, por meio de atividades fora do lar. Algumas encararam o trabalho e outras se envolveram com grupos de ativistas e outras ocupações não tradicionais, como continuidade nos estudos. A expansão de suas atividades, no entanto, era difícil, pois a sociedade ainda não estava preparada para oferecer-lhes suporte necessário, embora a legislação assegurasse direitos iguais, e os homens não se interessavam por aquilo que suas esposas faziam, continuando com a expectativa de que elas desempenhassem a função tradicional de boa esposa e mãe.

Muitas delas tentaram se ajustar a essa situação conflitante, esforçando-se para desempenhar ambas as funções da melhor maneira possível. Dentre as que já trabalhavam antes do casamento, muitas se afastaram do emprego durante a primeira gestação e, mais tarde, após o ingresso dos filhos na escola, retornaram ao trabalho e se depararam tão-somente com ocupações de suporte, as disponíveis a elas. Dessa forma, continuaram a ser dependentes economicamente de seus maridos e a igualdade sexual tão almejada tornou-se distante, o que gerou muitas frustrações.

Outra fonte de estresse dessas mulheres diz respeito ao sentimento de negligência com relação aos filhos devido ao esforço e expectativa alta de desempenho da atividade fora da casa que surgiu, mesmo depois de ter conseguido redefinir seu papel e encontrado sentido pessoal de realização.

Apesar de tudo, elas ampliaram seu universo e horizonte, investindo suas energias em diferentes atividades, tais como a profissional, passatempo, trabalho comunitário, atividade de cunho político, atividades culturais e artísticas dentre outras. Trata-se da geração de vanguarda, de mulheres cujas vidas afetaram profundamente os valores e instituições, provocando a transição entre comportamento e papéis sexuais tradicionais e os da era pós-industrial da mulher. São mulheres que, apesar de cuidar de seus velhos pais, encontraram nova direção para si e, muitas vezes, permanecem entre o antigo e o novo.

3. A geração jovem

A expansão da economia japonesa tem oferecido à mulher grandes oportunidades de trabalho bem como conveniências que facilitam o trabalho doméstico. Com a independência econômica obtida com fruto de seu próprio trabalho, a mulher tem adquirido não somente autonomia financeira, mas sobretudo segurança. Não há mais necessidade de casamento para obter uma vida econômica confortável ou sacrificar seu desejo ou metas em benefício da família. Ela pode permanecer solteira e desfrutar sua liberdade como quiser, pois o dinheiro lhe permite alcançar aquilo que deseja, desde uma titulação de doutor até vida sexual livre.

Aproximadamente há 40 anos, esperava-se que uma jovem se casasse entre 20 e 24 anos de idade. Hoje, caso a jovem não encontre seu parceiro até em torno de 25 anos, começa a investir sua energia e interesse em outras áreas, tais como trabalho ou passatempos e o casamento deixa de ser uma obsessão.

A forma de encontrar seu parceiro tem mudado desde os meados da década de 80. A maioria dos jovens que mora na região urbana conhece seus parceiros na universidade ou no local de trabalho, depois da graduação. Tais encontros casuais e naturais despertam amor e acaba resultando em casamento. Um número considerável de jovens, no entanto, especialmente homens extremamente tímidos e inibidos, ou ainda os que não se interessam em tomar iniciativa para um relacionamento com o sexo oposto, recorre ao *miai* (encontros arranjados), embora a taxa de casamento por meio desse sistema tradicional tenha decrescido, abaixo de 24% contra 74% de casamento por amor [112], o que confirma os dados de Izuhara, apresentados anteriormente.

---

[112] Fonte citada por Iwao: KOBAMA, Itsuo, Otoko wa doko ni iru no ka. Tokyo: Soshisha, 1990, 252, e FURUYA, Kazuo. Tsumatachi no teinem sengen. Tokyo: Kodansha, 1989, 29.

A expectativa da mulher com relação ao homem também se modificou. Ela espera ter um grande companheiro, necessidade difícil de ser satisfeita já que os jovens tendem a ser inábeis em uma relação de igualdade. Muitas vezes, são mais eminentes em sua delicadeza do que na força de caráter ou aparência, devido à forma como foi criado por uma mãe pronta e atenciosa. As jovens de hoje são muito bem educadas e ambiciosas e não lhes interessam homens fracos e tampouco indulgentes. Esperam de seus parceiros, no mínimo, o mesmo nível de escolaridade e a capacidade de se engajarem em uma conversa interessante e prazerosa, não aceitando mais grunhidos e tampouco respostas monossilábicas como as de seus pais. Os homens, por sua vez, consideram essas mulheres altamente escolarizadas e bem informadas difíceis de acompanhar, pois são menos vulneráveis às manipulações.

O maior dilema das jovens na faixa dos 20 e início dos 30 anos é a falta de clareza de seus objetivos e de identidade perante imensa variedade de opções disponíveis. Enchem-se de confiança e partem do pressuposto que podem fazer tudo que almejam, o que as leva à dispersão e falta de concentração e de esforço em único objetivo, fato perturbador e que lhes dá sensação de incompetência e inabilidade, constituindo uma fonte de estresse.

As jovens, imersas num fluxo intenso e incessante de informações, sentem-se, muitas vezes, frustradas e confusas, ao constatarem a distância que existe entre sua imagem e a que veicula na mídia, de mulher magra, elegante, bem vestida, dinâmica. Como conseqüência, a anorexia, o tabagismo e o alcoolismo entre elas tem aumentado. A dificuldade de se controlar, de esperar a sua vez ou de lidar com fracassos deve-se ao acesso fácil aos bens materiais e à ausência de rivalidades entre irmãos (ocorreu uma diminuição considerável na taxa de natalidade na sociedade japonesa). Diante disso, os jovens manifestam sua preferência por um caminho mais fácil, avaliando ganhos e perdas e verificando as vantagens em jogo.

Comentários Finais

Retomemos a cena inicial do casal japonês em sua caminhada após essa breve e rápida incursão no universo feminino. Agora podemos interpretar a atitude submissa da mulher como algo aparente. Iwao (1993), por meio da descrição de comportamentos, atitudes e ações do cotidiano, desvela a força e poder feminino e quebra o estereótipo da esposa passível, submissa e obediente da mulher japonesa. Indubitavelmente, para compreender o que a autora denomina *"revolução silenciosa"* (p. 18), é imprescindível não apenas a contextualização cultural, mas, sobretudo um olhar puro e profundo, isento de idéias pré-concebidas e que permita captar os significados tal qual se apresentam.

Embora a três passos atrás de seu marido (em uma leitura apressada, pode ilustrar a superioridade masculina), a figura feminina carrega consigo uma força, talvez, invisível ao homem. Sua posição lhe permite a visão total da figura à sua frente, mais especificamente, das fraquezas e possibilidades bem como a consciência de ações e reações implicadas na relação. Seguir a trajetória do marido denota confiança (relação de mútua confiança), mas cada qual se encontra em diferentes pontos do caminho, em mundos distintos. A posição do homem não possibilita enxergar a mulher, o que ela faz, sua maneira de caminhar, dando a impressão de que ela esteja formando o mesmo quadro do panorama circundante, atentando para os mesmos aspectos da paisagem, não vislumbrando outras possibilidades tampouco de possível transformação, o que culmina no estranhamento e dificuldade de relacionamento. Dessa forma, o homem continua fixo no padrão antigo de sistema familiar e não consegue acompanhar as mudanças que vêm ocorrendo na mulher. A *"miopia masculina"*, termo utilizado por Iwao para designar essa falta de consciência, deve-se provavelmente à falta de tempo ou de movimento mental para pensar sobre isso (p. 275). Por outro lado, o controle das finanças, do *yamaguchi* (bolsa de dinheiro) lhe dá a mulher poder, liberdade, autonomia e segurança.

O que podemos extrair de útil na compreensão do universo feminino japonês?

Embora haja uma distância enorme entre a sociedade japonesa e a nossa, em todos os sentidos, desde suas características, tais como história milenar, homogeneidade social, estabilidade econômica, sem grandes turbulências como a nossa, nós, os nikkei – seus descendentes, somos influenciados pela sua cultura. Estamos nos referindo à cultura em seu sentido mais amplo, ou seja, como produto preservado da história, os significados compartilhados, a visão de mundo, matéria-prima para a construção da subjetividade (SACRISTÁN, p. 25). Por se tratar de uma cultura milenar, os hábitos e os costumes estão muito arraigados e internalizados, dificultando mudanças e até mesmo compreensão de seus significados. Segundo Sacristán (2002, p. 80), *"as culturas mudam, relacionam-se entre si e contaminam-se umas às outras, porque os indivíduos portadores de seus conteúdos moveram-se"*, permutando formas de falar, de pensar, comportamentos, atitudes, crenças etc. O processo migratório é isso: a extensão e *"inoculação"*, nas palavras de Sacristán, de traços culturais do local de origem de um povo em outras culturas. O contato em si mesmo já provoca alterações nas culturas envolvidas, ocorrendo misturas, não homogêneas, mas desordenadas, havendo domínio de uma sobre a outra. A cultura japonesa, por ser tão diferente e diametralmente oposta à brasileira, tem esse processo efetivado mediante o confronto, ou seja, a tendência é confrontá-la com a cultura dominante, colocando à margem aquela considerada secundária, o que dificulta compreensão acurada de seus conteúdos. Conhecer os valores, crenças, pressupostos, visões de mundo por meio de descrições de comportamentos e atitudes possibilita a identificação de seus significados e a conscientização da dimensão das influências que carregamos.

Referências Bibliográficas

Aliança Cultural Brasil – Japão. http/www.acbj.com.br, 04/10/06.

BORTHWICK, M. *Pacific century: the emergence of modern pacific Asia.* Boulder: Westview, 1992.

FUJINO, Y. *Identidade e alteridade: a figura feminina nas revistas ilustradas japonesas nas eras Meiji, Taishô e Shôwa.* Tese de Doutorado – ECA. São Paulo, 2002.

HIRATA, H. *Nova divisão sexual do trabalho? Um olhar voltado para a empresa e a sociedade.* São Paulo: Boitempo Editorial, 2002.

IWAO, S. *Japanese woman – traditional image and changing reality.* New York: The Free Press, 1993.

IZUHARA, M. *Family change and housing in post-war Japanese society: experiences of older women*. Aldershot: Ashgate, 2000.

KIKUCHI, M. *O marido adotado: sucessão e herança na família tradicional japonesa*. São Paulo: USP, Cadernos de política comparada, v. 3, 1987.

SACRISTÁN, G. J. *Educar e conviver na cultura global: as exigências da cidadania*. Porto Alegre: Artmed, 2002.

VOGEL, E. F. The japanese family. In: Ninkoff, M.F. *Comparative family systems*. Boston: Houghton Mifflin Company, 1965.

MORISHIMA, M. Confucianism as a basis for capitalism. In: Okimoto, D. T. e Rohlem, T. P. *Inside the Japanese system: readings on contemporary society and political economy*. Stanford: Stanford University Press, 1988.

TV Cultura – Serviço de Atendimento ao Telespectador. Dados fornecidos em 25/08/06.

Ciências naturais, gênero e corpo: uma abordagem pós-estruturalista

Luciane Sgarbi S. Grazziotin [113]

Nas últimas duas décadas do século XX até a atualidade, a sociedade ocidental passou por inúmeras transformações políticas, culturais e sociais nos mecanismos de perceber, viver e entender o corpo, a sexualidade e as relações de gênero. Estamos vivendo nesse tempo, chamado por muitos de pós-modernidade. Essa categoria não é encontrada na linha do tempo histórico, porém as transformações na forma do sujeito estar no mundo, que justifica entre outras coisas essa denominação, pode ser observada nos diferentes espaços de convivência: culturais, sociais, políticos.

Está sendo sentido e vivido um processo de deslocamento e fragmentação do sujeito. A escola é uma das instâncias sociais produtora de sentidos e reprodutora de normas. Através do currículo ela baliza e credencia comportamentos, autoriza e legitima conteúdos.

Os conteúdos trabalhados em diferentes disciplinas e o currículo escolar de forma geral estão fixados, na maioria das escolas nos padrões positivistas e estruturalistas da modernidade. Para argumentar essa idéia destaco os processos de ensino dos assuntos

---

[113] Licenciada em Biologia. Mestre em Ciências. Doutoranda em Educação no PPGEdu/PUCRS (Programa de Pós-Graduação em Educação da Pontifícia Universidade Católica do Rio Grande do Sul). Professora do Departamento de Educação da UCS (Universidade de Caxias do Sul). Integrante da ASPHE. (Associação Sul-Rio-Grandense de Pesquisadores em História da Educação).

relacionados ao corpo, sexo, gênero e sexualidade, assuntos que atravessam os conteúdos da disciplina de Ciências Naturais e que têm caráter eminentemente biológico nos currículos escolares.

É fundamental, nesse processo, de tematizar o corpo, partir de outros marcadores que não só a perspectiva cognitiva, construindo outras possibilidades de constituir e perceber o currículo de modo geral e de Ciências Naturais em particular.

Apontando para uma outra vertente teórica – não aquela baseada no cientificismo moderno, que perpetuadamente vem sendo encontrado nos livros didáticos, nas listas de conteúdos das escolas e valoriza apenas a dimensão cognitiva – pretende-se propor uma outra possibilidade na abordagem desses temas.

Para tanto é importante desenvolver alguns conceitos como identidade, cultura e poder, fundamentais para uma proposta baseada em uma perspectiva pós-estruturalista.

> A questão da identidade está sendo extensamente discutida na teoria social. Em essência, o argumento é o seguinte; as velhas identidades, que por tanto tempo estabilizaram o mundo social, estão em declínio, fazendo surgir novas identidades e fragmentando o indivíduo moderno, até aqui visto como um sujeito unificado. Assim a chamada "crise de identidade" é vista como parte de um processo mais amplo de mudança, que está deslocando as estruturas e processos centrais das sociedades modernas e abalando os quadros de referência que davam aos indivíduos uma ancoragem estável no mundo social. (HALL, 1999, p. 12)

Segundo essa perspectiva não há um eu coerente, pois os sujeitos assumem diferentes formas de estar no mundo em diferentes momentos, existindo, portanto, identidades contraditórias, "assim, o sujeito unificado e estável, dotado de razão, de consciência e de ação está se tornado fragmentado, composto não de uma única, mas de várias identidades". (HALL, 1999, p. 13)

Exemplificando as palavras do autor, se pode dizer que um aluno que é considerado "terrível" nas aulas de Matemática pode ser um "ótimo aluno" nas aulas de Ciências Naturais ou Educação Física; mesmo uma menina que é considerada péssima aluna na escola de modo geral, é uma ótima filha, é dinâmica, empreendedora.

Aquele menino que é considerado "um caso perdido" na escola, é um ótimo auxiliar de pedreiro, ajuda o pai no serviço e é responsável em outro meio social. Com essas ilustrações simplificadas é possível perceber que não somos somente bons ou maus, bonitos ou feios, limpos ou sujos, num dualismo linear e fixo. Somos muitos, nossos alunos e alunas são algo ou alguém dependendo das circunstâncias que os cercam, "*[...] desaparecendo a circunstância desaparece o sujeito, como um rosto desenhado na areia*". (FOUCAULT, p. 325)

Com relação ao conceito de cultura, Tomaz Tadeu da Silva (2000) explica que a cultura tem diferentes conotações e sentidos nas diferentes vertentes da teoria educacional crítica e pós-crítica. A cultura aqui não é vista mais como parte de uma superestrutura, que se distingue da base econômica como entendia Marx, também não tem a ver com cultura erudita, cultura dominante, que se impõe aos dominados, em que as classes dominadas atribuem sua situação subalterna não à imposição pura e simples, mas à sua suposta deficiência cultural segundo conceito de Bourdieu.

"Na perspectiva dos Estudos Culturais, sobretudo naquela inspirada pelo pós-estruturalismo [...]", que é o que nos interessa pensar nesse momento, "[...] a cultura é teorizada como campo de luta entre os diferentes grupos sociais em torno de uma significação. A educação e o currículo são vistos como campo de conflito em torno de duas dimensões centrais da cultura: o conhecimento e a identidade". (SILVA, 2000, p. 32)

Outra definição importante é o conceito de poder. O poder, na perspectiva pós-estruturalista inspirada em Foucault, é concebido como descentralizado, horizontal e difuso.

Isso quer dizer que o poder não está centralizado no estado, ou no capital econômico, social, cultural. Quando dizemos "poder difuso", significa que o encontramos em diferentes instâncias, dependendo do discurso que legitimará uma forma de pensamento, não são poderes centralizados, são relações de poder que estão em cada um enquanto efeito de linguagem. (SILVA, 2000)

Partindo desses conceitos, é possível refletir sobre uma outra proposta nas formas de conceber o currículo de Ciências Naturais e os assuntos relacionados a gênero, sexualidade e corpo. A proposta é pensar um currículo "muito mais cultural e menos escolar". (CORAZZA, 2002)

Relacionando-se esses conceitos ao ensino de Ciências Naturais, a idéia é trabalhar com as relações de poder que estabelecem as "verdades científicas" e os discursos que as naturalizam. Nesse processo, à escola é determinado o papel de reprodutora desta relação de dominação cultural.

Assim, a pergunta central nessa análise é: como trabalhar um currículo de Ciências Naturais fixo e rígido, com esse indivíduo fragmentado, construído culturalmente a partir de diferentes discursos?

A reflexão sobre esse questionamento se baseará na perspectiva dos Estudos Culturais e um olhar que propõe outra direção sobre questões referentes a corpo, gênero e sexualidade na educação.

Mesmo que, segundo Tomaz Tadeu da Silva, (1995) não haja nada específico aos Estudos Culturais no campo da Pedagogia, essa ausência nos possibilita um redimensionamento daquilo que entendemos como educativo, visto que nessa perspectiva são educativas todas as práticas, produtos e espaços culturais nos quais existem relações de poder, por exemplo: bibliotecas, canais de TV, filmes, revistas, anúncios publicitários, livros, videogames, etc.

Esses veículos de comunicação e artefatos culturais atingem a grande maioria dos sujeitos independente de nível social e econômico, são produtoras de modos de ser.

Produzem, portanto, um gênero, conduzem o corpo, traduzem estereótipos de ser homem ou mulher, feminino ou masculino.

A *cultura escolar* [114], no entanto, não relaciona, de maneira geral, o contexto cultural produtor de identidades, com o contexto produtor de conhecimentos a ensinar e práticas a desenvolver.

Assuntos como gênero e corpo são abordados na escola, mais especificamente nos currículos de Ciências Naturais, nas dimensões anatômicas, fisiológicas, morfológicas, higienistas. Geralmente aparecem na forma de conteúdos a serem "vencidos", quase como uma batalha ou de forma prescritiva, como leis a serem seguidas.

---

[114] Segundo Dominique Julia, cultura escolar é entendida como "[...] um conjunto de normas que definem conhecimentos a ensinar e condutas inculcar, e um conjunto de práticas que permitem a transmissão desses conhecimentos e a incorporação desses comportamentos; normas e práticas coordenadas a finalidades que podem variar segundo as épocas".

Quando a escola tratará de discutir de forma diferenciada o sexo e a sexualidade, o sexo e o gênero, o corpo cultural e o corpo anatômico, ampliando seus sentidos para além das referências legadas pela modernidade? Construindo, assim um processo reflexivo sobre quais sentidos "[...] precisam estar afiados para que sejamos capazes de ver, ouvir, sentir as múltiplas formas de constituição dos sujeitos implicadas na concepção, na organização e no fazer cotidiano da escola". (LOURO, 2003, p. 59)

Caminhos para pensar corpo, o gênero e a sexualidade

Na perpectiva dos Estudos Feministas, existe uma diferença entre sexo e gênero, assim é importante rever alguns conceitos para entender o processo de deslocamento e fragmentação do sujeito que estamos vivenciando, para assim compreendermos a forma de trabalhar gênero, corpo e sexualidade nesta proposta.

O Sexo está relacionado aos componentes biológicos, anatômicos. (MONEY 1968 apud SARTORI, 2004) já o gênero não é determinado pelo sexo, está ligado a aspectos psicológicos, sociais e culturais. Ou seja, "gênero serve para determinar tudo que é social, cultural e historicamente produzido". (GROSSI apud SARTORI, 2004), ou seja, uma construção cultural e discursiva.

Assim, as práticas e discursos sexistas são resultado da história econômica, social, política e cultural da sociedade na qual são produzidos. Esses discursos são utilizados para justificar e reforçar privilégios econômicos e sociais. Portanto, gênero não se restringe somente a uma esfera biológica, é um conceito com influências sociais, culturais e políticas.

Essa separação conceitual sexo/gênero foi pensada a partir dos anos 60, assim a teoria crítica feminista faz uma separação conceitual de sexo e gênero, dando a entender que gênero é uma elaboração cultural do sexo e, chamando a atenção para as diferenças entre sexo biológico e a identidade atribuída e assumida pelo indivíduo, uma vez que ele é mutável e dependente dos atributos sociais, nas mais variadas culturas. (COSTA e BRUSCHINI, 1992 apud SANTORI, 2004)

Existe ainda uma diferença no que se chama de "relação de gênero" que vai além da definição do gênero, surge como categoria passível de análise na década de 60 e procura tematizar "a articulação das relações historicamente determinadas para além das diferenças de sexos, procura dar sentido às diferenças". (SCOTT, 1990)

Segundo Souza-Lobo (1991) o Gênero é considerado como forma primária de dar significado às relações de poder (mesmo que não seja único), ou seja, é o campo primário, ou por meio do qual o poder é articulado. Essa perspectiva de relações de gênero aponta para todos os espaços onde o gênero se constrói: o mercado de trabalho, as instituições, (partidos, escolas, sindicatos).

Assim:

– Gênero procura distinguir a categoria homem/ mulher (vinculada ao biológico), da categoria masculino e feminino (relacionada aos aspectos sociais).

– Masculinidade e feminilidade não são verdades eternas, uma vez que podem ser modificadas junto com as mudanças que ocorrem na sociedade (STOLER, 1993).

– A identidade masculina ou feminina pode se construir em desacordo com o sexo (ibidem).

– A sociedade, através de seus artefatos culturais, produz um *ser feminino* e um *ser masculino*.

– A sociedade produz estereótipos de ser homem ou mulher.

– A escola reforça e reproduz esses estereótipos tratando de excluir o *"outro"*, o outro diferente de *"mim"*. A exclusão se dá em nível de classe, raça, etnia, gênero, pois exclui gays, lésbicas, mulheres, ou seja, as minorias ou desvios da *"normalidade"*.

O corpo humano e tudo que lhe diz respeito está na lista de conteúdos de Ciências Naturais, nos livros didáticos, nos temas transversais: é abordado no gabinete da psicóloga ou da orientadora educacional da escola, é problema do setor pedagógico, é assunto enfatizado nas palestras solicitadas pela escola. Portanto, faz parte do currículo. Geralmente médicos, enfermeiras e professores de biologia são os escolhidos para abordar esses assuntos por serem considerados autoridades competentes para falar.

As formas de abordagem desses assuntos estão geralmente relacionadas ao desenvolvimento saudável da criança, a uma sexualidade bem resolvida, às formas de controlar e prevenir a gravidez, às doenças em geral, ou àquelas sexualmente transmissíveis, enfim têm vertente biológica ou no máximo psicológica, dificilmente culturais.

A forma de abordagem biológica e psicológica das questões relativas ao corpo, a sexualidade e ao gênero são importantes, legítimas e fundamentais para o currículo de Ciências Naturais, porém, não podem ser as únicas encontradas, existem outras possibilidades e outras maneiras de abordar esses assuntos.

É fundamental – num tempo em que "Lidamos com aqueles que são diferentes em si mesmos, (homossexuais, negros, índios, pobres, mulheres, loucos, doentes, deficientes, prostitutas, marginais, imigrantes, colonos, criminosos, todos os des...). Essencialmente outros, não idênticos" (CORAZZA, p. 4, 2002) – desenvolver um olhar voltado a perceber as formas como a sociedade constrói culturalmente o gênero feminino/masculino, como produz a forma certa de corpo, como enfatiza as diferenças e as condena, pois deseja uma homogeneização das maneiras como cada um deve viver sua sexualidade. A reprodução de um padrão preestabelecido à forma como cada um deve tratar seu corpo, de maneira que todos sejamos iguais é uma idéia construída na modernidade e legitimada na sociedade ocidental e há que ser revista neste tempo de multiculturalismo.

Num tempo em que se fala respeito a diferença, é importante fazer outras relações com esses conteúdos até então contemplados só numa perspectiva "científica" que enfatiza o caráter biológico, fisiológico, higienista e anatômico desses assuntos. É o tempo de uma abordagem cultural.

Práticas e discursos sexistas

Vivemos numa sociedade que discrimina pelo sexo, pela cor, pela religião e todas as forma imagináveis de não aceitação daquele que está fora do "padrão" de ser magro, branco, homem, ocidental, para dizer o mínimo; isso posto, é possível pensar nessas discriminações e sua relação com a educação, pois não parece coerente ensinar "cabeça, tronco e membros", "hábitos de higiene", "como evitar doenças" e um sem fim de conteúdos que aparecem nos currículos de Ciências Naturais de forma descontextualizada na cultura a qual estamos inseridos, da sociedade que estamos construindo, num limbo acrítico de onde submergimos e confortavelmente permanecemos sem comprometimento.

Como forma de desestabilizar alguns pressupostos, é importante uma análise sobre o chamado sexismo.

A tradição judaico-cristã da sociedade ocidental nos ensinou que "não importa de que sexo ou gênero sejamos, somos todos – mulheres, homens, gays, lésbicas, brancos, negros, índios... – filhos de Deus. No entanto, a construção da sociedade ocidental, dentro do paradigma da modernidade, foi escrita, falada, discutida, produzida por homens. Uma sociedade patriarcal.

Platão ressaltava como virtude para as mulheres e não para os homens o recato e a castidade, Comte escreveu: "[...] os operários devem se espelhar nas mulheres para viver dignamente. [...] como as mulheres sabem seu lugar natural no lar, os operários devem saber seu lugar natural na fábrica" (1798). (apud SARTORI, 2004, p. 22)

Passamos por várias tendências pedagógicas nesse processo de construção/ exclusão de "uns" ou de "outros", para Corazza,

> [...] os professores e os alunos não podem educar e ser educados como até então outros "[...] marcadores abrem a agenda educacional para questões de gênero, escolhas sexuais, nacionalidade, multiculturalismo, religiosidade, artefatos culturais, força da mídia, políticas de identidade" [...] a pedagogia e o currículo, os professores e sua formação são impelidos a se tornar em tudo mais culturais e bem menos escolares, no sentido dos tempos anteriores. [...] Este é um tempo babélico de mapas plurais dos povos de diferentes, em que estamos tão desafiados como educadores que chegamos a nos sentir encurralados. Em educação é tempo [...] de filosofia da diferença, pedagogias da diversidade. (2002, p. 47)

Nesse sentido, questões que envolvem a cultura, respeito a diferentes formas de ser e de estar na sociedade, processos de relativização de verdades, até então dadas como inquestionáveis, precisam ser analisados, falados, vividos.

Os marcadores sociais como classe, raça, etnia, nacionalidade e cultura estão em constante mudança e dependem do significado que a sociedade dá a eles. É importante perceber que a sociedade produz significados; assim, quando os livros didáticos de Ciências falam de sexualidade, de gênero e de etnia, eles, através de imagens e textos, produzem um significado para esses marcadores. Também as histórias infantis, as músicas, os filmes do Walt Disney produzem significados que a sociedade consome e a escola, que dela faz parte, legitima. A escola de modo geral reproduz essas concepções e as traduz como verdades.

Deste modo espaços tidos como inocentes, são produtos de representações que regulam uma forma de estar na sociedade.

Ir à contramão dessa sociedade sexista, que discrimina e reproduz, exige da escola e do professor mais que formação acadêmica específica na área que está sendo abordada, exige policiamento, sensibilidade, saber lidar com o afeto e com o desafeto. É necessário sentir-se à vontade para abordar assuntos considerados "tabus" na sociedade, de forma a tratá-los sem preconceito e com naturalidade, ter vocabulário acessível, mas sem ser demasiadamente simplista, sobretudo compreender a influência dos artefatos culturais no cotidiano escolar. Ou seja, trabalhar com os conteúdos em questão, seja no currículo formal dentro de sala de aula, seja em forma de oficinas ou em projetos escolares mais abrangentes, requer muito mais do que simplesmente "conhecer o conteúdo".

Portanto, listar regras de comportamento e esclarecer dúvidas a respeito das questões que atravessam o ensino do corpo, não mais são suficientes para tratar de questões como o desenvolvimento precoce da sexualidade hoje, já visível desde a educação infantil, preocupando pais e professores; a gravidez na adolescência que cresce assustadoramente e o problema das doenças sexualmente transmissíveis, entre outros assuntos dissecados, analisados, discutidos e tematizados de diferentes formas, no currículo escolar.

Se simplesmente ao abordar os assuntos mencionados, dando receitas de "soluções" que "funcionaram" em *outros* lugares, receitas geralmente higienistas, pragmáticas e descontextualizadas da cultura fosse suficiente para resolver as questões que incomodam a escola e a sociedade, provavelmente já teríamos nos desvencilhado de grande parte dessas questões, tal é a magnitude do lugar que ocupam no contexto educacional. Isso não ocorre porque precisamos inserir outros elementos para tentar dar conta das questões relativas às formas como os livros didáticos, o currículo, a mídia entre outras instâncias, tratam de abordá-los. Esses outros elementos têm a ver com uma atitude de ruptura perante nossa formação conservadora, discriminatória, sexista, racista, da qual algumas vezes não nos damos conta, mas que faz parte de nós, da forma como a sociedade moderna nos produziu.

Estar atento a essas outras questões pertinentes à educação em Ciências Naturais, não encontradas nas "listas de conteúdos", mas que fazem parte do currículo é um passo à frente no processo de desconstrução do paradigma moderno de perceber o currículo dessa disciplina.

Os conteúdos dos livros didáticos em sala de aula são, de modo geral, fragmentados, estéreis e descontextualizados da cultura.

Ensinamos as partes do corpo humano: cabeça, tronco e membros, separadamente como se não fizessem parte de uma mesma pessoa, não dependessem um do outro.

Os órgãos sexuais aparecem separadamente e as crianças, mostradas de corpo inteiro, são muitas vezes assexuadas.

As tarefas domésticas aparecem nos livros didáticos – não levando em conta outros artefatos culturais – sendo realizadas por mulheres, as tarefas pesadas ou intelectuais, pelos homens.

As meninas são passivas e gostam de rosa, os meninos são ativos, ágeis, gostam de cores fortes e atitudes enfáticas e corajosas perante a vida. Falamos com as meninas mais baixo e mais carinhosamente, já os meninos são tratados de forma mais enfática ou de forma mais séria.

Evita-se utilizar a palavra feminismo com medo de que essa seja confundida com falta de feminilidade, sendo que os estudos feministas assumem, entre outros aspectos, pesquisas que tematizam a não discriminação entre os sexos, tratando-os de forma justa e equânime.

Por essas e outras questões, trago aqui a idéia de que não basta ensinar conteúdos de Ciências Naturais, temos que tentar construir um olhar que consiga perceber seus atravessamentos.

Sintetizando

É difícil sintetizar um assunto com a abrangência que pode ser percebida ao longo dessa leitura, no entanto, é preciso enfatizar alguns aspectos referentes ao ensino de Ciências Naturais e sua presença nos currículos escolares à luz das teorias pós-críticas. Abordei principalmente o estudo do corpo, da sexualidade, do gênero e o fato desses assuntos serem atravessados por questões que não só dizem respeito aos aspectos biológicos e psicológicos, abordagem comumente encontrada, mas a questões culturais.

Os conceitos de sexo e de gênero são construídos numa relação discursiva podendo ou não ser legitimados por outros discursos.

Não é mais admissível reduzir o conteúdo de Ciências Naturais a reproduções de experimentos, a regras a serem seguidas, a pesquisas descontextualizadas e em muitos casos desinteressantes, a conteúdos sem interlocução com outras disciplinas, a fragmentos retirados do índice dos livros didáticos. Temos que repensar nossa forma de abordagem, escrevendo outros mapas para o processo de ensinar e aprender Ciências Naturais.

O exercício de rever práticas é demorado, exige constante policiamento e sensibilização, pois, entre outras coisas, somos produto de uma sociedade moderna com padrões que foram sendo construídos e cristalizaram-se a, no mínimo, 400 anos. Rever, mudar, refletir sobre essa mudança, sem jogar fora aspectos importantes da nossa trajetória e da trajetória que a própria Ciência através dos tempos construiu, não é tarefa fácil, nem rápida. Esse processo exige que acreditemos e que sejamos criteriosos. Porém, um outro olhar é possível, nas formas de "perceber" o currículo em geral e o ensino de Ciências Naturais em particular.

Referências Bibliográficas

CORAZZA, Sandra. *Pedagogia em três tempos*. In: Revista Pátio, ano VI, n. 21, maio/ jul. 2002, Porto Alegre: ARTMED.

FELIPE, Jane. Sexualidade nos livros infantis. In: MEYER, Dagmar Estermann. *Saúde e sexualidade na escola*. Cadernos de educação básica, nº 4. Porto Alegre: Mediação, 2000.

FOUCAULT, Michel. *As palavras e as coisas: uma arqueologia das ciências humanas.*São Paulo: Martins Fontes, 1981.

HALL, Stuart. *A identidade cultural na pós-modernidade*. Rio de Janeiro: DP&A, 1999.

JULIA, Dominique. *A cultura escolar como objeto histórico*. In: Revista Brasileira de História da Educação SBHE, nº 1 jan./jun. Campinas: Autores Associados, 2001.

LOURO, Guacira Lopes. *Corpo escola e identidade*. Educação & Realidade, v. 25, n° 2. jul./dez. A produção do corpo. Porto Alegre: UFRGS.

_____. *Gênero sexualidade e educação: uma perspectiva pós-estruturalista*. Petrópolis: Vozes, 2003.

_____. *Gênero, história e educação: construção e desconstrução*. Educação & Realidade, v. 20, n° 2. jul./dez. Gênero e educação. Porto Alegre: UFRGS, 1995.

LUPTON, Deborah. Educação & Realidade, v. 25, n° 2. jul/dez. *A produção do corpo*. Porto Alegre: UFRGS, 2000.

SANTOMÉ, Jurjo Torres. As culturas negadas e silenciada no currículo. In: Silva, Tomas Tadeu. *Alienígenas na sala de aula: uma introdução aos estudos culturais em educação*. Petrópolis: Vozes, 1995.

SANTOS, Luiz Henrique dos. A Biologia tem uma história que não é natural. In: Costa, Marisa Vorraber; Neto, Alfredo Veiga... [et al.] (org.). *Estudos culturais em educação mídia, arquitetura, brinquedo, Biologia, literatura, cinema...* .Porto Alegre: UFRGS.

SARTORI, Ari José; BRITTO, Neli Suzana. *Gênero na educação: espaço para a diversidade*. Florianópolis: Genus, 2004.

SCOTT, Joan. *Gênero: uma categoria útil de análise histórica*. Educação & Realidade, v. 20, n° 2. jul/dez. Gênero e educação. Porto Alegre: UFRGS, 1995.

SILVA, Tomas Tadeu da. *Teoria cultural e educação: um vocabulário crítico*. Belo Horizonte: Autêntica, 2000.

Educação, gênero e cidadania: políticas e práticas educacionais

Tânia Suely Antonelli Marcelino Brabo

Introdução

Passados vinte anos da promulgação da Constituição da República Federativa do Brasil, de 1988, que tem como princípio a democracia e que contempla os direitos sociais, civis e políticos, constata-se que o retorno do Brasil à democracia não permitiu a *todos*, homens e mulheres, o pleno acesso à cidadania, à participação no espaço público. Cientistas sociais vêem como causa das dificuldades para a prática política o fato de que, historicamente, os direitos constitutivos da cidadania não foram conquistados por lutas políticas, e sim outorgados por um Estado anti-liberal em uma sociedade hierarquizada pela escravidão. Esse processo de constituição da cidadania teria impedido a formação de uma cultura cívica e de um sentido de cidadania democrática entre os brasileiros.

Como afirma Ferreira (2004), em estudo no qual analisou a cidadania política dos jovens em vários países da Europa, a necessidade da formação de "verdadeiros cidadãos" tornou a educação para a cidadania, uma questão central na agenda política das sociedades européias pois a participação política é necessária para o desenvolvimento da democracia. No Brasil, podemos afirmar que essa necessidade também foi sentida fazendo com que a *cidadania ativa* passasse a ser vista como uma necessidade, conforme se lê em Benevides (1997). Entretanto, passados mais de dez anos da promulgação da Lei de Diretrizes e Bases da Educação Nacional, ainda não se concretizou o ideal de educação e escola democráticas.

Afora os determinantes históricos, há que se constatar se as escolas estão formando jovens para a cidadania plena e que tenham assimilado valores democráticos. Além disso, há que se observar se e como ocorre a participação, pressuposto da democracia, na vida em sociedade para além da escola. Tal preocupação está presente também no plano teórico pois, conforme Ferreira (2004, p. 1) observa-se que nas sociedades democráticas tem ocorrido uma crise da representação democrática, expressa no "declínio da identificação dos cidadãos com o funcionamento das instituições políticas, que se manifesta na fraca adesão partidária, no esvaziamento das fracturas ideológicas ou na debilidade da participação eleitoral [...]". O autor observou ainda que nos países em que há maior garantia de direitos e confiança na democracia, a participação política em todas as suas formas, é maior enquanto que naqueles em que há maior necessidade de a sociedade civil exercer a cidadania política e social, essa participação é menor.

Em pesquisa realizada no ano 2000, em Marília (SP), observamos que havia, por parte do eleitorado, um desencanto com a política, desconhecimento e distância da maioria da população dos órgãos de participação da sociedade civil (Conselhos de Direitos, Sindicatos, Partidos Políticos, Conselhos de Escola, dentre outros) (BRABO, 2003). Quando a participação ocorre, por exemplo, nos Conselhos de Direitos municipais, freqüentemente, ocorre *pro forma*, o mesmo tem sido constatado nos Conselhos de Escola. A arena política, afora os momentos dos pleitos eleitorais, parece estar distante da maioria da população.

Acrescente-se ainda, para melhor compreensão do processo que vivemos na atualidade, o que Afonso (1999, pp. 59-60) aponta, que há, nos países democráticos, "*nuances* importantes" no que se refere à importância da escolaridade básica, universal e obrigatória. O autor afirma que essas *nuances*

> tanto podem traduzir-se no reforço do papel da escola básica na reprodução social e cultural, na socialização

das novas gerações ou como condição para estruturar sistemas duais de educação e formação destinados a alimentar as hierarquias funcionais e a responder às exigências da economia, quanto pode traduzir-se pelo reforço do seu papel na construção da cidadania na lógica do Estado-nação, ou visar a promoção do *mínimo cultural comum* e a criação de condições para o desenvolvimento de sujeitos críticos e participativos numa lógica, mas referenciada aos direitos sociais e culturais enquanto direitos humanos básicos.

Concebemos que a educação para a democracia, necessariamente, deve formar cidadãos e cidadãs críticos e participativos e que tenham os direitos humanos como princípios para a vida em sociedade. Nessa perspectiva, todas as questões mencionadas motivaram a realização da pesquisa pois se a participação é condição para o desenvolvimento da democracia, há que se constatar como a escola está formando o cidadão e a cidadã políticos, em especial nesse estudo, os alunos e alunas membros do Grêmio Estudantil.

Nesse texto, abordaremos parte das constatações da pesquisa qualitativa que foi realizada em duas escolas de Ensino Fundamental e Médio de Marília (SP), uma estadual e uma Cooperativa Educacional, através da observação da atuação desse órgão nas escolas e das reuniões, análise de proposta de trabalho e acompanhamento do processo eleitoral. Tem como objetivo central apresentar elementos que possam contribuir para a reflexão acerca das questões: como a escola tem formado para a cidadania política, como ocorre a participação dos/as jovens no Grêmio Estudantil e na escola e as relações sociais de gênero nesse órgão.

1. Gênero e participação nas sociedades democráticas

O problema da participação desigual de ambos os sexos nos órgãos de decisão política tem ganhado relevância e presença crescente no debate político dos países democráticos, conforme afirma Ferreira (2004, p.1). A preocupação acontece pelo fato de se perceber um "vazio cívico" junto à juventude por toda a Europa apesar das possibilidades de aprendizagem da cidadania nas escolas, nos conselhos municipais juvenis ou nas instâncias de exercício político.

Ao mesmo tempo, o autor afirma que:

> A crise da representação democrática, ou seja, o declínio da identificação dos cidadãos com o funcionamento das instituições políticas, que se manifesta na fraca adesão partidária, no esvaziamento das fracturas ideológicas ou na debilidade da participação eleitoral, é particularmente visível nas camadas mais jovens da população européia. A fraca motivação da participação formal não deve, no entanto, ser confundida com outras formas de intervenção social. Os jovens continuam a marcar presença nos canais informais de participação [...].

No Brasil, da mesma forma, particularmente a partir dos anos de 1980, foi restaurada a democracia política e depois, nos anos de 1990, a cidadania ativa passou a ser a meta. Essa preocupação também se deu no plano teórico pois até o momento, podemos dizer que vivemos ainda o processo de democratização das instituições, das relações sociais, da vida pública. Entre os autores que mostram a participação cidadã como uma das possibilidades para se repor o sentido da política e para recuperar os vínculos entre as instituições, os indivíduos, as classes e os grupos, no plano local, Reston (1990, p. 124) argumenta que:

> [...] o Município acaba por se transformar na arena mais apropriada para o exercício das práticas democráticas: de um lado, o cidadão exigindo diretamente o atendimento de suas necessidades; do outro lado, o Município requerendo do cidadão a prática de suas responsabilidades civis. [...] É no Município, afinal, a entidade através do qual o cidadão visualiza com nitidez a presença governamental, pois convergem para o município os assuntos do seu interesse imediato, esperando, como resposta, soluções realistas aos problemas.

Em algumas sociedades democráticas, como a brasileira, a descentralização da administração pública é um processo em curso nas reformas do Estado nas últimas décadas. Ocorre que tais mudanças, para serem positivas, proporcionando um *Estado de Bem-Estar Social* municipal, pressupõem a capacidade de organização e participação da sociedade civil junto ao poder público. Entretanto, vale destacar que o exercício da cidadania é dificultado também, no caso brasileiro, por fatores histórico-políticos e por não termos uma cultura de participação, a despeito da restauração democrática.

Os movimentos sociais, dentre eles o feminista, tiveram um papel importante no trajeto que fez surgir a cidadã e o cidadão, os *sujeitos com direito a ter direitos*. Na sociedade brasileira, autoritária e conservadora, onde historicamente imperou o privilégio das classes dominantes, para as minorias sempre foi difícil chegar ao espaço público para reivindicar seus direitos e se fazer ouvir. Historicamente, qualquer manifestação de libertação fora eliminada com violência e repressão (PAOLI, 1995). Nossa cidadania sempre foi mais passiva do que ativa. Sales (1994) nos mostra as raízes da desigualdade social da política brasileira, traçando um retrato da construção da nossa cidadania; para a autora temos uma "cidadania concedida", que não foi conquistada. Historicamente, ao invés de se trabalhar a noção dos direitos, foi cultivada a cultura da "dádiva".

Isto nos faz refletir sobre os caminhos da democracia no Brasil, da década de 1980 até hoje, pois de acordo com Bobbio (1987, p. 55) o significado preponderante de democracia é " [...] um conjunto de regras (as chamadas regras do jogo) que consentem a mais ampla e segura participação da maior parte dos cidadãos, em forma direta ou indireta, nas decisões que interessam a toda a coletividade".

Ao discorrer sobre as formas de se avaliar o quanto uma sociedade é democrática, Bobbio (1989) faz menção ao que define como sendo democracia social, afirmando que, para além de saber sobre quantos votam, é preciso saber onde há espaços garantidos para exercer seu direito de voz e voto. Desse modo, em se tratando do processo de democratização podemos dizer que "ele consiste não tanto [...] na passagem da democracia representativa para a democracia direta quanto na passagem da democracia política em seu sentido estrito para a democracia social". (BOBBIO, 1987, p. 54) Assim, um país mais democrático seria aquele em que os mecanismos de participação – representativa ou direta, fossem os mais variados. Nesse sentido, democracia social se refere à possibilidade de que todos os cidadãos tenham reais condições de se fazer ouvir, participando em todos os níveis das tomadas de decisão que, de alguma maneira, afetam a sua vida. A idéia aqui subjacente relaciona-se à importância do controle do próprio Estado, por parte do cidadão e da cidadã, nas suas mais diversas formas de atuação ou em todo serviço por ele prestado, como a educação ou a saúde, por exemplo.

Partilhamos, nesta breve análise, do pensamento de autoras\es que têm se dedicado a entender o porquê da dificuldade de participação de homens e mulheres além da injusta situação das mulheres na sociedade, sob a vigência da democracia. Há consenso de que a mulher, bem como outros atores sociais, não têm seus direitos garantidos do ponto de vista prático e, ademais, persistem altos níveis de desigualdade social no Brasil. A representação política nas democracias liberais permanece uma área de difícil acesso para um conjunto de atores sociais aos quais historicamente foi negada a cidadania. Por estes motivos, a democracia tem se tornado objeto de estudos que tentam entender e/ou explicar a sociedade atual.

2. Educação, participação e gênero: políticas e práticas

O estímulo e promoção da participação constitui-se num dever tanto da administração da escola quanto do corpo docente, expresso na Lei de Diretrizes e Bases, de 1996. Contudo, apesar de a democracia, a participação e a formação para a cidadania constarem das políticas educacionais, sua efetivação ainda é um ideal a ser alcançado.

Além de trabalhar os valores democráticos e gênero de forma transversal no currículo, conforme propõem os Parâmetros Curriculares Nacionais (BRASIL, 1997), a escola deve incentivar e apoiar a atuação dos(as) jovens no Grêmio Estudantil, já que este órgão pode ser um *locus* de aprendizagem de participação democrática. Dessa forma, haverá possibilidade do desenvolvimento de uma cultura de participação, pressuposto da gestão democrática e necessidade na sociedade globalizada.

No Estado de São Paulo-Brasil, na década de 1980, coerente com o anseio de redemocratização do país, o Governo Montoro propôs uma política educacional democrática com investimento nos órgãos colegiados da escola (nos Conselhos, na Associação de Pais e Mestres, nos Grêmios Estudantis), visando ao desenvolvimento de práticas de participação democrática, tanto do corpo docente quanto do discente e da comunidade no espaço escolar. No que se refere ao ensino, as Propostas Pedagógicas para a Educação Fundamental (SÃO PAULO, Estado, 1992) traziam mudanças visando formar para a cidadania.

Ocorre que havia, naquele momento, resistências a esta nova forma de ensinar e administrar a escola. O processo de redemocratização em curso na sociedade em geral, aparentemente, não ocorreu no cotidiano da escola. Foi nesse período que a Assessoria Técnica de Planejamento e Controle Educacional [115] - ATPCE (SÃO PAULO, Estado, 1987), atendendo à proposta do Conselho Nacional dos Direitos da Mulher, coordenou um processo de discussão sobre a questão da mulher, em todas as escolas estaduais paulistas. Essa iniciativa seria o ponto de partida para um projeto maior e para o desenvolvimento de práticas pedagógicas voltadas à igualdade de gênero, entretanto, não teve continuidade nos anos que se seguiram [116]. O resultado das discussões foi publicado num livro que trazia, além dos depoimentos que aprovavam a iniciativa e atestavam a necessidade do debate e de sua continuidade, reflexões, textos de apoio e indicação de leituras para que as escolas continuassem aquele processo.

No que se refere aos Grêmios Estudantis, nos anos de 1980, com a promulgação da Lei Federal n. 7.398/1985, o movimento estudantil é retomado e os Grêmios são incentivados pela Secretaria da Educação (SE) que promoveu vários encontros para discutir a formação e a função dessa instituição na escola. Contudo, de acordo com Pescuma (1990), os Congressos promovidos pela SE excluíam a União Municipal de Estudantes Secundaristas (UMEs), a União Paulista de Estudantes Secundaristas (UPEs) e a União Brasileira de Estudantes Secundaristas (UBEs). Aredes (2002) afirma que havia um certo receio em relação a essas entidades, acreditavam que os estudantes universitários ou secundaristas eram uma ameaça ao poder constituído.

---

[115] Fonte: DEBATE - Mulher e educação: o papel da mulher na sociedade. SEE-ATPCE, SP, 1987.

[116] Recentemente, vemos algumas iniciativas na forma de boletins no Dia Internacional das Mulheres, enviados às escolas públicas estaduais com atividades a serem desenvolvidas pelos/as professores/as por parte do Sindicato dos Professores –APEOESP, que atualmente possui um Coletivo de Gênero.

Nos anos de 1990, em âmbito nacional, reafirma-se a necessidade de formação para a cidadania ativa e a escola pública passou por novas mudanças, com a promulgação da Lei de Diretrizes e Bases da Educação Nacional em 1996 (CURY, 2000) e a adoção dos Parâmetros Curriculares Nacionais (BRASIL, 1997), nos quais a democracia, a cidadania e a questão de gênero é contemplada, a partir deste momento, para todo o país. No Estado de São Paulo, a gestão democrática é reafirmada na legislação educacional estadual, inclusive nas Normas Regimentais Básicas (SÃO PAULO, Estado, 1998). Entretanto, apesar da garantia no plano legal, ocorre uma contradição, como a apontada por Lima (2007, p. 41),

> a gestão democrática das escolas, constitucionalmente consagrada, coexiste com uma administração centralizada do sistema escolar que, por definição, impede o caráter democrático da gestão escolar ou redu-lo às suas dimensões formais, indispensáveis e mínimas. Mas, à margem de uma administração escolar minimamente descentralizada, não há lugar para escolas dotadas de autonomia e para a realização dos princípios democráticos e de participação na decisão.

Essa contradição também pode ser apontada como um dos fatores que dificultam a participação nas escolas brasileiras, além disso, não houve, para a rede estadual de ensino uma formação em continuidade para todos os envolvidos no processo educacional (Supervisão, Administração, Coordenação Pedagógica, pais, alunos e alunas) que proporcionasse o entendimento comum a respeito dos conceitos de democracia, cidadania e direitos humanos, além da questão de gênero. Esses momentos de estudos, quando ocorreram, foram pontuais e não tiveram continuidade. Apenas recentemente, estamos observando um investimento maior através de capacitações voltadas à gestão democrática.

A contradição também pode ser atribuída à questão de gênero, pois em pesquisa realizada no período de 1994 a 1997, que teve como objeto de estudo uma escola estadual, observou-se que as questões de gênero faziam parte do imaginário das professoras, mas não de sua prática docente. Até aquele momento, 1997, não se observara nenhuma política educacional de gênero e nenhuma mudança nesta realidade naquela Unidade Escolar, excetuando-se 1986, quando ocorreu o debate já mencionado, nas Escolas Estaduais Paulistas sobre o papel da mulher na sociedade. (BRABO, 2005)

Conforme Oliveira (2001, p. 31), a ação política democratizante ocorrerá no interior da escola pela transformação das relações interpessoais que se dão no seu cotidiano, através da ampliação dos espaços de participação, de debates respeitando-se as diferenças de interesse entre os diversos sujeitos e grupos em interação, "e criando condições para uma participação autônoma dos diversos segmentos, viabilizando, neste processo, a horizontalização das relações de força entre eles".

Em termos legais, as Normas Regimentais Básicas para as Escolas Estaduais (NRB), elaboradas à luz da LDBEN, dispõem sobre: organização e funcionamento das escolas, gestão democrática, processo de avaliação, organização e desenvolvimento do ensino, organização técnico-administrativa e organização da vida escolar. Mostram que cabe à direção da escola, "garantir a articulação da associação de pais e mestres com o conselho de escola e criar condições para organização dos alunos no grêmio estudantil". No que se refere à responsabilidade com os/as alunos/as, em consonância ao ECA, deve prestar "informações aos pais ou responsável sobre a freqüência e o rendimento dos alunos, bem como sobre a execução da proposta pedagógica". Além disso, aponta para a responsabilidade da escola quanto à proteção da criança e do/a adolescente fazendo "a comunicação ao Conselho Tutelar dos casos de maus-tratos envolvendo alunos, assim como de casos de evasão escolar e de reiteradas faltas, [...]", entendendo-os/as como sujeitos de direitos.

No Capítulo VII, artigo 69 as NRB, mostram que a todos os alunos e alunas "se garantirá o livre acesso às informações necessárias à sua educação, ao seu desenvolvimento como pessoa, ao seu preparo para o exercício da cidadania e à sua qualificação para o mundo do trabalho". Não especifica como acontecerá essa formação mas fica implícito que, além da aquisição do conhecimento historicamente acumulado, a escola deve proporcionar o conhecimento de direitos, promover no cotidiano relações interpessoais democráticas e atividades que, em conjunto com o estudo, possibilitem o preparo para a cidadania, ou seja, deverão vivenciar situações de exercício de cidadania. Neste sentido, a participação nos órgãos colegiados e nas instituições escolares, como o Grêmio Estudantil, é importante para a formação dos (as) jovens.

Embora a possibilidade de criação de Grêmios remonte aos anos de 1980, pesquisas mostram que ainda há preconceito com relação ao protagonismo dos/as estudantes, restrições à sua efetiva participação, acredita-se que o Grêmio serve apenas para contestação. Nos primeiros tempos de sua criação, havia também o temor quanto ao envolvimento dos/as jovens com partidos políticos.

No momento da pesquisa, na escola estadual, esse órgão tinha uma atuação no sentido de ajudar a equipe escolar e de melhor aproveitar o tempo e o espaço na escola. Não se observaram atividades conjuntas com o Conselho ou com a APM. Neste sentido, não houve o aprendizado político coletivo, entretanto, exerciam a interlocução junto à direção e à coordenação pedagógica. Havia incentivo para que a participação ocorresse, contudo, não tinham autonomia e, além do mais, sempre participavam aqueles considerados *bons e comportados alunos*.

Através da observação das reuniões, acompanhamento do processo eleitoral para composição do Grêmio e de entrevistas realizadas com seus membros, foi possível constatar que havia interesse em participar, as reuniões eram momentos de diálogo entre todos, meninos e meninas participavam. O processo da campanha eleitoral, desde a elaboração da proposta de trabalho até o debate quando a apresentavam aos outros alunos e alunas, eram momentos de aprendizagem de diálogos democráticos e de reflexões sobre as normas legais que organizavam o pleito.

Conforme Grácio e Aguiar (2006, p. 76) também constataram, a participação no processo eleitoral faz com que seja reforçado o sentimento de grupo, sejam socializadas as informações sobre as necessidades dos alunos e da escola além de "favorecer o surgimento de novas lideranças; estreitar a comunicação dos alunos entre si e com os outros participantes da comunidade escolar; aumentar a autoestima; valorizar habilidades e conhecimentos desconsiderados na avaliação formal". No que se refere a "interferir no processo pedagógico", observamos que no processo de elaboração da proposta pedagógica da escola não há a participação dos alunos. Acontece seu envolvimento em alguns projetos isolados, como os que foram desenvolvidos sob a coordenação da professora de matemática, em 2006 acerca de doenças sexualmente transmissíveis e, no ano de 2007, sobre violência quando abordaram também a questão da violência doméstica que resultou em um livro sobre a temática entre outras atividades. Esse é um exemplo de que quando a escola estimula a participação dicente, além de proporcionar o exercício da cidadania, promove "o prazer, tão pouco freqüente no ambiente escolar".

Embora não houvesse preocupação em relação à questão de gênero e com o incentivo à participação das alunas, a cada ano aumentava o número de meninas no Grêmio sendo que por duas vezes elas assumiram a presidência, tendo meninos no cargo de vice-presidentes e não foram observadas resistências quanto a isso. No início da pesquisa havia um número maior de meninos e, nas reuniões, as meninas pouco se manifestavam, contudo, com o passar do tempo passaram a opinar e defender suas idéias.

É importante salientar que essa realidade poderá se transformar, dependendo do envolvimento e da responsabilidade da escola em desenvolver a proposta "Ética e cidadania: construindo valores humanos na escola", cuja capacitação para educadores e educadoras aconteceu em 2007, desenvolvida pela Diretoria de Ensino, região de Marília-SP. Nessa proposta, a questão da democracia, do protagonismo juvenil, do gênero e etnia, do preconceito, da sexualidade, da cidadania e dos direitos humanos estão contempladas, o que poderá promover uma outra consciência a respeito da formação para a cidadania e, também, acerca da questão de gênero.

Outra iniciativa que contribuiu positivamente para o aprendizado da cidadania política, foi um projeto proposto por um vereador do município, denominado *Vereador Mirim*, junto às escolas estaduais. A escola objeto desse estudo participou, houve a eleição e uma menina foi eleita vereadora representante da escola junto à Câmara Municipal de Marília.

Na Cooperativa Educacional, as condições de trabalho (número de alunos por classe, maior participação dos pais, contar com um Conselho Pedagógico) são as consideradas ideais para o bom desenvolvimento do processo educacional, além de não sentir os problemas que a escola estadual vive (número maior de alunos por classe, indisciplina, violência, drogas, gravidez precoce).

Apesar disso, embora a escola tenha o cooperativismo como princípio a ser trabalhado no currículo e nas relações sociais que em seu cotidiano acontecem, a administração não conseguiu envolver nem os alunos e as alunas, tampouco professores/as para a constituição de um Grêmio. Parece que embora haja o ideal do princípio democrático norteando as práticas, no cotidiano, nem todos (as) docentes o promovem ou o vivenciam com seus alunos e alunas. Conforme as entrevistas revelaram, os princípios do cooperativismo não foram assimilados pela totalidade de docentes da escola e esse se constitui em um dos problemas detectados atualmente para a continuidade do desenvolvimento do projeto inicial da escola. Naquele grupo que ainda não havia conseguido ver solidificados os princípios democráticos, já se vislumbra um outro ideal de educação, mais próximo daqueles das escolas privadas, de formação mais preocupada em preparar alunos e alunas para o vestibular. Esses valores estão, atualmente, concorrendo com aqueles que os levou a criar a cooperativa. Vemos o reflexo desse modo de pensar por parte de alguns pais e docentes e esse foi um dos fatores que dificultaram a criação do Grêmio naquela escola pois não há o entendimento de que a *participação* no processo educacional é um dos pressupostos da formação para a cidadania plena, assim, não é vista como um valor a ser trabalhado com os (as) crianças e jovens.

Com relação à questão de gênero, constatamos que não está contemplada no projeto pedagógico das duas escolas, é um tema desconhecido. Conforme Sousa (2007) também constatou, prevalece na escola o "mito da igualdade". A identidade e o papel de ambos os sexos são assumidos como categorias naturais que explicam as diferenças de comportamento e interesses. Não concebendo-os como categorias culturais, não promovem mudanças, "os educadores não assumem o papel pedagógico que podem ter na mudança de preconceitos. Logo, desde os três anos, as crianças têm consciência do papel cultural que lhes corresponde segundo o sexo". (CASANOVA apud SOUSA, 2007, p. 119)

O que podemos observar de ações positivas em curso são debates que já são empreendidos no mês dedicado ao Dia Internacional da Mulher e no Dia de Combate à Violência contra a Mulher nas duas escolas, entretanto, de forma pontual, como no projeto que abordou a violência doméstica. Além disso, constatamos que quando a escola estimula a participação dos alunos e alunas no Grêmio, acaba por promover o protagonismo de jovens de ambos os sexos, contribuindo assim para a igualdade de gênero.

Nas duas escolas ainda parece predominar o que afirma Focault (1991), que a preocupação da escola é controlar o comportamento dos jovens, estabelecendo a ordem, o respeito à hierarquia, através da obediência cega, por vezes promovendo a alienação diante da sua própria realidade.

Finalmente, queremos relembrar as questões apontadas por Sacavino (2003, p. 22), quando diz que é necessário radicalizar a democracia, que a democratização deve ocorrer nos âmbitos político, social, econômico e cultural. Sabemos que as desigualdades e a exclusão continuarão a acontecer nas atuais democracias formais, marcadas pela lógica neoliberal, contudo, não podemos esquecer que o grau de desenvolvimento da democracia está condicionado também à amplitude e à integralidade da cidadania. Conforme a autora argumenta, a democracia de cada país poderá ser avaliada "pela capacidade que tiverem de incorporar seus diferentes atores aos processos de participação e tomada de decisões, de liberdade e autonomia, de solidariedade e justiça, de igualdade e reconhecimento do diverso, de articulação das categorias *liberalização/desestruturação e reformas/ reordenamento* em um sentido diferente dos que lhe atribuem a filosofia e a lógica neoliberais". Esse é um desafio para a escola atual, promover para meninas, meninos e jovens, a formação para a cidadania política pois a participação de ambos é um direito e um dever na construção da escola e da sociedade democrática e justa.

Referências Bibliográficas

AFONSO, A. J. *Educação básica, democracia e cidadania: dilemas e perspectivas*. Porto, Portugal: Edições Afrontamento, 1999.

AREDES, A . P. J. *As instâncias de participação e a democratização da escola pública*. Tese de Doutorado. FFC/UNESP/Marília, 2002.

BENEVIDES, M. V. de M. *Cidadania e democracia*. Lua Nova: Revista de Cultura e Política, n. 33, 1994.

BOBBIO, N. *O futuro da democracia: uma defesa das regras do jogo*. 2ª ed. Rio de Janeiro: Paz e Terra, 1987.

BRABO, T. S.A .M. *Cidadania da mulher professora*. São Paulo: Ícone, 2005.

BRABO, T. S. A .M. *Gênero e poder local*: São Paulo: Humanitas, 2008. Tese de Doutorado. FFLCH-USP, 2003.

BRASIL. Constituições da República Federativa do Brasil e do Estado de São Paulo. *Declaração universal dos direitos humanos*. São Paulo: Imprensa Oficial, 2000.

BRASIL. Lei de Diretrizes e Bases da Educação Nacional, Lei n. 9.394/1996. In: Cury, C. R. J. *Legislação educacional brasileira*. Rio de Janeiro: DP&A, 2000.

BRASIL. SECRETARIA DE EDUCAÇÃO FUNDAMENTAL. *Parâmetros Curriculares Nacionais*. Brasília: MEC/SEF, 1997.

DECRETO Nº 25.469, de 7 de julho de 1986. In: *DEBATE - Mulher e educação: o papel da mulher na sociedade*. SEE-ATPCE, SP, 1987.

FERREIRA, P. M. *Os jovens e a cidadania política e social na Europa*. Instituto de Ciências Sociais da Universidade de Lisboa, Portugal, 2004. (mimeo).

FOCAULT, M. *Vigiar e punir*. Rio de Janeiro: Vozes, 1991.

GRÁCIO, J. da C., AGUIAR, R. C. F. Grêmio estudantil: construindo novas relações na escola. In: BASTOS, J. B. (org.) *Gestão democrática*. Rio de Janeiro: DP&A : SEPE, 2005.

LIMA, L. C. A deliberação democrática nas escolas: os procedimentos gerenciais e as decisões políticas. In: Sanches, M. de F. C. ; Veiga, F. ; Sousa, F. ; Pintassilgo, J. *Cidadania e liderança escolar*. Porto, Portugal: Porto Editora, 2007.

OLIVEIRA, I. B. (org.). *A democracia no cotidiano da escola*. Rio de Janeiro: DP&A: SEPE, 2001.

PAOLI, M. C. Movimentos Sociais no Brasil: Em Busca de um Estatuto Político. In: Hellmann, M. *Movimentos sociais e democracia no Brasil*. São Paulo: Marco Zero; ILDES FES; LABOR, 1995

PARO, V. H. *Por dentro da escola pública*. São Paulo: Xamã, 3ª ed., 2000.

RESTON, J. O município: uma instituição de todos nós. In: *Transiciones-Mujeres en los procesos democraticos*. Ediciones de las Mujeres, 1990.

SACAVINO, S. Democracia e cidadania na nova orden mundial globalizada. In: Candau, V. e Sacavino, S. (orgs.). *Educar em direitos humanos: construir democracia*. Rio de Janeiro: DP&A, 2003.

SALES, T. Raízes da desigualdade social na cultura política brasileira. *Revista Brasileira de Ciências Sociais*, ano 9, n. 25, pp. 27-51, 1994.

SÃO PAULO, (Estado). Secretaria de Estado da Educação. *Normas Regimentais Básicas para as escolas estaduais*. São Paulo: SE, 1998.

SÃO PAULO, (Estado). *Estatuto da Criança e do Adolescente*. Lei nº 8.069, de 13/07/1990, São Paulo (SP), 1992.

SOUSA, F. A construção da cidadania e da diferença na escola: espaços e imagens. In: Sanches, M. de F. C.; Veiga, F.; Sousa, F.; Pintassilgo, J. *Cidadania e liderança escolar*. Porto, Portugal: Porto Editora, 2007.